DER VERSICHERUNGS-RATGEBER

DER VERSICHERUNGS-RATGEBER

Was wirklich wichtig ist für Familie, Recht, Eigentum, Auto und Gesundheit

Isabell Pohlmann

4

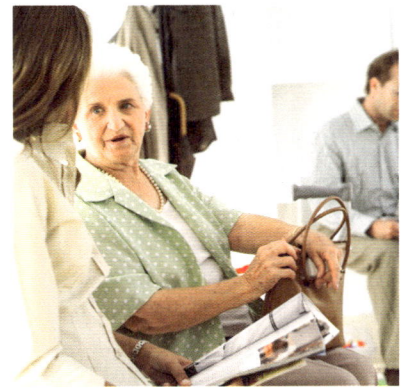  

INHALT

DAS RICHTIGE MASS AN SCHUTZ

Komplizierte Vertragsbedingungen, Ärger im Schadensfall, steigende Beiträge: Geht es um Versicherungen, fallen Verbrauchern viele Kritikpunkte ein. Doch ohne Versicherungsschutz geht es auch nicht, sonst werden Krankheiten, kleine Missgeschicke und Wetterkapriolen zum finanziellen Härtetest. Wir zeigen, welchen Schutz Sie automatisch haben, welchen privaten Schutz Sie zusätzlich benötigen und welche Verträge Sie sich sparen können.

VERSICHERUNGEN BRAUCHT JEDER

Geht es im Gespräch mit Freunden und Kollegen um das Thema Versicherungen, zeigen sich häufig Unsicherheit, zum Teil auch Unzufriedenheit. Welcher Versicherungsschutz ist eigentlich unbedingt nötig? Wem kann ich vertrauen, wenn ich eine Versicherung abschließen möchte? Soll ich mir die Mühe machen und den Anbieter wechseln, weil ich mit dem Service nicht zufrieden bin oder schon wieder die Beiträge erhöht wurden?

In Deutschland geben die Menschen im Schnitt knapp 2000 Euro im Jahr für ihren Versicherungsschutz aus. Die Verträge und vor allem die dazugehörenden Vertragsbedingungen sind keine leichte Kost. Kein Wunder, dass viele sich auf das verlassen, was ihnen zum Beispiel der Vermittler vor Ort, ihr Makler oder die Werbung anpreist.

Das ist bequem, doch leider bezahlen sie dadurch häufig mehr Geld als nötig, und es kommt dabei selten der optimale Schutz heraus.

Das zeigt auch die Statistik, denn jedes Jahr wieder bestätigen die Erhebungen zum Beispiel, dass eine Hausratversicherung in mehr Haushalten vorhanden ist als die private Haftpflichtversicherung. Eine Unfallversicherung haben mehr Kunden abgeschlossen als eine Versicherung zum Schutz bei Berufs- oder Erwerbsunfähigkeit.

Diese Zahlen machen deutlich, dass die Kunden zum Teil falsche Prioritäten setzen. In den folgenden Kapiteln werden Sie sehen, welcher Schutz tatsächlich unverzichtbar und welcher sinnvoll ist – und wovon Sie die Finger lassen können.

DEN SCHUTZ AUF VORDERMANN BRINGEN

Versicherungen bieten Sicherheit, damit Sie im Ernstfall nicht auf den finanziellen Folgen eines Schadens sitzen bleiben. Das Angebot ist enorm: Es gibt Versicherungen zum Schutz bei Krankheiten, Pflegebedürftigkeit und Invalidität, zur Absicherung der Angehörigen, für Hab und Gut, für die finanzielle Sicherheit in Zukunft. Selbst für die Gesundheit der Haustiere bieten die Versicherer Lösungen an.

Bei dieser Angebotsfülle ist es nicht leicht, den Überblick zu behalten. Was brauche ich wirklich und worauf kann ich verzichten? Unser Ratgeber hilft Ihnen, die passende Absicherung zu finden.

Zu den wichtigsten Produkten nennen wir Ihnen auch Anbieter, die in den jüngsten Untersuchungen von Finanztest am besten abgeschnitten haben. Doch seit Redaktionsschluss für diesen Ratgeber kann sich das Angebot verändert haben. Prüfen Sie deshalb vor Abschluss eines neuen Versicherungsvertrags, ob es aktuellere Tests gibt, damit Sie den Tarif finden, der in Ihrer Situation besonders empfehlenswert ist.

AUF DEM NEUESTEN STAND

Die jeweils aktuellen Preis- und Leistungsvergleiche sowie regelmäßig aktualisierte Produktdatenbanken finden Sie auf der Internetseite der Stiftung Warentest unter www.test.de sowie in den monatlich erscheinenden Ausgaben von Finanztest.

Neue Preise spätestens ab Dezember

Eine entscheidende Änderung im Tarifangebot wird es auf jeden Fall in Kürze geben: Ab dem 21. Dezember 2012 müssen die Versicherer sogenannte Unisex-Tarife anbieten. Egal, ob Mann oder Frau einen neuen Vertrag abschließen will – die Versicherer dürfen keine unterschiedlichen Beiträge je nach Geschlecht verlangen.

Bisher ist es so, dass Frauen zum Beispiel für private Kranken- und Rentenversicherungen mehr zahlen müssen als Männer, während sie die Risikolebensversicherung in der Regel günstiger bekommen. Solche Unterschiede sind nach einem Urteil des Europäischen Gerichtshofs (EuGH, C-236/09) künftig zumindest für Neuverträge nicht mehr erlaubt.

Wie die Versicherer diese Vorgabe umsetzen und wie sich die Beiträge für die einzelnen Vertragsarten letztlich entwickeln, bleibt noch abzuwarten. Gut möglich, dass Ihnen mit dem Hinweis auf zu erwartende Beitragssteigerungen bis Ende 2012 der eine oder andere neue Vertrag angepriesen wird. Lassen Sie sich dann nicht aufgrund des Preises drängen, sondern überlegen Sie gut, ob Sie den Schutz tatsächlich brauchen.

Unbedingt notwendig oder überflüssig?

Vor Abschluss eines privaten Versicherungsvertrags sollten Sie sich fragen, welche Leistung die Versicherung bietet, welches Risiko sie abdeckt und ob der Schutz

für Sie tatsächlich notwendig ist. Zu Ihrer Orientierung geben wir einen ersten Überblick zu den wichtigsten Versicherungen, die wir fünf Kategorien zuordnen:

■ Unbedingt notwendig: Ohne einen solchen Schutz wären Sie oder Ihre Familie im Schadensfall unter Umständen ruiniert. Dazu gehört die private Haftpflichtversicherung (siehe Seite 20). Dazu zählt auch die Kfz-Haftpflichtversicherung. Sie ist gesetzlich vorgeschrieben wie auch die Kranken- und Pflegeversicherung.

■ Sehr zu empfehlen: Zu diesen Verträgen zählen zum Beispiel die Berufsunfähigkeitsversicherung für Arbeitnehmer (siehe Seite 59), die Risikolebensversicherung für Familien (siehe Seite 74) sowie die Wohngebäudeversicherung für Immobilienbesitzer (siehe Seite 84).

■ Sinnvoll: Fehlt dieser Schutz, können Kosten entstehen, die Sie empfindlich treffen, die aber im Regelfall nicht sofort die finanzielle Existenz bedrohen. Das gilt zum Beispiel für die Hausratversicherung zum Schutz der Wohnungseinrichtung oder aber für verschiedene private Krankenzusatzversicherungen.

■ Mit Einschränkung sinnvoll: Dieser Schutz kann sich unter bestimmten Bedin-

gungen lohnen. Das gilt etwa für die Rürup-Rentenversicherung. Ein solcher Vertrag zur Altesvorsorge kann zum Beispiel für gut verdienende Selbstständige aufgrund des Steuervorteils interessant sein. Geringverdiener und selbstständige Einzelkämpfer, die nicht viel Geld übrig haben, sollten dagegen die Finger von einem Rürup-Vertrag lassen.

■ Überflüssig: Verträge, die wir so einstufen, decken in der Regel nur ein kleineres Risiko ab oder ein Risiko, das bereits anderweitig abgesichert ist beziehungsweise besser anderweitig abgesichert werden kann. Hierzu zählt zum Beispiel die Ausbildungsversicherung, denn dafür lässt sich anders besser sparen.

Die Tabelle auf den folgenden Seiten zeigt, wie wir welche Art von Versicherung einstufen und für wen sich ein Vertrag eignet. Bei manchen Verträgen ändert sich die Bedeutung im Laufe des Lebens, etwa bei der Berufsunfähigkeitsversicherung, die im Ruhestand nicht mehr gebraucht wird. Für anderen Schutz wie etwa für den der Privathaftpflichtversicherung gilt unabhängig vom Alter, dass sie für jeden „unbedingt notwendig" ist.

++ Unbedingt notwendig. Auf diesen Schutz sollten Sie keinesfalls verzichten.
+ Sehr zu empfehlen. Diesen Schutz sollten Sie nach Möglichkeit haben.
+ Sinnvoll. Dieser Schutz ist sinnvoll, muss aber nicht unbedingt sein.
+− Dieser Schutz ist nur mit Einschränkungen sinnvoll.
− Überflüssig. Darauf können Sie gut verzichten.

Wofür?	Versicherungsart	Wie wichtig?	Für wen geeignet?
Wenn Sie andere schädigen (Seite 19)	Privathaftpflichtversicherung	++	Braucht jeder! Vertrag der Eltern reicht in der Regel für unverheiratete Kinder bis Ausbildungsende.
	Kfz-Haftpflichtversicherung	++	Für Kraftfahrzeughalter Pflicht.
	Tierhalter-Haftpflichtversicherung	+	Für Hundehalter oder Pferdebesitzer.
	Gewässerschadenhaftpflicht	+	Für Öltankbesitzer.
	Bauherren-Haftpflichtversicherung	+	Für Bauherren.
	Haus- und Grundbesitzerhaftpflicht	+	Für Vermieter von Immobilien.
Krankheit und Pflege (Seite 29)	Gesetzliche Kranken- und Pflegeversicherung	++	Für jeden Pflicht, sofern er sich nicht privat krankenversichern kann oder einen anderen Anspruch auf Absicherung im Krankheitsfall hat.
	Private Krankenvollversicherung und Pflegepflichtversicherung	++	Für Beamte, weil für sie die Privatversicherung meist günstiger ist als die gesetzliche. Für andere Versicherungsfreie überlegenswert, wenn sie mehr Leistungen als die der gesetzlichen Kasse wünschen und bereit sind, dafür langfristig viel zu zahlen.
	Krankentagegeldversicherung (Zusatzversicherung)	+	Für gesetzlich versicherte Selbstständige und Angestellte mit hohen Einkommen oberhalb der Beitragsbemessungsgrenze.
	Stationäre Zusatzversicherung	+	Für gesetzlich Krankenversicherte, die im Krankenhaus Chefarztbehandlung und ein Ein- oder Zweibettzimmer wünschen.
	Zahnzusatzversicherung	+	Für gesetzlich Krankenversicherte, die höherwertige Zahnversorgung als die der Kasse wünschen.
	Pflegezusatzversicherung	+	Für jeden, um die Leistungen der gesetzlichen Pflegeversicherung aufzustocken.
	Krankenhaustagegeld-Versicherung	−	Braucht niemand (Seite 15).
Schutz bei Invalidität (Seite 57)	Berufsunfähigkeitsversicherung	+	Für jeden, der von seinem Arbeitseinkommen lebt.
	Erwerbsunfähigkeitsversicherung	+	Für alle, die sich keine Berufsunfähigkeitsversicherung leisten können oder keine bekommen.
	Unfallversicherung	+	Für Erwachsene, wenn sie weder eine Berufs- noch eine Erwerbsunfähigkeitsversicherung bekommen.

Wofür?	Versicherungsart	Wie wichtig?	Für wen geeignet?
Die Familie gut absichern (Seite 73)	Risikolebensversicherung	+	Für alle, die für andere sorgen.
	Kinderinvaliditätsversicherung	+	Für Kinder und Jugendliche bis zum Ende ihrer Ausbildung. Danach Berufsunfähigkeitsschutz sichern.
	Kinderunfallversicherung	+	Für Kinder und Jugendliche, sofern für sie keine Kinderinvaliditätsversicherung abgeschlossen wird.
	Ausbildungsversicherung	–	Keine sinnvolle Sparform (Seite 15).
Zuhause und im Alltag (Seite 83)	Wohngebäudeversicherung	+	Für jeden Eigentümer einer Immobilie.
	Hausratversicherung	+	Bei Hausrat mit höherem Wert.
	Rechtsschutzversicherung (Verkehrsrechtsschutz siehe unten)	+−	Je nach Rechtsschutzpaket für Selbstständige, Angestellte, Mieter, Privatleute. Gewerkschaften oder Vereine (Mietrecht) bieten für spezielle Probleme oft preiswerteren Rechtsschutz als die Versicherer.
Unterwegs immer sicher (Seite 107)	Auslandsreise-Krankenversicherung	+	Für alle Kassenpatienten sowie für Privatversicherte, wenn die Kostenübernahme für medizinisch sinnvolle Rücktransporte aus dem Ausland fehlt.
	Kfz-Vollkaskoversicherung	+	Für Besitzer neuer Fahrzeuge.
	Kfz-Teilkaskoversicherung	+	Für höherwertige ältere Autos. Oft werden die Versicherungsbeiträge aber im Verhältnis zum Restwert des Autos nach einigen Jahren zu teuer.
	Verkehrsrechtsschutz	+	Für jeden Kraftfahrzeughalter/Autofahrer.
	Reiserücktrittsversicherung	+	Für Urlauber, die teure Pauschalreisen buchen, vor allem mit kleinen Kindern.
	Autoschutzbrief	+	Am besten als Ergänzung zur Kfz-Versicherung.
	Insassenunfallversicherung	–	Braucht niemand (Seite 16).
	Reisegepäckversicherung	–	Meist lohnt sich der Abschluss nicht (Seite 16).
Für später vorsorgen (Seite 127)	Riester-Rente	+	Als Altersvorsorge empfehlenswert für alle Arbeitnehmer und deren Ehepartner.
	Private Rentenversicherung	+	Für alle, die eine garantierte lebenslange Rente wünschen. Steuerlich interessant.
	Rürup-Rente	+−	Für Selbstständige, die Wert auf eine lebenslange Rente legen. Steuerlich interessant.
	Fondsgebundene Rentenversicherung	+−	Unflexibel und Kosten oft hoch. Kann aber für Gutverdiener steuerlich interessant sein.
	Kapitallebensversicherung	–	Als reiner Todesfallschutz und auch als reine Sparanlage nicht sinnvoll.
	Fondsgebundene Lebensversicherung	–	Unflexibel und Kosten oft hoch.
	Sterbegeldversicherung	–	Zum Sparen für die Beerdigung meist zu teuer.

Privater Schutz ergänzt gesetzliche Sozialversicherung

Ein entscheidendes Kriterium für die Bedeutung von privatem Versicherungsschutz ist die Frage, ob er die einzige Möglichkeit ist, sich gegen ein bestimmtes Risiko abzusichern. Beispielsweise das Risiko, dass Sie beim Radfahren einen Fußgänger übersehen und ihn verletzen. Für Schäden, die Sie anderen zufügen, haften Sie selbst mit Ihrem gesamten Vermögen bis zur Pfändungsfreigrenze. Im schlimmsten Fall könnte Sie das finanziell ruinieren. Um sich davor zu schützen, bleibt Ihnen nur die Absicherung über die Privathaftpflichtversicherung, die Sie freiwillig bei einem privaten Versicherungsunternehmen abschließen und die im Ernstfall die Kosten übernimmt. Eine gesetzlich vorgeschriebene Absicherung gibt es nicht.

Basisabsicherung für viele

Anders ist die Situation bei der Absicherung bestimmter Risiken, die Ihre eigene Person betreffen: In Deutschland gibt es hier nicht nur die Absicherung durch private Versicherungsverträge. Die gesetzliche Sozialversicherung mit ihren fünf Zweigen Kranken-, Pflege-, Renten-, Unfall- und Arbeitslosenversicherung bietet eine Grundabsicherung für einen Großteil der Bevölkerung. Angestellte genießen so auf jeden Fall Schutz und können sich gar nicht dagegen wehren, dass sie bestimmte Anteile ihres Gehalts für die Sozialversicherung abgeben müssen – zum Beispiel 9,8 Prozent ihres Einkommens für die gesetzliche

Rentenversicherung oder 8,2 Prozent für die gesetzliche Krankenkasse. Rentner müssen zumindest einen Teil der Sozialabgaben zahlen. Selbstständige genießen zumindest zum Teil den Schutz der gesetzlichen Sozialversicherung, doch sie haben häufig auch die Wahl, ob sie sich beispielsweise auf den Schutz der gesetzlichen Rentenversicherung verlassen oder sich komplett auf eigene Faust um ihre persönliche Absicherung im Alter kümmern. Wiederum anders ist die Situation von Beamten. Sie sind nicht verpflichtet, Beiträge zur Sozialversicherung zu leisten.

Gesetzlicher Schutz mit Lücken

Der Schutz der Sozialversicherung weist allerdings Lücken auf – zum Beispiel wird die Rente aus der gesetzlichen Rentenversicherung allein kaum reichen, um im Ruhestand den früheren Lebensstandard annähernd zu halten. Deshalb ist eine private Vorsorge sinnvoll. Neben Geldanlageprodukten kommen dafür auch Versicherungsverträge infrage.

Private Versicherungsverträge können also als Ergänzung zum gesetzlichen Schutz notwendig oder zumindest sinnvoll sein. Damit Sie hier die richtigen Entscheidungen treffen können, stellen wir für die einzelnen Lebensbereiche – zum Beispiel Gesundheit, Pflege oder finanzielle Vorsorge – vorweg genau dar, welchen Schutz Sie automatisch durch die gesetzliche Sozialversicherung genießen, in welchem Fall Sie mithilfe privater Policen nachbessern sollten und in welchen

Bereichen private Verträge die einzige Möglichkeit der Absicherung bieten.

Eine Garantie, dass der private Versicherer immer dann einspringt, wenn Sie es erwarten, haben Sie aber selbst mit den passenden Policen nicht in jeder Lebenssituation. Auch der private Schutz hat manche Lücke. Zum Beispiel muss der Privathaftpflichtversicherer nicht einspringen, wenn ein Kind unter sieben Jahren einen Schaden anrichtet. Oder die Rechtsschutzversicherung zahlt nicht bei Vertragsauseinandersetzungen rund um den Hausbau. Klarheit bringt häufig der Blick in die Versicherungsbedingungen oder die Nachfrage beim Versicherer. Beispiele für Lücken im Schutz nennen wir ab Seite 20 in den Steckbriefen passend zu den jeweiligen Versicherungen.

Den Versicherungsschutz regelmäßig aktualisieren

Wenn Sie sich einmal mit diesen Einzelheiten rund um den Versicherungsschutz befasst haben, haben Sie eine sichere Grundlage geschaffen. Leider ist es nicht damit getan, sich nur einmal Gedanken um Ihren Schutz und den Ihrer Angehörigen zu machen, denn mit jeder entschei-

denden Veränderung im Leben ändert sich auch der Versicherungsbedarf: der erste Job, die gemeinsame Wohnung, ein Kind, der Beginn des Rentenalters. Im Laufe der Jahre gibt es immer wieder Veränderungen, die es erfordern, den Schutz zu überdenken, ihn zu erweitern oder auch überflüssige Verträge zu entsorgen. Ab Seite 141 stellen wir vor, was je nach Lebensabschnitt zu beachten ist – angefangen bei der Ausbildung bis zum Ruhestand.

Der Kunde und der Versicherungsvermittler

Was Sie beim Umgang mit dem Versicherer beachten sollten, haben wir im letzten Kapitel (ab Seite 165) zusammengestellt: Dort erfahren Sie, wie Sie den richtigen Ansprechpartner finden, welche Rechte Sie gegenüber Versicherungsunternehmen und Versicherungsvermittlern haben, wie Sie im Schadensfall vorgehen sollten und nicht zuletzt, wie Sie aus überflüssigen Verträgen wieder rauskommen.

Die wichtigsten Fachbegriffe, denen Sie in Verträgen und Schreiben der Versicherer immer wieder begegnen, wie zum Beispiel „vorvertragliche Anzeigepflicht" oder „Obliegenheiten im Schadensfall", können Sie im Glossar ab Seite 186 nachschlagen.

CHECKLISTE Ihr Weg zum passenden Schutz

☐ **Ordner durchforsten:** Verschaffen Sie sich einen Überblick über Ihren Versicherungsschutz. Klären Sie mithilfe der Tabelle auf Seite 10, welche Ihrer Verträge sinnvoll sind und von welchen Sie sich trennen können. Prüfen Sie auch anhand der Informationen im Buch, ob die Verträge, die Sie behalten wollen, optimal gestaltet sind, ob zum Beispiel die Versicherungssumme insgesamt stimmt oder ob Sie den Schutz für bestimmte Einzelrisiken wie etwa Überspannungsschäden erhöhen sollten.

☐ **Angebote suchen:** Schauen Sie sich die Angebote am Markt an und vergleichen Sie, ob es günstigeren Schutz als Ihren gibt. Achten Sie aber auch auf die Leistungen. Sonst sind Sie nachher enttäuscht, weil der Versicherer für einen Schaden nicht zahlt, obwohl Sie sich doch so sicher waren, dass er zahlen müsste.

☐ **Spezialtarife:** In verschiedenen Versicherungssparten wie etwa bei der Privathaftpflicht-, Rechtsschutz- oder Hausratversicherung gibt es Spezialtarife, zum Beispiel für Senioren oder Singles. Diese Tarife sind günstiger als die Normaltarife eines Anbieters. Die Rabatte bieten aber keine Garantie, tatsächlich besonders günstigen Schutz zu bekommen. Der Spezialtarif eines Anbieters kann teurer sein als der Normaltarif eines anderen Versicherers.

☐ **Einzelne Verträge:** Entscheiden Sie sich nicht aus Bequemlichkeit für Versicherungspakete, die mehrere Verträge bündeln, sondern überlegen Sie, ob Sie alle angebotenen Leistungen benötigen. Mit einzelnen Angeboten können Sie zielgerichtet Ihren Schutz aufbauen.

☐ **Verhandeln und nachhaken:** Haben Sie eine Alternative zu Ihrem bisherigen Schutz gefunden, sollten Sie Ihren Versicherer damit konfrontieren. Wenn Sie ein langjähriger Kunde sind, besteht die Chance, dass der bisherige Versicherer beim Preis etwas nachlässt, um Sie als Kunden zu halten. Probieren Sie es.

☐ **Fristen beachten:** Wenn Sie doch aus dem Vertrag aussteigen wollen: Schauen Sie nach, zu welchem Termin Sie kündigen können. Einen Überblick zu den Ausstiegsmöglichkeiten bietet die Tabelle auf Seite 180. Fragen Sie bei Ihrem Versicherer nach, wenn Sie sich nicht sicher sind, was für Sie gilt. Kündigen Sie immer schriftlich. Warten Sie mit der Kündigung aber, bis Sie den Versicherungsschein eines anderen Anbieters vorliegen haben, nicht dass Sie plötzlich ohne den gewünschten Schutz dastehen. Versicherungen, die Sie komplett loswerden wollen, können Sie natürlich auch sofort zum nächstmöglichen Termin kündigen, auch wenn Sie aufgrund der Kündigungsfrist eigentlich noch ein paar Monate damit warten könnten.

☐ **Zahlungsweise:** Entscheiden Sie sich für eine jährliche Beitragszahlung, wenn Sie finanziell in der Lage sind, auf einmal größere Summen zu begleichen. Wenn·Sie die Versicherungsbeiträge jährlich und nicht vierteljährlich bezahlen, können Sie oft ungefähr 5 Prozent sparen.

☐ **Information:** Die Stiftung Warentest veröffentlicht regelmäßig in ihrer Zeitschrift Finanztest Tests zu den wichtigsten Versicherungen. Diese und weitere Informationen finden Sie auch im Internet unter www.test.de.

WAS SIE SICH MEISTENS SPAREN KÖNNEN

Im weiteren Verlauf dieses Ratgebers werden wir nur auf die Verträge ausführlich eingehen, die zumindest für den Großteil der Verbraucher sinnvoll sind. Zu den Verträgen, die in der Regel überflüssig sind, wollen wir gar nicht viel sagen. Aber es kann hilfreich sein, sie zu kennen, wenn ein Versicherungsvermittler bestimmte Angebote anpreist. Deshalb hier kurz einige der Verträge, die weit hinten auf der Bedarfsliste stehen sollten:

Kapitallebens-, Sterbegeld-, Ausbildungsversicherung

Die Kapitallebensversicherung kombiniert Risikoschutz und Sparen: Die Beiträge des Kunden werden über einen längeren Zeitraum angelegt, sodass er zum Beispiel zu Rentenbeginn auf eine größere Summe zurückgreifen kann. Stirbt der Versicherte vor Ablauf der Versicherung, erhalten die Angehörigen eine bestimmte Summe ausbezahlt.

Wie kleine Kapitallebensversicherungen funktionieren auch andere Verträge wie die Sterbegeld- und die Ausbildungsversicherung. Bei der Sterbegeldversicherung zahlt der Kunde regelmäßig so viel ein, dass die Angehörigen im Todesfall auf eine Summe zurückgreifen können, um damit die Beerdigungskosten zu begleichen.

Aber: Es gibt günstigere Varianten, um die Angehörigen für den Todesfall abzusichern, Geld für die Beerdigung oder die Ausbildung der Kinder anzusparen. Denn mit solchen kapitalbildenden Verträgen sind in der Regel hohe Abschlusskosten verbunden. Besser ist es, den Risikoschutz und das Sparvorhaben zu trennen.

Statt eine Kapitallebensversicherung abzuschließen, ist es günstiger, Ehepartner und Kinder über eine Risikolebensversicherung für den Todesfall abzusichern. Für die Altersvorsorge kommen andere Produkte wie eine private Rentenversicherung oder Geldanlageangebote von Banken und Sparkassen infrage (siehe Seite 130).

Auch die Ausbildung ist keine Versicherungsangelegenheit. Eltern sollten mit einer Risikolebensversicherung für den eigenen Tod Vorsorge treffen, für die Ausbildung der Kinder aber einfach sparen. Hier kommt zum Beispiel das Ansparen auf einem Tages- oder Festgeldkonto infrage. Risikofreudigere können einen Teil des Geldes mit Investmentfonds ansparen.

Eine Sterbegeldversicherung lohnt sich wenn überhaupt nur, wenn sie in jungen Jahren abgeschlossen wird, nicht mehr, wenn der Vertrag erst mit 65 Jahren unterschrieben wird. Auch hier rentiert es sich viel mehr, peu à peu etwa per Sparplan die für die Beerdigungskosten notwendige Summe zusammenzutragen.

Krankenhaustagegeld-Versicherung

Sollten Sie im Krankenhaus behandelt werden müssen, zahlt der Versicherer für jeden Tag in der Klinik eine vorab vereinbarte Summe.

Aber: Benötigen Sie unbedingt ein zusätzliches Taschengeld für den Krankenhausaufenthalt? Die Ausgaben etwa für Telefonanrufe nach Hause halten sich heutzutage in der Regel in Grenzen. Außerdem erhalten Sie je nach Dauer der Krankheit entweder Ihr normales Gehalt weiter oder Sie bekommen ab einem bestimmten Zeitpunkt ein Krankengeld (gesetzliche Krankenkasse) oder ein Krankentagegeld (private Krankenversicherung), wenn der Arbeitgeber nicht mehr zahlt. Dieses Geld erhalten Sie unabhängig davon, ob Sie im Krankenhaus untergebracht sind oder zuhause die Zeit verbringen müssen. Somit ist eine Absicherung, die Krankengeld oder Krankentagegeld bietet, deutlich wichtiger als die Zahlung eines Tagegeldes nur für Krankenhausaufenthalte.

Insassenunfallversicherung

Mit dieser Police genießen Mitfahrer im Wagen eines Unfallverursachers Schutz. Der Versicherer würde für die Unfallfolgen der Beifahrer aufkommen.

Aber: Wenn Sie einen Unfall verursachen, sind Ihre Beifahrer ohnehin über Ihre Kfz-Haftpflichtversicherung geschützt. Der Haftpflichtversicherer zahlt, wenn zum Beispiel ein Freund, der mit im Wagen saß, nach einem Unfall Anspruch auf Schmerzensgeld hat.

Fahrer-, Reiseunfallversicherung

Die Versicherer bieten die Möglichkeit, dass Sie sich selbst in bestimmten Lebenssituationen wie zum Beispiel im Urlaub oder als Fahrer eines Kraftfahrzeugs vor den Folgen eines Unfalls schützen.

Aber: Besser als eine Versicherung, die nur bei Unfällen in bestimmten Lebenssituationen aufkommt, ist eine private Unfallversicherung, die für die Folgen von Unfällen in jeder Lebenslage zahlt. Dieser umfassende Schutz für Freizeit und Zuhause ist sinnvoll und bietet mehr als eine Fahrer- oder Reiseunfallversicherung.

Reisegepäckversicherung

Wird dem Kunden am Flughafen oder im Hotel der Koffer gestohlen oder geht er kaputt, kann der Urlauber versuchen, sich über die Reisegepäckversicherung den Schaden erstatten zu lassen.

Aber: Eine Garantie, dass Sie einen Koffer ersetzt bekommen, gibt es nicht. In der Regel sind die Versicherungsbedingungen für Reisegepäck streng gestaltet, sodass die Gefahr sehr groß ist, dass der Versicherer nicht zahlt, etwa weil Sie Ihren Pflichten nicht nachgekommen sind: Haben Sie zum Beispiel einmal kurz den Koffer aus den Augen gelassen, kann Sie das schon den Versicherungsschutz kosten, wenn der Koffer gestohlen wird. Außerdem: Einen gewissen Diebstahlschutz für Ihr Reisegepäck genießen Sie auch über Ihre Hausratversicherung. Dieser Schutz ist immerhin in drei von vier Haushalten zu finden. Über die sogenannte Außenversicherung dieser Police ist das Gepäck auch geschützt, wenn dem Versicherten etwa der Koffer aus dem verschlossenen Hotelzimmer gestohlen wird.

INFO **Tierkrankenversicherungen**

Das Haustier ist für viele Menschen der beste Freund, dem es an nichts fehlen soll. Mit ihren Tierkrankenversicherungen bieten die Versicherer den Haltern die Möglichkeit, sich für den Fall zu schützen, dass teure Behandlungskosten für Hund oder Katze auf sie zukommen.

Solche Versicherungen gibt es in unterschiedlichen Varianten. Zum Beispiel können Sie eine Krankenvollversicherung für Ihr Tier abschließen oder einen günstigeren Tarif, der nur die Kosten für eine Operation übernimmt. Die Preise richten sich nach Alter und Rasse des Tieres. Für eine Vollabsicherung können allerdings einige Hundert Euro im Jahr fällig werden. Wenn Sie diesen Schutz für Ihren Vierbeiner wünschen,

können Sie ihn natürlich abschließen – vorausgesetzt, der Versicherer nimmt Ihr Tier überhaupt an. Einige Versicherer lehnen einzelne Rassen ab, andere ziehen eine Altersgrenze und akzeptieren nur jüngere Tiere.

Doch selbst wenn der Schutz möglich ist: Oft ist es besser, sich die Beiträge für die Krankenversicherung zu sparen und selbst Geld für Behandlungen zurückzulegen. Unter den Verträgen zur Absicherung von Tieren ist eine Tierhalterhaftpflichtversicherung (siehe Seite 26) viel wichtiger als eine Krankenversicherung für Hund oder Katze. Die Hundehalter-Haftpflichtversicherung springt ein, wenn Ihr Hund einen Schaden anrichtet. Für Besitzer von Katzen genügt die Privathaftpflichtversicherung.

Zum Teil ist das Gepäck auch über den Reiseveranstalter geschützt. Eine Reisegepäckversicherung zusätzlich können Sie sich deshalb in aller Regel sparen.

Handy-, Brillen-, Laptopversicherungen

Genau wie das Reisegepäck können Sie auch bestimmte Alltagsgegenstände wie Notebook, Smartphone oder Brille versichern und sich so schützen für den Fall, dass diese Dinge gestohlen oder beschädigt werden.

Aber: Das Preis-Leistungs-Verhältnis stimmt bei diesen Verträgen häufig nicht.

Empfehlenswert ist hier, sich die Versicherungsbeiträge zu sparen und stattdessen lieber separat etwa auf einem Tagesgeldkonto etwas für Notfälle zurückzulegen.

Glasversicherung

Der Versicherer zahlt, wenn etwa der teure Wintergarten beschädigt wurde oder der riesige Spiegelschrank in der Wohnung.

Aber: Dieser Schutz ist für Mieter ohne Wintergarten oder andere wertvolle Glaseinrichtungsgegenstände überflüssig. Nur falls Sie mit viel Glas eingerichtet sind, kann dieser Schutz sinnvoll werden.

SCHÄDEN BEI ANDEREN

Eine unbedachte Bewegung und schon ergießt sich Ihr Rotwein über das helle Sofa Ihres Gastgebers. Auf dem Weg zum Sport als Radfahrer ein parkendes Auto oder schlimmer noch einen Fußgänger übersehen: Solche Missgeschicke passieren tagtäglich. Finanziellen Schutz für diese Fälle bietet eine Privathaftpflichtversicherung. Warum sie zu den wichtigsten Versicherungen überhaupt gehört und was bei Vertragsabschluss zu beachten ist.

WARUM HAFTPFLICHTSCHUTZ SO WICHTIG IST

Sie haften für die Schäden, die Sie einer anderen Person zufügen. So gibt es das Bürgerliche Gesetzbuch vor. Im Alltag kommt es zu unzähligen Situationen, in denen dieser Satz Realität wird – etwa, wenn sich ein Radfahrer an einer Kreuzung verschätzt. Obwohl die Ampel gerade auf Rot springt, rast er noch über die Straße und stößt mit einem anderen Radfahrer zusammen. Was, wenn dieser so unglücklich stürzt, dass er fortan querschnittgelähmt ist?

Dann muss der Unfallverursacher für sämtliche Ausgaben aufkommen, zum Beispiel für Schmerzensgeld und Behandlungskosten, die die Krankenkasse des Verletzten von ihm zurückverlangt, oder eventuell auch für eine Rente, wenn er invalide bleibt und nicht mehr arbeiten kann.

All das aus eigener Tasche zu zahlen, ist kaum möglich. Um sich finanziell gegen solche Schadenersatzforderungen zu wappnen, sollte in keinem Haushalt eine private Haftpflichtversicherung fehlen.

Manchmal zusätzliche Verträge notwendig

Es gibt allerdings Lebensbereiche, in denen der Schutz der Privathaftpflichtversicherung nicht ausreicht, sodass zusätzlich Absicherung über weitere Haftpflichtverträge notwendig ist. Extraschutz benötigen zum Beispiel die Halter eines Autos oder Motorrades. Für sie ist der spezielle Haftpflichtschutz gesetzlich vorgeschrieben. Auch für viele Vermieter und Selbstständige ist eine besondere Absicherung sinnvoll. Beispiele für zusätzlichen Haftpflichtschutz nennen wir ab Seite 25.

UNVERZICHTBAR: PRIVATHAFTPFLICHTVERSICHERUNG

Unverzichtbar ist die Privathaftpflicht-versicherung, um sich zu schützen für die wirklich schweren Fälle, in denen zum Beispiel ein Mensch verletzt wird oder hoher Sachschaden entsteht. Doch auch kleinere Schäden, die weitaus häufiger vorkommen, können ohne Haftpflichtver-trag zu einer finanziellen Belastung wer-den. Es gibt Sicherheit, zu wissen, dass der Haftpflichtversicherer einspringen würde, zum Beispiel wenn

■ Sie versehentlich im Zug das Notebook eines Mitreisenden vom benachbarten Tisch reißen.

■ Ihr achtjähriger Sohn beim Spielen ein abgestelltes Fahrrad umstößt, das dann gegen ein parkendes Auto fällt und dieses beschädigt.

■ Sie sich aus Versehen auf die Brille eines Freundes setzen.

Die Opfer der Missgeschicke bekommen die Kosten für eine Reparatur ersetzt. Müssen neue Gegenstände angeschafft werden, erstattet der Versicherer aller-dings nur den Zeitwert der beschädigten Güter. Das ist zum Beispiel bei der Haus-ratversicherung anders (siehe Seite 92).

STECKBRIEF Privathaftpflichtversicherung

Schutz: Der Versicherer kommt für Personen-, Sach- und Vermögensschäden auf, für die Sie gegenüber Dritten verantwortlich sind.

Bedarf: Diesen Schutz benötigt jeder.

Angebote: Für unter 100 Euro im Jahr gibt es sehr guten und umfangreichen Schutz ohne Selbstbeteiligung. Je nach persönlicher Lebenssituation kann es sich lohnen, einen Tarif zu wählen, der Extraleistungen bietet, etwa Schutz vor Schä-den durch deliktunfähige Kinder. Aktuelle Testergebnisse unter www.test.de.

Beispiele für den Schutz: Der Versicherer zahlt, wenn ein Radfahrer einen Fuß-gänger verletzt, wenn ein Nachbar auf dem spiegelglatten Weg vor dem Einfami-lienhaus ausrutscht oder wenn der neunjährige Sohn im Nachbarhaus ein Feuer verursacht. Der Versicherer zahlt sogar bei grober Fahrlässigkeit des Versicherten.

Beispiele für Lücken im Schutz: Schädigen sich Familienangehörige oder andere Versicherte, die über einen Vertrag geschützt sind, gegenseitig, zahlt der gemein-same Versicherer nicht. Schäden, die im Zusammenhang mit der beruflichen Tätigkeit anfallen, sind in der Regel nicht über die Privathaftpflicht geschützt. Schäden an gemieteten oder geliehenen Gegenständen sind häufig vom Schutz ausgeschlossen, manche Versicherer übernehmen sie aber doch.

Unbegründete Schadenersatzansprüche wehrt der Haftpflichtversicherer jedoch ab: Er prüft zum Beispiel, ob Ihnen tatsächlich der alleinige Vorwurf zu machen wäre, wenn Sie im Zug ein Notebook vom Tisch reißen würden oder ob Sie quasi gar nicht anders konnten, weil Ihr Nachbar den Rechner so platziert hatte, dass er bei kleinster Erschütterung vom Tisch fallen musste. Kommt es letztlich zu einer rechtlichen Auseinandersetzung, führt der Haftpflichtversicherer den Prozess und übernimmt auch die Kosten dafür.

Wie sieht der passende Schutz aus?

Sie sollten mit Ihrem Haftpflichtversicherer eine Versicherungssumme von mindestens 3 Millionen Euro pauschal für Personen- und Sachschäden vereinbaren. Wer noch einen Vertrag hat, der vor vielen Jahren abgeschlossen wurde, überprüft am besten, welche Versicherungssumme damals festgelegt wurde und erhöht sie gegebenenfalls. Heute bieten viele Tarife deutlich umfangreicheren Schutz als früher, zum Beispiel eine Versicherungssumme von 5 oder 10 Millionen Euro.

Neben der Höhe der Versicherungssumme ist wichtig, welche Leistungen der Vertrag bietet. Denn hier sind die Tarife zum Teil ganz unterschiedlich gestaltet.

Es gibt bestimmte Lebenssituationen, in denen die Haftpflichtversicherung unabhängig vom Tarif immer Schutz bietet, zum Beispiel, wenn Sie als Fußgänger oder Radfahrer am Straßenverkehr teil-

nehmen und einen Schaden verursachen. Auch für Urlaubsreisen ins Ausland gilt der Schutz der deutschen Privathaftpflichtversicherung: Wer also etwa bei einer Radtour mit Freunden in Österreich einen anderen Radler zu Fall bringt, kann den Schaden bei seinem deutschen Haftpflichtversicherer einreichen.

Doch so eindeutig sind die Regelungen nicht in jeder Situation. Wir haben für unsere Untersuchungen der privaten Haftpflichtversicherung deshalb einen Grundschutz definiert – einen Leistungskatalog, den die Haftpflichttarife mindestens bieten sollten. Zum Grundschutz gehört zum Beispiel, dass Mietsachschäden bis mindestens 300 000 Euro abgesichert sind oder dass Schäden durch häusliche Abwässer mit bis zu 3 Millionen Euro versichert sind (siehe Checkliste Seite 22).

Der Blick ins Kleingedruckte

Zusätzlich zu den Leistungen des Grundschutzes bieten die Versicherer in ihren Haftpflichttarifen weitere Leistungen an – mal mehr, mal weniger. Viele Versicherer arbeiten mit unterschiedlichen Leistungspaketen zu unterschiedlichen Preisen. Je mehr Leistungen enthalten sind, desto teurer wird es in der Regel. Viele Kunden brauchen nicht alles, was an Zusatzleistungen angeboten wird. Wer nie in seinem Leben surfen wird, benötigt auch keinen Schutz für den Gebrauch eines Surfbretts.

Trotzdem: Einige dieser Zusatzleistungen können je nach Lebenssituation besonders wertvoll sein, weil Sie so vermei-

CHECKLISTE Dieser Grundschutz muss sein

Wenn Sie ein Angebot für die Privathaftpflichtversicherung erhalten, können Sie mit der folgenden Checkliste prüfen, ob der Vertrag neben der pauschalen Versicherungssumme von 3 Millionen Euro für Personen- und Sachschäden auch den geforderten Grundschutz erfüllt:

☐ **Allmählichkeitsschäden:** Schäden, die etwa durch Feuchtigkeit, Ruß, Rauch oder Staub im Lauf der Zeit entstehen, sollten gedeckt sein. Treffen Sie zum Beispiel beim Bohren eine Wasserleitung und die feuchten Stellen werden erst sehr viel später in der Nachbarwohnung sichtbar, kommt der Versicherer dafür auf.

☐ **Computer:** Schäden, zum Beispiel durch unbeabsichtigt übertragene Computerviren, müssen bis zu einer Höhe von 50 000 Euro versichert sein.

☐ **Häusliche Abwässer:** Schäden, die häusliche Abwässer etwa durch ein geplatztes oder verstopftes Rohr angerichtet haben, sollten versichert sein.

☐ **Hüten fremder Hunde/fremder Pferde:** Schäden, die entstehen, wenn Sie auf den Hund von Freunden aufpassen, sollten abgesichert sein.

☐ **Lagerung gewässergefährdender Substanzen:** Der Versicherer kommt für Kosten auf, die durch die Verschmutzung von Gewässern oder Grundwasser durch gewässerschädigende Stoffe in haushaltsüblichen Mengen entstehen: wenn zum Beispiel Farbe, die im Keller lagert, ins Grundwasser sickert.

☐ **Mietsachschäden:** Schäden, die der Versicherte in einer Mietwohnung anrichtet, sollten bis mindestens 300 000 Euro über die Privathaftpflichtversicherung gedeckt sein. Wie schnell kann es passieren, dass dem Mieter zum Beispiel eine Vase aus der Hand rutscht und die Scherben die Fliesen in der Küche beschädigen! Der Schutz der Haftpflichtversicherung sollte auch für gepachtete Schrebergärten oder ein gemietetes Ferienhaus gelten.

☐ **Mieten einer Ferienwohnung im Ausland:** Die Versicherung sollte dafür aufkommen, wenn Sie dort Schäden verursachen.

☐ **Schutz im Ausland:** Wer für den Sommerurlaub ins Ausland verreist, muss sich keine Sorgen machen, denn der Schutz der deutschen Haftpflichtversicherung ist dabei. Der Schutz sollte während eines Auslandsaufenthalts bis zu drei Jahren in der Europäischen Union und bis zu einem Jahr weltweit wie im Inland gelten. Einzelne Anbieter erweitern den Schutz auf mehr Jahre.

☐ **Vorsorgeversicherung:** Der Versicherer zahlt, wenn sich eine neue Risikosituation beim Kunden ergibt. Legt sich zum Beispiel jemand einen Hund zu, schützt die Privathaftpflichtversicherung bis zum Abschluss einer Tierhalterhaftpflichtversicherung. Der Schutz gilt von Anfang an – zumindest für Schäden in Höhe von 3 Millionen Euro pauschal und 50 000 Euro für Vermögensschäden.

den, dass etwa der Nachbarschaftsfrieden oder eine Freundschaft aufs Spiel gesetzt wird, nur weil die Versicherung die Kosten für Schäden nicht übernimmt. Deshalb kann es sich lohnen, einen Tarif abzuschließen, der etwas teurer ist, dafür aber vor besonderen Alltagsrisiken schützt, wie folgende Beispiele zeigen:

■ **Deliktunfähige Kinder:** Das fünfjährige Mädchen will seinen Puppenwagen unbedingt noch an den drei großen Fahrrädern vorbeischieben. Doch es schafft es nicht und bleibt an einem der Räder hängen. Im Dominoeffekt fallen die Räder um, das letzte beschädigt einen geparkten Motorroller. Kinder unter sieben Jahren sind deliktunfähig – im Straßenverkehr unter zehn Jahren. Das heißt, sie haften nicht für Schäden, die sie verursachen. Eltern haften in solchen Fällen nur, wenn sie ihre Aufsichtspflicht verletzt haben. Ist den Eltern kein Vorwurf zu machen, muss auch die Haftpflichtversicherung des fünfjährigen Mädchens beziehungsweise die seiner Familie nicht für den Schaden am Roller aufkommen. Einige Versicherer zahlen trotzdem und übernehmen Schäden durch deliktunfähige Kinder – wenn auch nur bis zu einer begrenzten Höhe. Eltern von kleinen Kindern sollten deshalb darauf achten, dass ihre Versicherung Schäden durch deliktunfähige Kinder einschließt.

■ **Schäden an gemieteten oder geliehenen Sachen:** Der Versicherte leiht sich von seinem Freund eine Bohrmaschine, um in der neuen Wohnung Lampen und Regale anzubringen. Er legt sie kurz auf dem Tisch ab. Als es an der Tür klingelt, stolpert er über das Kabel. Die Maschine fällt vom Tisch und geht kaputt. In dem Fall muss der Versicherer nicht für den Schaden aufkommen, denn Schäden an gemieteten oder geliehenen Sachen fallen grundsätzlich nicht unter den Versicherungsschutz. Es gibt allerdings Versicherer, die trotzdem zahlen – zumindest bis zu einer bestimmten Höhe.

■ **Gefälligkeitshandlungen:** Der Versicherte hilft seinem Nachbarn beim Umzug in dessen neu gebautes Eigenheim. Der Helfer hat sich zu viel zugemutet und lässt im neuen Treppenhaus des Nachbarn eine schwere Kiste fallen. Das Treppengeländer wird zerkratzt, mehrere der teuren Bodenfliesen bekommen einen Sprung. Auch hier müsste der Versicherer des Umzugshelfers nicht einspringen. Denn in so einer Situation wird meist von einem „still-

schweigenden Haftungsausschluss" aus-
gegangen. Das bedeutet, dass der Umzie-
hende keinen Anspruch darauf hat, dass
seine Helfer ihm einen etwaigen Schaden
ersetzen. Das ist ärgerlich, gerade wenn
es dann unter Freunden zum Streit ums
Geld kommt. Gut dran ist dann der Um-
zugshelfer, dessen Haftpflichtversicherung
trotz des Haftungsausschlusses einspringt
– zumindest bei Schäden bis zu einer bestimmten Höhe.

NACHBESSERN
KANN SICH LOHNEN

Wenn im Haftpflichtschutz gewünschte
Extraleistungen fehlen, ist es häufig möglich, beim aktuellen Versicherer einen leis-
tungsstärkeren Tarif abzuschließen.

INFO   Eltern in der Pflicht?

Verursacht ein Kind unter sieben Jahren einen Schaden, haftet es zwar
nicht selbst dafür, eventuell aber seine
Eltern – wenn ihnen der Vorwurf zu
machen ist, dass sie ihre Aufsichtspflicht verletzt haben. Dann würde die
Haftpflichtversicherung der Familie auf
jeden Fall zahlen. Ob den Eltern ein
Vorwurf zu machen ist, hängt vom Ein-
zelfall ab.
Beispiel: Ein Sechsjähriger schubst bei
seiner Geburtstagsfeier einen seiner
kleinen Gäste beim Herumtoben so,
dass dieser stürzt und mit dem Kopf an
der Tischkante aufschlägt. Hätte die

Schutz für etwa 100 Euro im Jahr möglich
Sehr gute und leistungsstarke Privathaft-
pflichtversicherungen für eine Familie
gibt es für weniger als 100 Euro im Jahr.
Senioren oder auch Singles können sich
häufig über einen speziellen Tarif noch
günstiger versichern. Selbst wenn diese
Spezialtarife bei dem jeweiligen Versicherer preiswerter sind als andere Angebote,
heißt das aber nicht automatisch, dass
sie auch insgesamt günstiger als normale
Tarife anderer Versicherer sind. Hier lohnt
es sich, zusätzlich auf die Leistungen zu
gucken und diese mit den Angeboten anderer Versicherer zu vergleichen.

Beiträge können Sie meist sparen,
wenn Sie einen Selbstbehalt vereinbaren,
zum Beispiel von 150 Euro je Schadens-

gastgebende Mutter die Kinder längere
Zeit sich selbst überlassen, könnte ihr
der Vorwurf gemacht werden, dass sie
ihrer Aufsichtspflicht nicht nachgekommen ist. Sie würde letztlich für den
Schaden haften und die Versicherung
der Familie würde einspringen. Wäre
sie aber überwiegend bei den spielen-
den Kindern gewesen und nur kurz in
die Küche gegangen, um etwas zu trin-
ken zu holen, könnte sie nicht belangt
werden. Entsprechend würde auch die
Versicherung nicht einspringen – es
sei denn, der Vertrag schließt Schäden
durch deliktunfähige Kinder mit ein.

fall. Dadurch lassen sich die Beiträge unter Umständen etwas senken. Aber bedenken Sie: Mehrere kleine Schäden sind wahrscheinlicher als ein großer, sodass der Beitragsvorteil dann häufig schnell aufgebraucht ist.

Selbst als Geschädigter

Selbst eine Haftpflichtversicherung zu haben ist wichtig. Doch was, wenn zum Beispiel ein Inline-Skater Sie umfährt und zu Fall bringt, aber keinen Haftpflichtschutz hat und selbst zahlungsunfähig ist? Dann ist es hilfreich, wenn Ihr eigener Vertrag eine Forderungsausfalldeckung enthält: Unter Umständen springt Ihre Versicherung dann ein, vorausgesetzt, es handelt sich um einen größeren Schaden (über 2 500 Euro). Bevor Ihr Versicherer zahlt, müssen Sie aber alle rechtlichen Möglichkeiten ausschöpfen, um Geld vom Schadenverursacher zu erhalten.

Ein Vertrag für die ganze Familie

Über eine Privathaftpflichtversicherung kann sich eine Person allein schützen, oder auch eine ganze Familie. Kinder sind über den Vertrag ihrer Eltern mit geschützt. Der Schutz gilt in der Regel so lange, bis die Kinder ihre Ausbildung abgeschlossen haben, sofern sie noch nicht verheiratet sind (mehr dazu ab Seite 142).

Auch ohne Kinder können sich Ehepartner über einen gemeinsamen Vertrag schützen: Heiratet ein Paar und hatten beide Partner vorher jeweils einen einzelnen Vertrag, können sie den jüngeren Vertrag direkt kündigen.

Ein Vertrag für zwei? Das gilt auch, wenn Paare nicht heiraten, sondern erst mal nur zusammenziehen. In dem Fall ist es ebenfalls möglich, sich über einen gemeinsamen Vertrag abzusichern (mehr dazu ab Seite 154).

Entscheiden sich Lebensgefährten für einen gemeinsamen Vertrag, sparen sie Beiträge. Kommt es allerdings dazu, dass beispielsweise die Freundin das Handy ihres Partners fallen lässt, gibt es keinen Ersatz von der Versicherung. Schäden, die sich Partner, die gemeinsam über einen Vertrag versichert sind, gegenseitig zufügen, übernimmt der Privathaftpflichtversicherer nicht.

ZUSÄTZLICHER HAFTPFLICHTSCHUTZ

Die Privathaftpflichtversicherung allein reicht in bestimmten Lebensbereichen nicht aus. In der Pflicht für weiteren Schutz sind Fahrzeughalter. Und auch Bauherren und Tierhalter sollten sich frühzeitig erkundigen, ob sie weiteren speziellen Haftpflichtschutz benötigen. Folgende zusätzliche Haftpflichtversicherungen sind je nach Lebenssituation Pflicht oder zumindest sinnvoll:

Kfz-Haftpflicht

Die Privathaftpflichtversicherung zahlt nicht für Schäden, die im Zusammenhang mit dem Führen eines Kraftfahrzeugs entstehen. Im Klartext: Wenn jemand mit dem Auto oder mit dem Motorrad unterwegs ist, benötigt er zusätzlich speziellen Haftpflichtschutz. Diese Haftpflichtversicherung ist für Fahrzeughalter sogar gesetzlich vorgeschrieben. Ausführliche Informationen zur Autoversicherung finden Sie ab Seite 107.

Tierhalterhaftpflicht

Gehören Haustiere zur Familie, benötigen Sie unter Umständen besonderen Versicherungsschutz. Manche Tiere wie Katzen, Vögel oder Meerschweinchen sind über die Privathaftpflichtversicherung mitversichert. Zerkratzt Ihre Katze die Tasche einer Besucherin, kommt die Privathaftpflichtversicherung dafür auf.

Für Hunde gilt das nicht: Reißt sich der Vierbeiner los und bringt einen Inline-Skater zu Fall, kommt die Privathaftpflichtversicherung in der Regel nicht für den Schaden auf. Eine Tierhalterhaftpflichtversicherung würde aber zahlen. Eine solche Versicherung ist auch zuständig, wenn etwa ein Pferd ausbricht und vor ein Auto läuft.

Das Hüten fremder Hunde und Pferde ist hingegen in sehr guten und guten Tarifen über die Privathaftpflichtversicherung geschützt. Wenn Sie also vorübergehend auf den Hund einer Bekannten aufpassen und dieser richtet dann einen Schaden an, reicht die normale Haftpflichtpolice aus.

Berufs-/Betriebshaftpflicht

Unternehmer haften für Schäden, die sie selbst oder ihre Mitarbeiter im Zusammenhang mit ihrer beruflichen oder betrieblichen Tätigkeit verursachen. Ein selbstständiger Fliesenleger haftet zum Beispiel, wenn er beim Aufräumen eine Fliese fallen lässt und das Parkett im Wohnzimmer des Kunden beschädigt. In einer solchen Situation bietet die Privathaftpflichtversicherung keinen Schutz. Für den Fliesenleger ist daher eine Betriebshaftpflichtversicherung unbedingt zu empfehlen. In bestimmten Berufen ist ein spezieller Haftpflichtschutz sogar Pflicht, etwa für Architekten und Steuerberater.

Gewässerschaden-Haftpflicht

Der Schutz der Privathaftpflichtversicherung reicht womöglich auch nicht aus, wenn Hausbesitzer eine Ölheizung haben. Diese kann ein zusätzliches Risiko bedeuten, das über eine separate Gewässerschaden-Haftpflichtversicherung abzudecken ist. Denn wenn der Öltank leckt und Heizöl in das Grundwasser sickert, wird es teuer, diesen Schaden zu beseitigen. Als Hausbesitzer sollten Sie in Ihrem Vertrag für die Privathaftpflichtversicherung nachsehen, ob der Versicherer zum Beispiel eine bestimmte Höchstgröße für den Tank vorgibt oder ob er verlangt, dass der Tank oberirdisch angebracht sein muss. Sind die Vorgaben des Haftpflichtversicherers nicht erfüllt, sollten Sie unbedingt eine zusätzliche Gewässerschaden-Haftpflichtversicherung abschließen. Je nach Anbieter haben Sie gute Chancen, diesen Schutz für unter 50 Euro im Jahr zu bekommen. Der Versicherer übernimmt im Ernstfall zum Beispiel die Kosten für das Ausbaggern, Abfahren und Entsorgen des verschmutzten Erdreichs als Sondermüll.

Bauherren-Haftpflicht

Alle, die ein neues Haus bauen, sollten für dieses Vorhaben unbedingt eine Bauherren-Haftpflichtversicherung abschließen, denn mit dem ersten Spatenstich haften sie für Schäden, die rund um das Bauprojekt entstehen (siehe Seite 90).

Wer eine bestehende Immobilie umbaut, sollte vorher in den Vertragsbedingungen seiner Privathaftpflichtversicherung nachsehen, inwieweit kleinere Bauvorhaben geschützt sind – je nach Tarif zum Beispiel Arbeiten im Wert von bis zu 50 000 Euro. Wenn die Bauherren nicht sicher sind, ob sie in den vorgegebenen Werten bleiben, sollten sie bei ihrem Versicherer nachfragen, ob es möglich ist, den Schutz aufzustocken.

Haus- und Grundbesitzerhaftpflicht

Leben Sie in der eigenen Immobilie, sind Sie über die Privathaftpflichtversicherung geschützt: Rutscht beispielsweise die Nachbarin auf dem vereisten Gehweg aus, der nicht gestreut worden war, zahlt die Privathaftpflichtversicherung für den entstandenen Schaden. Dieser Schutz reicht in der Regel auch noch aus, wenn Sie nur einzelne Zimmer in Ihrer Immobilie vermieten oder etwa eine Einliegerwohnung mit maximal drei Zimmern. Sobald Sie aber darüber hinaus als Vermieter aktiv sind, benötigen Sie zusätzlichen Schutz in Form einer Haus- und Grundbesitzerhaftpflichtversicherung. Dieser Vertrag ist unbedingt zu empfehlen, die Versicherungssumme sollte bei mindestens 3 Millionen Euro pauschal liegen.

Der Versicherer zahlt dann etwa, wenn die Nachbarin auf dem eisglatten Weg zum Mietshaus ausrutscht oder wenn eine Dachpfanne vom Mietshaus fällt und ein geparktes Auto beschädigt. Der Schutz gilt zum Beispiel auch, wenn ein Baum auf dem Grundstück des Mietshauses steht und bei Sturm umfällt. Denn lässt sich nachweisen, dass Sie als Hausbesitzer den morschen Baum längst hätten fällen müssen, haften Sie für den Schaden.

Wassersport-Haftpflicht

Wollen Sie im Urlaub mit dem Motorboot eine Spritztour machen, kommt es auf die Formulierungen in den Bedingungen für die Privathaftpflichtversicherung an, ob Sie zusätzlichen Schutz benötigen. Das Führen kleiner Boote schließt die private Haftpflichtversicherung meist ein. Geht es um größere Schiffe, dürfte zusätzlicher Schutz in Form einer Wassersport-Haftpflichtversicherung notwendig werden.

Wer so ein Erlebnis für den Urlaub plant, sollte frühzeitig den Versicherer fragen, wie weit sein Schutz reicht. Außerdem sollten Urlauber den Bootsvermieter fragen, welche Absicherung sie bei Vertragsabschluss automatisch haben.

KRANKHEIT UND PFLEGE

Eine Krankenversicherung ist Pflicht für alle – entweder gesetzlich oder privat. Sowohl privat als auch gesetzlich Versicherte müssen mit steigenden Kosten für Gesundheit und Pflege rechnen. Die Möglichkeiten, etwas gegen steigende Beiträge zu unternehmen, sind begrenzt, doch noch gibt es sie. Kassenpatienten können aber auch entscheiden, mehr zu zahlen und sich mithilfe einer privaten Zusatzversicherung bessere Leistungen zu sichern.

WARUM SCHUTZ BEI KRANKHEIT UND PFLEGEBEDÜRFTIGKEIT SO WICHTIG IST

Der Besuch beim Hausarzt, Medikamente, eventuell ein Krankenhausaufenthalt mit anschließender Reha: All das kostet Geld. Die Kosten für die Behandlung eines Schnupfens oder einer Mandelentzündung könnte ein Normalverdiener sicher noch aus eigener Tasche bezahlen, aber die Ausgaben für eine Operation oder für eine Krebsbehandlung sind zu groß, als dass ein Einzelner dieses Risiko alleine tragen könnte.

Da jeder die Möglichkeit haben soll, die Behandlung zu bekommen, die medizinisch notwendig ist, gilt in Deutschland eine Krankenversicherungspflicht: Niemand soll durch das Schutzraster fallen – etwa, weil er sich die Beiträge für eine private Krankenversicherung nicht mehr leisten

kann und deshalb seinen privaten Versicherungsvertrag verliert. Für solche Notfälle hat der Gesetzgeber vor einigen Jahren unter anderem vorgesehen, dass die privaten Versicherer für die Mindestabsicherung einen sogenannten Basistarif anbieten müssen (siehe Seite 46).

Rund 90 Prozent der Menschen in Deutschland sind allerdings in einer gesetzlichen Krankenkasse versichert – der überwiegende Teil als Pflichtversicherte, Selbstständige und gut verdienende Angestellte als freiwillig Versicherte. Als gesetzlich Versicherte haben sie alle die Gewissheit, dass im Krankheitsfall zum Beispiel die Ausgaben für den Arztbesuch, bestimmte vom Arzt verordnete Medikamente und eine notwendige Operation übernommen werden. Die Leistungen der gesetzlichen Krankenversicherung sind in einem Katalog festgelegt. Rund 95 Prozent aller Kassenleistungen sind identisch. Darüber hinaus können die Kassen Extras anbieten, die über das gesetzliche Maß hinausreichen. Gerade auf diese zusätzlichen Angebote sollten Kassenpatienten achten, wenn sie überlegen, den Versicherer zu wechseln.

Wer nicht in einer gesetzlichen Krankenkasse ist, muss sich um Versicherungsschutz bei einem privaten Krankenversicherer kümmern. Die privaten Versicherer bieten dem Kunden Schutz auf Basis der vereinbarten Vertragsbedingungen. Ihre Leistungen gehen an mehreren Stellen über die der gesetzlichen Krankenkassen hinaus, zum Beispiel für die Behandlung im Krankenhaus. Doch es gibt auch einige Punkte, an denen die gesetzlichen Kassen mehr bieten, etwa bei der psychotherapeutischen Behandlung.

Risiko Pflegefall

Eng verbunden mit der Frage des Krankenversicherungsschutzes ist die Frage nach der Absicherung für den Pflegefall. Alle, die in einer gesetzlichen Krankenkasse versichert sind, sorgen über die gesetzliche Pflegeversicherung vor. Für die privat Krankenversicherten besteht die Pflicht zur Absicherung über die private Pflegepflichtversicherung.

Die Pflichtabsicherung bietet ein gewisses Maß an Schutz, doch sollte es im Alter nicht ohne die Hilfe von Pflegedienst oder Pflegeheimpersonal gehen, reichen ihre Leistungen nicht aus: Die Ausgaben gehen weit über die Beträge hinaus, die Pflegebedürftige aus der Pflegeversicherung erhalten. Deshalb empfiehlt es sich, schon frühzeitig auch für diesen Ernstfall vorzusorgen – entweder durch regelmäßiges Sparen oder in Form einer privaten Pflegezusatzversicherung (siehe Seite 51).

Gesetzlich oder privat? – Eine Entscheidung mit Folgen

Der Großteil der Menschen in Deutschland muss sich in einer gesetzlichen Krankenkasse versichern. Die gesetzliche Versicherungspflicht gilt zum Beispiel für Angestellte, die mit ihrem Einkommen unter einer bestimmten Grenze, der Versicherungspflichtgrenze, bleiben. Diese Grenze wird jedes Jahr neu festgelegt und liegt 2012 bei einem Jahreseinkommen von 50 850 Euro. Verdienen Angestellte in einem Jahr mehr, dürfen sie in die private Krankenversicherung wechseln. Das müssen sie allerdings nicht tun, denn sie können auch gesetzlich versichert bleiben – dann als freiwilliges Mitglied.

Die meisten Selbstständigen dürfen dagegen unabhängig vom Einkommen entscheiden, ob sie sich gesetzlich oder privat versichern. Sie sind nicht versicherungspflichtig in einer gesetzlichen Kasse. Für sie gilt: Sie können sich entweder freiwillig gesetzlich versichern, wenn sie vorher mindestens zwölf Monate gesetzlich versichert waren, oder sie können in die private Krankenversicherung gehen.

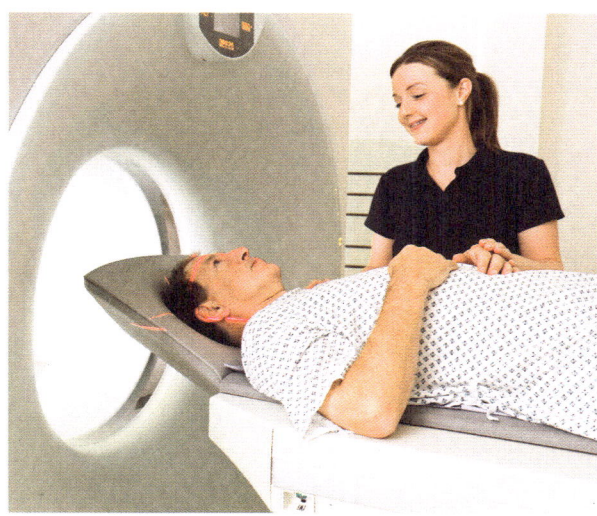

Für bestimmte Berufsgruppen wie etwa für freiberufliche Journalisten gelten jedoch spezielle Regeln. Als Mitglieder der Künstlersozialkasse sind sie ebenfalls in der gesetzlichen Krankenversicherung pflichtversichert. Von dieser Pflicht können sie sich nur zu Beginn der Selbstständigkeit oder bei einem hohen Einkommen befreien lassen, unter der Bedingung, dass sie sich danach privat versichern.

Beamte sind in einer besonderen Situation: Sie haben Anspruch auf eine Beihilfe, die ihr Dienstherr für die medizinische Behandlung gewährt. Deckt die Beihilfe zum Beispiel 50 Prozent der Behandlungskosten ab, muss der Beamte die verbleibenden 50 Prozent mit einer privaten Krankenversicherung absichern. Würden Beamte sich gesetzlich krankenversichern, müssten sie die Beiträge komplett selbst zahlen, da der Dienstherr keinen Arbeitgeberanteil zu den Kassenbeiträgen zahlt. Daher lohnt sich für Beamte in der Regel der Gang in die private Krankenversicherung.

Rentner haben sich schon während des Erwerbslebens für die eine oder die andere Form der Krankenversicherung entschieden. Ab dem 55. Lebensjahr können privat Krankenversicherte in der Regel nicht mehr zurück in die gesetzliche Krankenversicherung wechseln. Umgekehrt ist ein Wechsel von der gesetzlichen in die private Absicherung möglichst früh zu empfehlen, da die private Krankenversicherung teurer wird, je älter der Versicherte bei Vertragsabschluss ist.

 ### GESETZLICH PLUS PRIVATER ZUSATZSCHUTZ

Alle, die in einer gesetzlichen Krankenkasse versichert sind, müssen nicht komplett auf mögliche Leistungsvorteile eines privaten Krankenversicherers verzichten: Sie können private Zusatzversicherungen abschließen, um sich zum Beispiel beim Zahnersatz oder im Krankenhaus mehr Leistungen zu sichern. Mehr zu den Zusatzpolicen ab Seite 40.

Preise und Leistungen im Vergleich

Alle, die als Angestellte oder Selbstständige die Wahl haben zwischen gesetzlicher und privater Krankenversicherung, sollten sich die nächsten Schritte gut überlegen. Ein Blick auf die Leistungen zeigt, dass die private Krankenversicherung an vielen Stellen Leistungsvorteile bietet.

GESETZLICHE ODER PRIVAT? EIN SYSTEMVERGLEICH

Gesetzliche Krankenversicherung	Private Krankenversicherung

Zugang

Kasse muss jeden als Mitglied aufnehmen, der die gesetzlichen Voraussetzungen erfüllt.

Wechsel zwischen allgemein geöffneten Krankenkassen beliebig möglich.

Private Versicherung kann Kunden ablehnen, zum Beispiel wegen Vorerkrankungen. Nur im Basistarif besteht ein Annahmezwang.

Wechsel des Unternehmens nur eingeschränkt möglich, für Ältere und Kranke nur im Basistarif.

Beiträge

Gleicher Beitrag für Frauen und Männer, Kranke und Gesunde, Alte und Junge.

Kinder und Ehepartner/in ohne eigenes Einkommen sind beitragsfrei mitversichert.

Beiträge nach Einkommen bis zur Beitragsbemessungsgrenze, Selbstständige jedoch im Regelfall mindestens 293,34 Euro im Monat ohne Anspruch auf Krankengeld.

Kranke zahlen Risikozuschläge für Krankheiten, die bei Vertragsschluss schon bestanden. Für Neuverträge ab 21. Dezember 2012 keine Beitragsunterschiede zwischen Mann und Frau.

Für jede Person muss Beitrag gezahlt werden, auch für Kinder.

Beiträge nach Eintrittsalter, Geschlecht, Umfang der vertraglich vereinbarten Leistungen und Gesundheitszustand bei Abschluss.

Leistungen

Art und Umfang der medizinischen Leistungen gesetzlich einheitlich geregelt. Unterschiede bei Zusatzleistungen.

Patient erhält Behandlungen und Medikamente bargeldlos über die Chipkarte und leistet nur Zuzahlungen selbst.

Viele Leistungen sind begrenzt, etwa Vorsorgeuntersuchungen erst ab einem bestimmten Alter und zum Beispiel nur einmal im Jahr. Leistungen können per Gesetz gestrichen werden.

Art und Umfang der Leistungen je nach Unternehmen und je nach Tarif unterschiedlich.

Patient bezahlt Behandlungen und Medikamente selbst und reicht die Rechnungen später zur Erstattung beim Versicherer ein.

Keine generelle Grenze. Ärzte und Krankenhäuser rechnen pro Behandlung mit dem Patienten ab. Vertraglich vereinbarte Leistungen können nicht gestrichen werden. Sie sind bis ans Lebensende garantiert.

Recht im Streitfall

Widerspruch kostenlos, Klage nach Sozialrecht. Geringeres Prozesskostenrisiko: Gerichtsgebühren und Anwaltshonorare richten sich nicht nach dem Streitwert, sondern sind gesetzlich begrenzt.

Verliert der Versicherte vor Gericht, muss er nur seine eigenen Kosten tragen, nicht die der Krankenkasse.

Kein gesetzlich geregeltes Widerspruchsrecht. Klage nach Zivilrecht. Höheres Prozesskostenrisiko: Gerichtsgebühren und Anwaltshonorare richten sich nach dem Streitwert, ohne Begrenzung.

Verliert der Versicherte vor Gericht, muss er die eigenen und die Kosten des Gegners tragen, z. B. auch die für teure medizinische Gutachten.

Das gilt zum Beispiel bei der Krankenhaus-behandlung: Privat Versicherte haben in den meisten Tarifen Anspruch darauf, die Klinik selbst auszusuchen und vom Chef-arzt behandelt zu werden. Gesetzlich Ver-sicherte müssen sich im nächstgelegenen für sie geeigneten Krankenhaus behan-deln lassen, für sie ist der jeweils dienst-habende Arzt zuständig.

Gesetzlich Versicherte zahlen nach Einkommen

Wenn Sie vor der Wahl stehen, sollten Sie aber nicht nur auf die Leistungen schau-en, sondern sich auch über die Beiträge Gedanken machen. Denn beim Abschluss einer privaten Krankenversicherung unter-schätzt manch einer, was im Laufe der Jahre auf ihn zukommt.

Bei gesetzlich Versicherten richtet sich der Beitrag nach der Höhe des Einkom-mens, bei privat Versicherten nicht. Gesetz-lich Versicherte zahlen 2012 einen allge-meinen Beitragssatz von 15,5 Prozent ihres Bruttoeinkommens an die Krankenkasse. Für Arbeitnehmer zahlt der Arbeitgeber 7,3 Prozent, die restlichen 8,2 Prozent übernimmt der Arbeitnehmer aus eigener Tasche. Selbstständige, die sich freiwillig für die Mitgliedschaft in der gesetzlichen Krankenkasse entscheiden, zahlen ihren Beitrag meist komplett selbst.

Für Rentner ist die Regelung ähnlich wie für Arbeitnehmer: Sie zahlen 8,2 Pro-zent aus eigener Tasche, den Rest über-nimmt der Rentenversicherungsträger. Beamte und Pensionäre in der gesetzlichen Krankenkasse müssten den kompletten Beitragssatz zahlen.

Seit 2009 erheben alle gesetzlichen Krankenkassen einen einheitlichen Bei-tragssatz. Vorher konnten alle Kassen selbst festlegen, welchen Beitrag sie kas-sieren. Auch wenn das heute nicht mehr möglich ist, kann es doch zu Beitrags-unterschieden zwischen den gesetzlichen Kassen kommen. Das liegt an den Rege-lungen zum sogenannten Gesundheits-fonds. Die einzelnen Krankenkassen erhal-ten die Beiträge ihrer Mitglieder nämlich nicht direkt. Stattdessen wandern die Bei-tragszahlungen zunächst in einen großen Topf, den Gesundheitsfonds. Aus diesem Topf, in den auch Steuergelder fließen, er-hält jede Kasse eine bestimmte Summe. Wie viel Geld das ist, richtet sich für jede Kasse nach Gesundheitsstruktur und Alter ihrer Versicherten.

TIPP **Sonderkündigungsrecht bei Zusatzbeitrag**

Erhebt Ihre Krankenkasse erstmals einen Zusatzbeitrag oder erhöht sie einen bis-her geforderten Zusatzbeitrag, haben Sie bis auf wenige Ausnahmen ein Son-derkündigungsrecht (mehr dazu siehe Seite 38). Sie können dann die Kasse wechseln, ganz gleich wie lange Sie vorher dort versichert waren.

Möglicherweise kommt eine Kasse mit dem Geld aus dem Fonds aber nicht aus, um die Ausgaben für die medizinische Versorgung decken zu können. Dann ist sie verpflichtet, von ihren Mitgliedern einen Zusatzbeitrag zu erheben. Als die Stiftung Warentest im Frühjahr 2012 Angebote und Leistungen von 88 Krankenkassen verglichen hat, waren es aber nur noch zwei Kassen, die von ihren Mitgliedern diese Leistung verlangt haben. Umgekehrt gilt aber auch: Wenn eine Krankenkasse mit dem Geld aus dem Gesundheitsfonds gut auskommt und Überschüsse erwirtschaftet, kann sie ihren Mitgliedern eine Prämie auszahlen. Das machen immerhin sechs Kassen aus unserem Test.

Private zahlen unabhängig vom Einkommen
In der privaten Krankenversicherung richtet sich der Beitrag neben dem Umfang der vereinbarten Leistungen nach dem Gesundheitszustand und Alter der Versicherten bei Vertragsabschluss. Bisher spielt auch das Geschlecht der Versicherten eine Rolle, sodass Frauen für den gleichen Schutz mehr Beitrag zahlen müssen als Männer. Für neu abzuschließende Verträge darf es diesen Unterschied ab dem 21. Dezember 2012 aber nicht mehr geben. Nach einem Urteil des Europäischen Gerichtshofs sind die Versicherer ab dann verpflichtet, sogenannte Unisex-Tarife anzubieten: also gleiche Beiträge für Männer und Frauen. Wie sich mit dieser Änderung das Beitragsniveau entwickelt – ob etwa der Schutz für eine Frau etwas günstiger

wird oder der Vertrag für einen Mann teurer – und ob die Vorgabe auch Auswirkungen auf bestehende Verträge haben wird, bleibt abzuwarten.

Allein auf den Preis sollten Sie bei Vertragsabschluss aber nicht schauen. Prüfen Sie auch die Leistungen, sonst landen Sie womöglich in einem Tarif, dessen Leistungen noch hinter denen der gesetzlichen Kassen zurückbleiben. Hinzu kommt, dass Sie als privat Versicherter davon ausgehen müssen, dass die Beiträge im Laufe der Jahre immer weiter steigen. Allein 2010 hat es bei den Versicherern im Schnitt Beitragssteigerungen von 7,27 Prozent gegeben. Einen Teil der Kunden traf es mit Erhöhungen von 20 oder gar 30 Prozent noch heftiger. Als Gründe nannten die Versicherer unter anderem die höhere Lebenserwartung der Versicherten sowie vor allem die gestiegenen Ausgaben, besonders für die ambulante Versorgung.

Wer mit Mitte 30 eine private Krankenversicherung abschließt, sollte deshalb einkalkulieren, dass er im Rentenalter mindestens das Dreifache dessen zahlen muss, was er in jungen Jahren als Beitrag leistet. Das ist der große Unterschied im Vergleich zur gesetzlichen Krankenversicherung: Ein Rentner, der im Alter weniger Einkommen hat als zu Erwerbszeiten, muss für seine gesetzliche Krankenversicherung entsprechend weniger zahlen. Ein privat Versicherter, der im Alter weniger Einkommen hat als zu Berufszeiten, zahlt für den Schutz in der Regel sogar deutlich mehr als in jüngeren Jahren.

■ UNBEDINGT GELD ZURÜCKLEGEN

Wenn Sie sich trotz der Beitragsentwicklung aufgrund der Leistungen für die private Krankenversicherung entscheiden, sollten Sie frühzeitig Geld zurücklegen, um sich im Alter die Beiträge zur Krankenversicherung leisten zu können. Ohne diese Ersparnisse kann es finanziell eng werden, wenn etwa bei einer Monatsrente von 1 700 Euro allein 800 Euro für die private Krankenversicherung anfallen.

Interessant für Beamte und Alleinstehende

Die Beitragsentwicklung sorgt dafür, dass auf Dauer die private Krankenversicherung finanziell meist nicht günstiger ist als die gesetzliche Absicherung – selbst wenn es zu Anfang deutliche Preisvorteile gibt. Hinzu kommt ein weiterer Unterschied, der dafür sorgt, dass vor allem Familien mit der gesetzlichen Absicherung günstiger dran sind: In der gesetzlichen Krankenversicherung können Ehepartner, die gar nichts oder nur wenig verdienen, sowie Kinder beitragsfrei mitversichert werden. In der privaten Krankenversicherung fallen für jeden Versicherten Beiträge an, auch wenn er kein Einkommen hat.

Wie viel Eltern für die private Krankenversicherung ihrer Kinder zahlen müssen, richtet sich unter anderem nach dem Alter des Kindes und auch danach, ob sie als Beamte Anspruch auf Beihilfe haben. Ohne Beihilfe müssen Eltern mit Beiträgen von rund 150 Euro im Monat für einen Kindervertrag rechnen.

Letztlich lohnt sich die private Krankenversicherung finanziell dank der Beihilfe des Dienstherren für Beamte. Für Arbeitnehmer und Selbstständige kann sich die private Absicherung auszahlen, wenn sie davon ausgehen, nie eine Familie zu gründen. Alle anderen dürften in der gesetzlichen Krankenversicherung auf Dauer günstiger abgesichert sein.

DIE GESETZLICHE KRANKENVERSICHERUNG

Die gesetzlich Versicherten verteilen sich immer noch über mehr als 100 Krankenkassen in Deutschland. Viele sind beitragszahlende Mitglieder, für Kinder und Ehepartner besteht die Chance, sich kostenfrei mitzuversichern. Abgesehen von den Leistungen bei Verdienstausfall erhalten die Mitversicherten all das, was auch beitragszahlende Mitglieder bekommen.

Leistungen der Kassen in weiten Teilen gleich

Die Leistungen der Krankenkassen sind zu einem Großteil gleich und gesetzlich vorgeschrieben. Festgelegt ist zum Beispiel, welche Medikamente die Krankenkassen übernehmen, welche Vorsorgeuntersuchungen den Patienten über ihre Krankenversichertenkarte zustehen oder unter welchen Voraussetzungen ihnen eine Kur bewilligt wird. Vorgegeben ist zum Beispiel auch, in welchem Umfang sich die Krankenkasse an den Kosten für Zahnersatz beteiligt und welche Behandlungs- oder Untersuchungskosten die Kassen nicht erstatten dürfen.

Doch über das gesetzliche Mindestmaß hinaus gibt es einige Extras, die die Kassen bieten und mit denen es ihnen auch gelingt, sich bei einem einheitlichen Beitragssatz von ihren Mitbewerbern abzusetzen. So gibt es beispielsweise Krankenkassen, die für die ausführlichen Arztgespräche im Rahmen einer homöopathischen Behandlung ein Honorar zahlen, andere tun dies nicht. Mehrere Kassen zahlen für Reiseschutzimpfungen, andere tun dies nicht. Manche Kassen zahlen einmal im Jahr für eine ausgiebige Hautkrebsvorsorge unabhängig vom Alter des Patienten, andere zahlen nur für die Vorsorge von mindestens 35-Jährigen alle zwei Jahre, so wie es gesetzlich vorgeschrieben ist.

Auf den ersten Blick erscheinen diese Extras jedes für sich genommen manchem Versicherten als Kleinigkeit, doch in der

STECKBRIEF Gesetzliche Krankenversicherung

Schutz: Die Krankenkasse übernimmt die Ausgaben für die medizinisch notwendige Versorgung ihrer Mitglieder und deren beitragsfrei mitversicherter Angehörige.

Bedarf: Den Schutz benötigen alle, die nicht privat krankenversichert oder durch freie Heilfürsorge (zum Beispiel Soldaten, Bundespolizisten) abgesichert sind.

Angebote: In Deutschland gibt es weit über 100 Krankenkassen. Der Beitragssatz liegt derzeit bei 15,5 Prozent. Arbeitnehmer und Rentner zahlen 8,2 Prozent ihres Einkommens aus eigener Tasche. Selbstständige zahlen häufig den kompletten Beitrag allein. Außerdem kann ein Zusatzbeitrag fällig werden. Haben Arbeitnehmer und Selbstständige ein Einkommen oberhalb der Beitragsbemessungsgrenze (derzeit 3 825 Euro im Monat, 45 900 Euro im Jahr), liegt der maximale Beitragssatz bei 15,5 Prozent von 3 825 Euro, also etwa 593 Euro im Monat.

Beispiele für den Schutz: Versichert sind zum Beispiel die Behandlungskosten, die der Arzt bei einer Grippe abrechnet, Ausgaben für die Blinddarmoperation und die anschließende Versorgung im Krankenhaus oder auch eine medizinisch notwendige Reha-Maßnahme nach schwerer Krankheit.

Beispiele für Lücken im Schutz: Die Krankenkasse zahlt zum Beispiel nur bis maximal 65 Prozent der Ausgaben für Zahnersatz. Viele Medikamente müssen Patienten mittlerweile komplett selbst zahlen. Anspruch auf Chefarztbehandlung im Krankenhaus haben sie nur in Notfällen.

Summe oder je nach Lebenssituation können sie ein wichtiges Entscheidungskriterium für die Wahl einer Kasse sein.

 ## DIE LEISTUNGEN VERGLEICHEN

Einen genauen Überblick zu den Leistungen der Kassen bietet der Produktfinder Krankenkassen der Stiftung Warentest unter www.test.de/krankenkassen. Hier können Sie gegen eine geringe Gebühr die Leistungen sämtlicher Kassen miteinander vergleichen und die Punkte herausfinden, die Ihnen in Ihrer Situation wichtig sind – egal, ob Kostenübernahme für Reiseimpfungen oder für eine professionelle Zahnreinigung. Bei der Suche nach „Ihrer" Kasse hilft außerdem der neue Ratgeber „Kompass Kassenpatient" der Stiftung Warentest. Er kostet 16,90 Euro, Sie erhalten ihn im Handel oder können ihn unter www.test.de/shop bestellen.

Kassen vergleichen und wechseln

Vergleichen Sie die Leistungen Ihrer Kasse mit denen anderer Krankenkassen, kommen Sie vielleicht zu dem Schluss, dass es einen Anbieter gibt, der besser zu Ihnen und Ihren Wünschen passt.

Neben den Leistungsmerkmalen bestimmen weitere Kriterien die Wahl – zum Beispiel ihre Erreichbarkeit. Besonders die großen Krankenkassen betreiben ein ausgedehntes Geschäftsstellennetz, sodass die Versicherten häufig Ansprechpartner direkt vor Ort haben. Dazu kommen Service-Hotlines oder auch eine medizinische Beratung am Telefon, die bei manchen Kassen rund um die Uhr erreichbar ist. Weitere Service-Extras können Hilfe bei der Vereinbarung von Facharztterminen und eine Hotline für Urlaubsreisende im Ausland sein. Für die Versicherten, die nicht mehr in der Lage sind, bei Fragen in die Geschäftsstelle der Kasse zu kommen, bieten die Versicherer zum Teil auch Besuche zu Hause an.

Wechsel in jedem Alter möglich

Trotz einheitlichem Beitragssatz gibt es also weiterhin zahlreiche Unterscheidungsmerkmale. Eine Krankenkasse kann einen Wechselwilligen nicht ablehnen, etwa weil er zu alt ist oder Vorerkrankungen hat. Damit kommt der Kassenwechsel auch für Rentner oder chronisch kranke Menschen infrage – anders als übrigens ein Wechsel des privaten Krankenversicherers (siehe Seite 45). Krankenkassen, die nur Beschäftigten eines bestimmten Arbeitgebers offenstehen, sind deutlich in der Minderheit.

Für den Kassenwechsel sind allerdings einige Vorgaben zu erfüllen:

Voraussetzung: Im Normalfall gilt die Regel, dass Sie Ihre Krankenkasse verlassen können, wenn Sie dort vorher mindestens 18 Monate versichert waren.

Sonderkündigungsrecht: Sollte Ihre Krankenkasse erstmals einen Zusatzbeitrag erheben oder den vorher festgelegten Zusatzbeitrag erhöhen, haben Sie in der Regel ein Sonderkündigungsrecht. Dann können Sie die Mitgliedschaft in Ihrer Kasse zu dem Zeitpunkt kündigen, zu dem der Zusatzbeitrag erstmals fällig wird. Das Sonderkündigungsrecht gilt auch für viele Versicherte, die bei ihrer Kasse einen Wahltarif (siehe unten) abgeschlossen und sich für eine bestimmte Zeit daran gebunden haben. Ausgenommen sind hier jedoch die Versicherten, die sich für einen Wahltarif zum Bezug von Krankengeld entschieden haben. Sie sind für drei Jahre an ihre Kasse gebunden und dürfen trotz Zusatzbeitrag nicht vorzeitig wechseln.

Frist: Die Kündigungsfrist für eine Krankenkasse beträgt zwei Monate zum Monatsende: Wenn Sie also zum 1. Oktober 2012 Mitglied in einer neuen Krankenkasse werden wollen, muss Ihre Kündigung bei der alten Kasse bis zum 31. Juli vorliegen, und zwar schriftlich. Als Kündigungstermin tragen Sie den 30. September ein.

Neue Kasse finden: Bei der Suche nach einer neuen Krankenkasse hilft der Produktfinder Krankenkassen der Stiftung Warentest im Internet unter www.test.de/krankenkassen. Wechselwillige sollten sich auch bei Angehörigen und Freunden erkundigen, wo sie versichert sind. Sind sie mit ihrer Kasse zufrieden und überzeugen sie neue Mitglieder, kann sich das für beide Seiten auszahlen: Einige Kassen zahlen ihren Mitgliedern eine Prämie, wenn sie neue Mitglieder werben.

Mit Wahltarifen sparen?

Bei der Suche nach einer Möglichkeit, Beiträge zu sparen, erscheinen Ihnen vielleicht die Wahltarife Ihrer Kasse interessant, zum Beispiel ein Tarif, bei dem Ihnen unter bestimmten Voraussetzungen Beiträge erstattet werden oder bei dem Sie einen Teil der Kosten selbst übernehmen. Früher waren Sie bei vielen dieser Angebote für mindestens drei Jahre an den Tarif und damit auch an die Kasse gebunden. Heute kommen Sie meist schneller heraus. Trotzdem sollten Sie sich die Entscheidung für einen vermeintlich günstigen Wahltarif gut überlegen.

Bietet Ihnen die Kasse etwa einen Wahltarif mit Selbstbehalt an, kann sich das zwar lohnen, wenn Sie keinerlei Leistungen Ihrer Kasse in Anspruch nehmen müssen. Sollten Sie aber doch krank werden, müssen Sie womöglich deutlich mehr aus eigener Tasche zahlen, als Sie durch den Wahltarif an Beiträgen sparen.

Mit der Kasse über Leistungen streiten

Ein weiterer Grund für den Wunsch nach einem Kassenwechsel kann sein, dass die Krankenkasse sich weigert, die Ausgaben für eine bestimmte Leistung zu übernehmen – etwa für eine Mutter-Kind-Kur oder für ein leistungsstärkeres Hörgerät. Ist der Kunde mit der Entscheidung der Kasse unzufrieden, kann das der Auslöser für den Wechsel sein.

Ohne Gegenwehr muss er die Ablehnung der Kasse aber auch nicht akzeptieren: Ein Versicherter hat die Möglichkeit, gegen die Entscheidung seiner Kasse Widerspruch einzulegen. Was dabei zu beachten ist, zeigt die Checkliste auf der rechten Seite.

So wehren Sie sich, wenn die Kasse nicht zahlt

Die Krankenkasse ist nicht bereit, bestimmte Ausgaben zu übernehmen? Sind Sie mit einer ablehnenden Entscheidung Ihrer Kasse nicht einverstanden, können Sie folgendermaßen vorgehen und versuchen, doch noch die Leistung zu bekommen:

☐ **Schriftlich:** Geben Sie sich nicht damit zufrieden, wenn die Kasse eine Leistung nur mündlich abgelehnt hat, sondern verlangen Sie die Entscheidung in schriftlicher Form.

☐ **Frist:** Wenn Ihnen der schriftliche Bescheid vorliegt, haben Sie einen Monat Zeit, um Widerspruch einzulegen. Der Widerspruch ist formlos schriftlich möglich oder auch mündlich in der Geschäftsstelle der Krankenkasse. Fehlt in dem ablehnenden Schreiben der Kasse ein Hinweis darauf, dass der Versicherte Widerspruch einlegen darf, ist der Widerspruch sogar noch innerhalb eines Jahres nach der Absage möglich.

☐ **Unterstützung:** Wichtig ist, dass Sie Ihren Widerspruch begründen. Sie sollten deutlich machen, warum die erwünschte Leistung nötig ist. Holen Sie sich Hilfe und Rat, zum Beispiel von Ihrem Arzt oder der Patientenberatung (www.unabhaengige-patientenberatung.de). Haben Sie eine Rechtsschutzversicherung (siehe Seite 101), sollten Sie mit dem Versicherer klären, ob dieser auch die Kosten für einen Anwalt übernimmt, der bei Streitigkeiten mit der Krankenkasse behilflich ist.

☐ **Dranbleiben und eventuell klagen:** Sollte die Krankenkasse nach dem Widerspruch bei dem Nein bleiben, erhalten Sie einen Widerspruchsbescheid. In der Regel haben Sie nach Eingang dieses Schreibens wiederum einen Monat Zeit, um zu entscheiden, ob Sie beim Sozialgericht gegen die Entscheidung klagen.

PRIVATE ZUSATZVERSICHERUNGEN: LÜCKEN SCHLIESSEN

Einbettzimmer statt Mehrbettzimmer, eine höhere Erstattung für teuren Zahnersatz, 100 Euro Zuschuss für die neue Brille, anstatt diese komplett selbst zahlen zu müssen: Der Blick auf den Leistungskatalog der gesetzlichen Kassen weckt bei vielen Versicherten den Wunsch nach mehr Leistungen. Die privaten Krankenversicherer haben verschiedene Zusatzversicherungen entwickelt, mit denen gesetzlich Versicherte die Lücken im Schutz der Krankenkassen zumindest teilweise schließen können. Im Angebot sind zum Beispiel die Auslandsreise-Krankenversicherung, Krankentagegeldversicherung, Zahnzusatzversicherungen, Krankenhauszusatzversicherungen oder auch Versicherungspakete, die bestimmte Leistungen wie etwa Zuschüsse zu Brille, Heilpraktikerbehandlungen und zum Zahnersatz kombinieren.

Solche Versicherungen werden bei den gesetzlich Krankenversicherten immer beliebter: Die Zahl der Verträge stieg in den vergangenen Jahren kontinuierlich an. Mitte 2011 verzeichneten die Versicherer bereits mehr als 22 Millionen Policen.

Die Verträge für den Zusatzschutz sind zum Teil sinnvoll oder sogar unbedingt zu empfehlen. Das gilt insbesondere für die Auslandsreise-Krankenversicherung, die jeder gesetzlich Versicherte abschließen sollte, der außerhalb Deutschlands Urlaub macht (siehe Seite 119). Für gesetzlich

versicherte Selbstständige kann die Krankentagegeldversicherung sehr wichtig sein: Mit ihr überbrücken sie eine längere Verdienstausfall-Phase, denn sie haben keinen Arbeitgeber, der ihnen in den ersten Wochen einer Krankheit das Gehalt weiterzahlt wie bisher. Ab der siebten Krankheitswoche können Selbstständige das reguläre Krankengeld von ihrer gesetzlichen Kasse bekommen. Für die Zeit davor können sie sich mit einem Wahltarif ihrer Kasse absichern, oder sie sichern das Risiko krankheitsbedingten Verdienstausfalls komplett über eine private Krankentagegeldversicherung ab. Sie sollten prüfen, welche Variante günstiger ist.

Breites Angebot an Zusatzversicherungen
Gesetzlich Versicherte können ihren Schutz mit einer privaten Zusatzversicherung auch in diesen Bereichen aufbessern:

Zahnersatz: Die gesetzliche Krankenversicherung übernimmt die Kosten für Zahnersatz und bestimmte Behandlungen nur zum Teil. Mit einer ergänzenden Zahnzusatzversicherung bleiben die Patienten nicht allein auf den verbleibenden Kosten sitzen, sondern können sich noch mal einen Teil der Ausgaben etwa für ein neues Inlay und eine neue Brücke zurückholen. Finanztest hat im Frühjahr 2012 die Angebote für Zahnzusatzversicherungen verglichen: 33 von 147 getesteten Tarifen boten sehr gute Leistungen. Sehr guten Schutz bekommt ein Neukunde im Alter von 43 Jahren ab 18 Euro im Monat.

Aber Vorsicht: Die Leistungen der Zahnzusatzversicherungen unterscheiden sich zum Teil immens. Und: Wenn Sie den Vertrag erst abschließen, wenn sich bereits abzeichnet, dass eine Zahnbehandlung ansteht, haben Sie nichts von dem zusätzlichen Versicherungsschutz. Denn der private Versicherer zahlt nicht für Behandlungen, die bereits vor Vertragsabschluss angekündigt wurden.

Außerdem setzen die Versicherer nach der Unterschrift in der Regel zunächst eine Wartezeit von acht Monaten voraus. Vor Ablauf dieser Frist kommen sie nicht für Behandlungskosten auf. Deshalb gilt: Je früher die Zusatzversicherung abgeschlossen wird, desto besser und desto größer ist auch die Chance, die Behandlungskosten wie gewünscht erstattet zu bekommen.

Krankenhaus: Mit einer privaten Krankenhauszusatzversicherung können Patienten ihren Status in der Klinik verbessern. Je nach Vertrag haben sie dann zum Beispiel wie Privatpatienten Anspruch darauf, dass sie im Ein- oder Zweibettzimmer untergebracht und vom Chefarzt behandelt werden. Schließt zum Beispiel ein Kunde im Alter von Anfang 40 einen Vertrag ab,

---

STECKBRIEF **Private Krankenzusatzversicherungen**

Schutz: Mit diesen Verträgen können Sie Ihren Status in bestimmten Behandlungssituationen verbessern und Lücken im gesetzlichen Schutz schließen.

Bedarf: Pflicht sind diese Zusatzversicherungen nicht, doch sie sind sinnvoll, wenn gesetzlich Krankenversicherte mehr Leistungen wünschen.

Angebote: Je nach Tarif können Sie sich für verschiedene Bereiche Leistungen sichern. Die Beitragshöhe hängt von der Art und dem Umfang der gewählten Leistungen ab. Je jünger und gesünder Sie bei Vertragsabschluss sind, desto günstiger der Schutz. Für eine Zahnzusatzversicherung mit sehr guten Bedingungen zahlt zum Beispiel ein 43-jähriger Neukunde ab 18 Euro im Monat – es können auch über 40 Euro im Monat fällig werden.

Beispiele für den Schutz: Je nach Vertrag übernehmen die Versicherer zum Beispiel die Kosten für die Unterbringung im Ein- oder Zweibettzimmer im Krankenhaus und für die Chefarztbehandlung. Sie zahlen Zuschüsse für eine neue Brille und die Behandlung beim Heilpraktiker, und sie geben Geld dazu, wenn Zahnersatz notwendig ist.

Beispiele für Lücken im Schutz: Dass der Versicherer 100 Prozent jeder Rechnung erstattet, ist eher die Ausnahme: Oft haben die Verträge Leistungsobergrenzen.

TIPP **Angebote über die Kasse?**

Die gesetzlichen Krankenkassen arbeiten häufig mit einem privaten Versicherungsunternehmen als Kooperationspartner zusammen: Versicherte der Kasse bekommen Rabatt, wenn sie bei dem privaten Versicherer eine solche Zusatzversicherung abschließen. Trotzdem sollten Sie nicht automatisch beim Kooperationspartner Ihrer Kasse abschließen. Vergleichen Sie das Angebot vorher mit den Zusatzversicherungen anderer privater Versicherer. Häufig können Sie bei einem anderen Anbieter ein günstigeres oder leistungsstärkeres Angebot finden – auch wenn Sie dafür keinen Rabatt erhalten.

muss er mit Beiträgen von etwa 40 Euro im Monat rechnen. Der Preis richtet sich unter anderem nach Alter und Gesundheitszustand bei Vertragsabschluss.

Brille, Heilpraktiker und mehr: Im Angebot haben die privaten Anbieter auch Versicherungspakete, mit denen sich gesetzlich Versicherte zusätzlich Zuschüsse für ihre Brille oder etwa für eine Heilpraktikerbehandlung im Rundum-Paket sichern können. Vor Abschluss lohnt sich in jedem Fall ein genauer Vergleich, was alles im Vertrag inbegriffen ist. Der Preis für diese Versicherungspakete richtet sich nach dem Leistungsumfang und wie bei den anderen Verträgen für privaten Krankenversicherungsschutz auch nach Alter und Gesundheitszustand der Versicherten.

 WAS IST ALLES DRIN?

Je nach Versicherer und Tarifgestaltung kann es sein, dass die Kunden die genannten Zusatzleistungen einzeln abschließen können oder auch über ein Gesamtpaket. Greifen Sie bei der Paketlösung nicht einfach zu, sondern überlegen Sie sich gut, welche Einzelleistungen Ihnen wirklich wichtig sind und ob Sie das komplette Paket benötigen.

PRIVAT KRANKENVERSICHERT: AUF DAUER GEBUNDEN

Die Alternative zur gesetzlichen Krankenversicherung – mit oder ohne private Zusatzpolicen – ist die private Krankenvollversicherung. Die Leistungen liegen zwar zum Teil über denen der gesetzlichen Krankenversicherung, doch finanziell ist der private Schutz häufig nicht die beste Lösung. Für Angestellte und Selbstständige ist die gesetzlichen Krankenversicherung auf Dauer in der Regel günstiger.

Für Beamte und Pensionäre, die Anspruch auf Beihilfeleistungen von ihren Dienstherren haben, lohnt sich dagegen ein privater Vertrag (siehe auch Seite 30).

Was die private Krankenversicherung bieten sollte

Die Versicherungsunternehmen bieten entweder komplette Tarife an, die Leistungen unter anderem im Bereich Ambulante Behandlung, Krankenhaus, Zahnarzt und Krankentagegeld von vornherein kombinieren. Je nach Anbieter hat der Versicherte alternativ auch die Möglichkeit, bestimmte Tarifbausteine zusammenzustellen: Er wählt zum Beispiel die Bausteine so aus, dass der Versicherer für Zahnbehandlungen 90 Prozent der Kosten übernimmt, dass er als Patient im Krankenhaus im Zweibettzimmer untergebracht wird und dass er bei ambulanten Behandlungen im Jahr 300 Euro der Kosten als Selbstbehalt aus eigener Tasche trägt. Der zu zahlende Beitrag hängt mit davon ab, wie viel Leistungen Kunde und Versicherer vereinbart haben.

STECKBRIEF **Private Krankenversicherung**

Schutz: Der Versicherer ersetzt die Kosten für medizinisch notwendige Behandlungen und Untersuchungen im vertraglich festgesetzten Rahmen. Der Arzt rechnet direkt mit dem Patienten ab, dieser reicht die Rechnungen beim Versicherungsunternehmen ein. Die Leistungen können weit über denen der gesetzlichen Krankenversicherung liegen, in den Spezialangeboten „Basistarif" und „Standardtarif für Rentner" entsprechen sie in etwa den Leistungen der gesetzlichen Krankenversicherung.
Bedarf: Eine private Krankenversicherung benötigen alle, die nicht gesetzlich krankenversichert sind.
Angebote: Sie vereinbaren bestimmte Leistungen mit dem Versicherer. Vom Umfang der Leistungen hängen auch die Beiträge für den Schutz mit ab. Daneben sind weitere Faktoren wie Ihr Alter und der Gesundheitszustand bei Vertragsabschluss sowie der vereinbarte Selbstbehalt entscheidend.
Beispiele für den Schutz: Der Patient bekommt vom privaten Versicherer die Kosten für eine ambulante Behandlung ersetzt, für die Behandlung im Krankenhaus oder auch beim Zahnarzt. Vertraglich ist aber zum Beispiel vereinbart, wie viel der Patient für die ambulante Behandlung aus eigener Tasche zahlen muss und ob der Versicherer die Mehrkosten für ein Einbettzimmer im Krankenhaus übernimmt.
Beispiele für Lücken im Schutz: Leistungen für Hilfsmittel sind begrenzt, der Versicherer zahlt nur begrenzt oder gar nicht für ambulante psychotherapeutische Behandlungen. Kinder und Ehepartner können nicht kostenfrei mitversichert werden.

Ein Mindestmaß an Schutz sollten Sie unbedingt wählen. Wichtig ist zum Beispiel, dass der Versicherer Arzt- und Zahnarzthonorare bis zum Höchstsatz der jeweiligen Gebührenordnungen erstattet, im Krankenhaus sogar besser darüber hinaus.

Denn bei Privatpatienten rechnen die Ärzte ihre Leistungen anders ab als bei Kassenpatienten. Sie stellen ihre Rechnungen direkt dem Patienten und rechnen nach der Gebührenordnung für Ärzte (GOÄ) beziehungsweise Zahnärzte ab. Das sind Verzeichnisse, die jedem Arbeitsschritt eine Punktzahl zuordnen. Mit dem Punktwert multipliziert ergibt diese Zahl den einfachen Gebührensatz. Diesen können Ärzte je nach Schwierigkeit der Behandlung ohne Begründung bis zum 2,3-Fachen steigern, unter Umständen noch darüber hinaus. Deshalb sollten Sie unbedingt einen Tarif wählen, der Arzt- und Zahnarzthonorare bis zum 3,5-Fachen der jeweiligen Gebührenordnung erstattet.

Wenn der Arzt die Rechnung gestellt hat, können Sie diese bei Ihrer Versicherung einreichen und sich so Ihr Geld zurückholen. Mehr zu den Leistungen, die eine private Krankenversicherung auch im Vergleich zur gesetzlichen Krankenkasse bietet, zeigt die Tabelle auf Seite 32.

Leistungen wie die Erstattung des 3,5-fachen Satzes der Gebührenordnung

CHECKLISTE: Gesundheitsfragen beantworten

Wenn Sie eine private Krankenversicherung abschließen wollen, stellt der Versicherer Ihnen vorher zahlreiche Fragen zu Ihrem Gesundheitszustand, um das Risiko einer Versicherung einschätzen zu können. Er will wissen, welche Erkrankungen und Behandlungen Sie in den vergangenen Jahren hatten:

☐ **Genau sein:** Beantworten Sie diese Fragen so genau wie möglich und halten Sie gegebenenfalls auch noch Rücksprache mit Ihrem Arzt. Wenn Sie falsche Angaben machen – und sei es nur aus Versehen –, kann Sie das im Ernstfall Ihren Versicherungsschutz kosten.

☐ **Selbst ausfüllen:** Füllen Sie den Fragebogen mit den Gesundheitsfragen selbst aus, und lassen Sie das nicht den Vermittler machen. Sie selbst sind für das verantwortlich, was in dem Bogen steht, und Sie sind es, der den Schutz gegebenenfalls verliert, wenn bei Vertragsabschluss falsche oder unvollständige Angaben gemacht wurden.

☐ **Folgen:** Wenn Sie Vorerkrankungen haben, müssen Sie mit Risikozuschlägen oder Leistungsausschlüssen rechnen. Das ist ärgerlich, doch wenn Sie von vornherein wissen, was finanziell auf Sie zukommt, können Sie besser planen und zum Beispiel doch in der gesetzlichen Krankenversicherung bleiben. Das ist besser, als wenn im Ernstfall das böse Erwachen kommt, wenn der Versicherer sich weigert, bestimmte Ausgaben zu übernehmen.

TIPP **Vorsicht vor Billigangeboten**

Auf der Suche nach einem günstigen Angebot sollten Sie sich nicht von allzu niedrigen Beiträgen blenden lassen. Versicherer werben damit, dass es Krankenversicherungsschutz schon für deutlich unter 100 Euro im Monat gibt. Erst im Kleingedruckten steht dann zum Beispiel, dass dieses Angebot zum Beispiel für einen 18- oder 20-jährigen Mann

gilt, der von Beginn an einen Selbstbehalt von mehreren Hundert Euro vereinbart.

Achten Sie genau auf das, was der Versicherer bietet. Schrauben Sie Ihre Ansprüche nicht zu weit zurück, nur um zu sparen. Sonst riskieren Sie, dass Ihnen wichtige Leistungen fehlen, die Sie später kaum „nachversichern" können.

erhalten privat Versicherte nicht, wenn sie sich für den sogenannten Basistarif der privaten Krankenversicherer entscheiden. Einen solchen brancheneinheitlichen Tarif müssen die privaten Versicherer seit 2009 anbieten. Seine Leistungen sollen in Art, Umfang und Höhe denen der gesetzlichen Krankenversicherung entsprechen. Dieses Angebot richtet sich vor allem an diejenigen, die früher keinen Versicherungsschutz für den Krankheitsfall hatten oder die sich die „normale" private Krankenversicherung nicht mehr leisten können.

Anbieterwechsel meist keine gute Lösung

Haben sich privat Versicherte für einen Anbieter entschieden, ist ein Wechsel zu einem anderen Versicherer zwar theoretisch noch möglich, aber praktisch in der Regel nicht zu empfehlen. Denn mit dem Anbieterwechsel sind finanzielle Verluste verbunden. Dafür sorgen gleich mehrere Vorgaben.

Beispiel: Christian Berger hat mit 35 Jahren eine private Krankenversicherung abgeschlossen. Da die Beiträge zuletzt immer weiter gestiegen sind, überlegt er nun, im Alter von 45 Jahren zu einem anderen Versicherer zu wechseln.

Der erste Nachteil für Christian Berger: Wenn er den neuen Versicherungsvertrag abschließt, ist er bereits zehn Jahre älter als beim Abschluss des ersten Vertrags. Er muss damit rechnen, von vornherein mehr zu zahlen als ursprünglich bei seinem früheren Anbieter.

Der zweite Nachteil ergibt sich aus der Regelung zu den Alterungsrückstellungen. Alterungsrückstellungen bilden die privaten Krankenversicherer aus den Beiträgen der Versicherten in jungen Jahren, damit ihre Beiträge mit zunehmendem Alter nicht noch mehr steigen, als sie es aufgrund des höheren Krankheitsrisikos eh schon tun. Diese Alterungsrückstellungen verlieren privat Krankenversicherte zumindest zum Teil – wenn sie ihren Vertrag vor 2009 geschlossen haben sogar komplett –, wenn sie zu einem anderen Versicherer wechseln. Das heißt: Die angesparten Rückstellungen bleiben bei Christian Bergers früherem Versicherer, und zusätzlich muss ja auch noch der neue Versicherer Rückstellungen für Berger aufbauen. Dies treibt den Beitrag weiter in die Höhe.

Was tun, um die Beiträge zu senken?

Der Wechsel zu einem anderen privaten Krankenversicherer ist deshalb in der Regel die schlechteste Lösung, wenn Sie nicht mehr zufrieden sind. Somit bleibt meist nur die Chance, die Situation beim derzeitigen Versicherer zu verbessern und bei ihm zu versuchen, die Beiträge zu senken. Eine Möglichkeit kann sein, an den Leistungen in Ihrem Tarif etwas zu ändern: Mehrbett- statt Einbettzimmer und Verzicht auf den Chefarzt im Krankenhaus? Je nach Tarif können Sie auf diese Weise einige Hundert Euro im Jahr sparen. Wenn Ihnen die Ersparnis wichtig ist, sollten Sie beim Versicherer nach solchen Veränderungen fragen.

Bietet Ihr Tarif keine empfehlenswerten Leistungseinschränkungen mehr, kommt vielleicht noch ein Wechsel in einen vergleichbaren, aber günstigeren Tarif infrage oder der Wechsel eines Tarifbausteins, wenn Sie sich bei Ihrem Versicherer Ihre Leistungen für Zahnersatz, ambulante und stationäre Behandlungen wie im Baukastensystem zusammenstellen konnten. Zum Beispiel beim Zahnersatz: Der private Versicherer übernimmt in einem anderen Tarifbaustein vielleicht nicht mehr 90 Prozent der Kosten für Zahnbehandlungen, sondern nur noch 75 Prozent, sodass Sie monatliche Versicherungsbeiträge sparen.

Am Selbstbehalt drehen

Behutsames Vorgehen ist auch gefragt, falls Sie überlegen, den Selbstbehalt zu erhöhen, um Beiträge zu sparen. Erklären Sie sich bereit, im Krankheitsfall mehr aus eigener Tasche zu zahlen, kann das zwar auf den ersten Blick eine stattliche monatliche Beitragsersparnis bringen. Doch was, wenn doch eine langwierige Behandlung ansteht oder vielleicht nach einem Unfall eine umfangreiche Nachbehandlung notwendig ist? Ein höherer Selbstbehalt lohnt sich nur, wenn die gesparten Beiträge höher sind als das, was Sie im schlimmsten Fall beim Ausschöpfen des Selbstbehalts aus eigener Tasche zahlen müssen.

Für Arbeitnehmer lohnt sich ein Selbstbehalt generell weniger als für Selbstständige. Sie sparen nur die Hälfte an Beiträgen, da der Arbeitgeber den anderen Teil trägt. Zum anderen beteiligt sich der Arbeitgeber nicht am Selbstbehalt.

Tarife mit weniger Leistungen

Als letzter Ausweg bleibt der Wechsel aus der privaten Vollversicherung in den leistungsschwächeren Basistarif oder in den „Standardtarif für Rentner". Ein Wechsel in den Standardtarif ist möglich, wenn der Versicherte bereits zehn Jahre privat versichert war und mindestens 65 Jahre alt ist. In Ausnahmefällen reicht auch das Alter

von 55 Jahren für den Wechsel. Der Standardtarif bietet in etwa das, was auch der Basistarif leistet, ist aber meist etwas günstiger. Der Schutz darf nicht mehr kosten als der maximale Beitrag für die gesetzliche Krankenversicherung – derzeit rund 590 Euro im Monat plus Beiträge zur Pflegeversicherung. Diese Grenze schöpfen die Versicherer beim Standardtarif anders als im Basistarif häufig nicht aus. Für Ehepaare ist der Beitrag beider Partner zusammen im Standardtarif auf 150 Prozent des Höchstbeitrags zur gesetzlichen Krankenversicherung begrenzt.

■ ANSPRÜCHE NICHT ZU WEIT SENKEN

Wie beim Vertragsabschluss gilt auch bei der Umstellung der Leistungen oder des Tarifs: Senken Sie Ihre Ansprüche nicht zu weit! Rückgängig machen können Sie die Einschränkungen im Nachhinein in der Regel nicht mehr. Und wenn Sie später auf Leistungen angewiesen sein sollten und diese nicht bekommen, zahlen Sie letztlich doch mehr, als Sie an Beiträgen gespart haben.

Und wenn der Versicherer nicht zahlt?

Selbst als Privatpatient mit einem leistungsstarken Tarif haben Sie keine Garantie, all das an Leistungen zu bekommen, was Sie sich erhoffen. Medien berichten zum Beispiel von Auseinandersetzungen zwischen Versicherten und Versicherer in Sachen Kostenübernahme: etwa wenn es um besondere Medikamente oder neuartige Behandlungsformen geht.

Will der Versicherer für eine Behandlung nicht aufkommen, sollten Sie sich wehren und beim Unternehmen nachhaken, was zur Ablehnung geführt hat. Und wenn Sie dort auch mit Hartnäckigkeit nicht weiterkommen, bleibt Ihnen der Weg zum Ombudsmann für die private Kranken- und Pflegeversicherung. Rufen Versicherer oder Kunde den Ombudsmann an, besteht die Möglichkeit, den Streit außergerichtlich und damit für den Kunden kostenlos klären zu lassen. Die Beschwerdestatistik des Ombudsmannes zeigt, dass die Zahl der unzufriedenen Kunden, die sich wehren, steigt (siehe Seite 176).

Sind Sie selbst mit der Entscheidung des Ombudsmannes nicht zufrieden, bleibt Ihnen nur die Möglichkeit, vor Gericht zu ziehen. Da anders als bei einer Auseinandersetzung mit der gesetzlichen Krankenkasse nicht das Sozialgericht zuständig ist, sollten Sie sich vorher über die möglichen Kosten eines Zivilprozesses klarwerden. Wenn möglich, sollten Sie diesen Schritt nicht ohne Rechtsschutzversicherung gehen, denn das Prozesskostenrisiko ist viel höher als beim Sozialgericht.

RISIKO PFLEGEFALL: FÜR DEN ERNSTFALL VORSORGEN

Um die Menschen für den Ernstfall Pflege abzusichern, hat die damalige Bundesregierung 1995 die gesetzliche Pflegeversicherung als weiterer Zweig der Sozialversicherung eingeführt. Alle, die in der gesetzlichen Krankenkasse sind, zahlen auch Beiträge an die gesetzliche Pflegeversicherung. Die Pflegekasse ist bei der Krankenkasse angesiedelt. Der Beitragssatz liegt 2012 bei 2,2 Prozent für Kinderlose, die älter als 23 Jahre sind, und bei 1,95 Prozent für alle anderen.

Pflichtbeiträge für die Pflegeabsicherung zahlen aber auch diejenigen, die in einer privaten Krankenversicherung sind: Sie sind verpflichtet, zusätzlich zu ihrer privaten Krankenversicherung Beiträge an die Pflegepflichtversicherung zu zahlen.

Das Risiko, dass ein Mensch irgendwann in seinem Leben auf Leistungen dieser Versicherung angewiesen sein wird, steigt: Bereits 2010 haben mehr als 2,4 Millionen Menschen Leistungen aus der gesetzlichen Pflegeversicherung oder aus der privaten Pflegepflichtversicherung bezogen. Das Gesundheitsministerium kalkuliert, dass aus den 2,29 Millionen Leistungsempfängern in der gesetzlichen Pflegeversicherung im Jahr 2050 deutlich über 4 Millionen Empfänger werden.

Das leistet die Pflegeversicherung

Die gesetzliche Pflegeversicherung oder die private Pflegepflichtversicherung springt ein, wenn der Versicherte bei alltäglichen Dingen auf Hilfe angewiesen ist. Wird Pflegebedürftigkeit festgestellt, bekommen die Versicherten Geld – die Höhe der Leistungen richtet sich danach, wie stark die Leistungsfähigkeit der versicherten Person eingeschränkt ist und in welche Pflegestufe sie dementsprechend eingestuft wird. Derzeit unterscheidet die Pflegekasse in drei Stufen zwischen erheblicher Pflegebedürftigkeit (Stufe I), schwerer (Stufe II) und schwerster (Stufe III) Pflegebedürftigkeit. Bei schwerster Pflegebedürftigkeit können die Pflegekassen die Betroffenen noch als besonderen Härtefall einstufen. Rund 61 Prozent der derzeitigen Leistungsempfänger sind in Pflegestufe I, knapp 30 Prozent in Pflegestufe II, nur knapp 9 Prozent in Stufe III.

Mit entscheidend für die Höhe der Leistung ist zudem, von wem und wo die pflegebedürftige Person betreut wird. Übernehmen Familienmitglieder, Freunde oder andere nicht professionelle Helfer die Betreuung zu Hause, zahlt die Pflegekasse im Jahr 2012 zum Beispiel in Pflegestufe I monatlich 235 Euro, in Pflegestufe III 700 Euro im Monat als Pflegegeld. Höher sind die Zahlungen, wenn ein professioneller Pflegedienst ins Haus kommt.

Für die vollstationäre Pflege im Heim zahlt die Pflegekasse je nach Pflegestufe derzeit zwischen 1 023 und 1 918 Euro im Monat (siehe Tabelle rechts).

Eine besondere Einstufung gilt für Demenzkranke. Sie zählen zur sogenannten

Pflegestufe 0. Für ihre Betreuung können die Angehörigen derzeit 200 Euro monatlich bekommen. Insgesamt liegen die Ausgaben der gesetzlichen Pflegeversicherung für Pflege derzeit bei 21,5 Milliarden Euro – etwa 3 Milliarden mehr als noch im Jahr 2007.

Blick in die Zukunft
Ab 2013 soll sich nach derzeit vorliegenden Plänen der Bundesregierung einiges im Bereich Pflegeabsicherung ändern. Geplant ist zum einen, dass die finanziellen Leistungen für Demenzerkrankte und ihre Betreuungspersonen etwas erweitert wer-

SO VIEL ZAHLT DIE GESETZLICHE PFLEGEVERSICHERUNG IM MONAT	
Pflegestufe	**Leistung 2012** (Euro)
Häusliche Pflege durch zugelassene professionelle Pflegedienste (Sachleistung)	
I Erhebliche Pflegebedürftigkeit	450
II Schwere Pflegebedürftigkeit	1 100
III Schwerste Pflegebedürftigkeit	1 550
III Härtefall	1 918
Häusliche Pflege durch Angehörige, Freunde oder andere nicht professionelle Helfer (Pflegegeld)	
I Erhebliche Pflegebedürftigkeit	235
II Schwere Pflegebedürftigkeit	440
III Schwerste Pflegebedürftigkeit	700
Vollstationäre Pflege im Pflegeheim	
I Erhebliche Pflegebedürftigkeit	1 023
II Schwere Pflegebedürftigkeit	1 279
III Schwerste Pflegebedürftigkeit	1 550
III Härtefall	1 918
Ergänzende Leistungen für allgemeine Betreuung, zum Beispiel für Demenzkranke	
0 – III	200

CHECKLISTE: Leistungen der gesetzlichen Pflegeversicherung bekommen

Zeichnet sich ab, dass Sie oder ein Familienmitglied dauerhaft Hilfe benötigen, ist es an der Zeit, Leistungen aus der gesetzlichen Pflegeversicherung zu beantragen. Wie die Pflegekasse entscheidet, hängt vor allem davon ab, wie viel Unterstützung die betroffene Person bei alltäglichen Dingen benötigt.

☐ **Antrag stellen.** Sie als Angehöriger oder – wenn es möglich ist – der Versicherte selbst stellen bei der Krankenkasse einen Antrag auf Leistungen aus der gesetzlichen Pflegeversicherung. Privat Versicherte wenden sich an ihre private Krankenversicherung.

☐ **Besuch des Gutachters.** Innerhalb weniger Wochen danach wird ein Gutachter des Medizinischen Dienstes der Krankenversicherung (MDK) kommen, um zu ermitteln, wie umfangreich der Hilfebedarf ist. Für Privatversicherte kommt ein Gutachter der Firma Medicproof. Hilfreich ist, wenn Sie eine weitere Person beim Gutachterbesuch dabeihaben, zum Beispiel einen Mitarbeiter des Pflegedienstes. Dieser kann bestätigen, wie der Tagesablauf im Alltag aussieht und welche Schwierigkeiten dabei auftreten.

☐ **Pflegetagebuch führen.** Die Zeit bis zum Gutachterbesuch sollten Sie nutzen, um ein Pflegetagebuch zu führen. Tragen Sie dort ein, welche pflegerischen Tätigkeiten anfallen und wie viel Zeit zum Beispiel zur Unterstützung bei der Körperpflege, Ernährung oder Hauswirtschaft notwendig ist.

☐ **Warten auf die Einstufung.** Der Gutachter stuft nach seinem Besuch den Versicherten in eine Pflegestufe ein oder verweigert die Pflegestufe gegebenenfalls. Das Ergebnis muss die Pflegeversicherung dem Antragsteller spätestens fünf Wochen nach seinem Antrag in einem schriftlichen Bescheid mitteilen.

☐ **Widerspruch einlegen.** Sind Sie mit der Einstufung durch den Gutachter nicht einverstanden, können Sie als gesetzlich Kranken- und Pflegeversicherter innerhalb eines Monats Widerspruch einlegen. Zunächst genügt ein formloses Schreiben mit Datum, das vom Pflegebedürftigen oder dem gesetzlichen Vertreter zu unterschreiben ist. Dieses Schreiben muss innerhalb der Monatsfrist bei der Kasse vorliegen. Eine ausführliche Begründung für den Widerspruch können Sie nachliefern. Hilfreich ist dabei die Unterstützung eines behandelnden Arztes und des Pflegedienstes. Auch die Mitglieder der privaten Pflegepflichtversicherung können ihrer Versicherung widersprechen.

☐ **Klage einreichen.** Wenn auch der Widerspruch nicht den gewünschten Erfolg hat, bleibt als gesetzlich Versicherter noch die Möglichkeit, vor das Sozialgericht zu ziehen und auf diesem Weg zu versuchen, doch noch die erhoffte Einstufung zu erreichen. Privat Versicherte müssen bei einem Zivilgericht für die erhoffte Leistung kämpfen.

den. Nach Angaben des Gesundheitsministeriums profitieren von diesen Veränderungen etwa 500 000 Pflegebedürftige und ihre Angehörigen.

Als weitere Neuerung soll es ab 2013 eine staatlich geförderte private Pflegezusatzversicherung geben. Bürger, die sich für eine solche Police entscheiden, sollen pro Monat einen staatlichen Zuschuss von 5 Euro erhalten. Der Umfang des Versicherungsschutzes soll individuell vereinbart werden bei einem monatlichen Mindestbeitrag von 10 Euro. Vorgesehen ist, dass die Versicherer Antragsteller nicht aufgrund von Vorerkrankungen ablehnen dürfen. Bei Redaktionsschluss für diesen Ratgeber lag der entsprechende Gesetzesentwurf für diese Neuerung vor, endgültig verabschiedet war er aber noch nicht.

Pflegezusatzversicherungen: Die Lücke privat schließen

Private Zusatzversicherungen, mit deren Hilfe sich die Lücke der gesetzlichen Pflegeversicherung schließen lässt, gibt es schon heute – allerdings ohne staatliche Förderung.

Ein Patient in Pflegestufe II bekommt aus der gesetzlichen Pflegeversicherung 1 100 Euro monatlich, wenn ein Pflegedienst ins Haus kommt, und 1 279 Euro, wenn er vollstationär im Heim untergebracht wird. In der Realität reichen diese Leistungen meist nicht aus. In der Regel liegen die Ausgaben bei Pflegebedürftigkeit deutlich höher, wie Statistiken und Experten bestätigen. Selbst in der niedrigs-

ten Pflegestufe kann eine Lücke von einigen Hundert Euro bleiben. egal, ob der Pflegebedürftige im Heim oder zuhause untergebracht ist. Wird die pflegebedürftige Person in Stufe II oder II zu Hause versorgt, kann es sogar finanzielle Lücken von rund 1 000 bis 2 000 Euro im Monat geben.

Diese Differenz aus den regelmäßigen Einnahmen wie gesetzlicher Rente oder Arbeitseinkommen zu zahlen, dürfte schwerfallen. Umso wichtiger ist es, sich frühzeitig Gedanken zu machen, wie ein möglicher Pflegebedarf finanziert werden kann – vor allem, wenn man nicht möchte, dass die eigenen Kinder für die Ausgaben herangezogen werden.

Früh genug an später denken

Frühzeitig vorsorgen ist in verschiedener Hinsicht möglich: Eine Variante wäre, regelmäßig Geld sicher anzulegen, sodass Sie im Ernstfall darauf zugreifen können. Was das Sparen bringen kann, zeigt das folgende Beispiel:

Beispiel: Roland Bauer beginnt im Alter von 45 Jahren damit, jeden Monat 250 Euro für den Ernstfall „Pflegebedürftigkeit" zurückzulegen. Bei einem Zinssatz von 2 Prozent kommt er nach 20 Jahren Sparen auf 73 679 Euro. Würde er dieses Geld weiter zu 2 Prozent Zinsen anlegen, könnte er ab dem 65. Geburtstag von dieser Summe sechs Jahre und sechs Monate lang 1 000 Euro pro Monat entnehmen, dann wäre das Ersparte allerdings aufgebraucht. Steuerliche Aspekte sind bei dieser Rechnung nicht berücksichtigt. Da auf Zinsen ab einer bestimmten Höhe Steuern fällig werden, kann es je nach Einkommenslage sein, dass weniger Geld angespart wird, beziehungsweise, dass das Angesparte weniger lange reicht.

Wer sich keine Sorgen machen möchte, irgendwann die notwendigen Mittel nicht mehr zur Verfügung zu haben, kann sich alternativ für eine Pflegezusatzversicherung entscheiden, die es in verschiedenen Ausprägungen gibt. Verglichen mit dem vorherigen Rechenbeispiel hat ein solcher Vertrag den Vorteil, dass der Schutz für deutlich weniger als 250 Euro im Monat zu haben ist. Außerdem haben die Kunden die Sicherheit, dass der Versicherer auch zahlen muss, wenn die eingezahlten Beiträge bereits verbraucht sind.

Allerdings gilt natürlich auch: Sollte der Versicherte auch in hohem Alter niemals pflegebedürftig werden, bekommt er für seine Einzahlungen keine Gegenleistung. Auch wenn er einmal in akute finanzielle Not geraten sollte, kann er mit der Versicherung ein Problem bekommen. Denn wer zum Beispiel den Beitrag zur Pflegetagegeldversicherung nicht zahlt, verliert den Versicherungsschutz. Das bis dahin eingezahlte Geld ist verloren, da es sich ja nicht um Erspartes handelt, auf das man bei Bedarf zurückgreifen kann. Hier heißt es also abwägen.

Noch sind private Pflegezusatzversicherungen nicht so weit verbreitet wie andere Versicherungen. Bis Mitte 2011 wurden knapp 1,7 Millionen Versicherungen abge-

schlossen. Zum Vergleich: Bis dahin gab es rund 5,6 Millionen Zusatzversicherungen für die Chefarztbehandlung im Krankenhaus und rund 12 Millionen Zahnzusatzversicherungen. Sogar von den Krankenhaustagegeldversicherungen, die Patienten nicht abschließen sollten, wurden über 8 Millionen Verträge verkauft.

Schutz in mehreren Varianten
Um die Lücken der sozialen Pflegeversicherung zu schließen, bieten die privaten Versicherer verschiedene Möglichkeiten an:
- **Pflegetagegeldversicherung:** Der Kunde erhält für jeden Tag der Pflegebedürftigkeit ein vorher festgelegtes Tagegeld, über das er frei verfügen kann.
- **Pflegekostenversicherung:** Der Versicherer übernimmt die tatsächlichen Pflegekosten, die über die gesetzliche Pflegeversicherung nicht abgedeckt werden, in der Regel bis zu einem bestimmten Höchstbetrag. Das Geld ist damit an bestimmte Ausgaben gebunden und kann nicht frei eingesetzt werden.
- **Pflegerentenversicherung:** Der Versicherer zahlt bei Pflegebedürftigkeit eine Rente aus, über die der Pflegebedürftige frei verfügen kann.

Für alle Versicherungsvarianten gilt: Je früher Sie sich für diesen Schutz entscheiden, desto günstiger können Sie ihn bekommen. Die Stiftung Warentest hat Anfang 2011 ermittelt, dass eine 55-jährige Frau, die jeden Monat rund 70 Euro für eine Pflegetagegeldversicherung ausgibt,

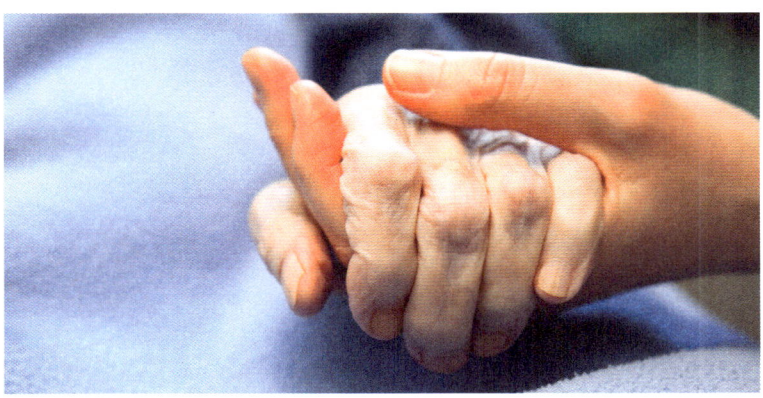

bei gut bewerteten Tarifen in Pflegestufe I für die Pflege zu Hause je nach Tarif 336 bis 750 Euro monatliche Leistung aus der Versicherung bekommt, ein gleichaltriger Mann zahlte 55 Euro im Monat und erhält 468 bis 1050 Euro. War jemand bei Vertragsabschluss bereits zehn Jahre älter und möchte in etwa so viel Leistungen wie die 55-jährigen Kunden, musste er fast doppelt so hohe Beiträge zahlen.

Auch wenn es die Beitragsunterschiede zwischen Mann und Frau für Neuverträge künftig nicht mehr geben wird, bleibt es dabei: Je jünger Sie bei Vertragsabschluss sind, desto günstiger der Schutz.

Wichtig ist außerdem, dass Sie im Antrag für die Versicherung alle Fragen zum Gesundheitszustand richtig beantworten. Machen Sie bei Abschluss des Vertrags falsche Angaben oder lassen Sie Erkrankungen weg, können Sie Probleme bekommen, wenn Sie einmal Pflegeleistungen benötigen. Unter bestimmten Umständen hat der Versicherer das Recht, vom Vertrag zurückzutreten, und muss dem Pflegebedürftigen trotz jahrzehntelanger Beitragszahlung nichts zahlen.

Geben Sie eine Vorerkrankung im Antrag an, kann das zwar bedeuten, dass es schwer wird, einen günstigen Vertrag zu bekommen. Aber das ist immer noch besser, als im Leistungsfall womöglich mit leeren Händen dazustehen.

Pflegetagegeldversicherung: Zuschuss für jeden Tag

Die Pflegetagegeldversicherung, die dem Pflegebedürftigen täglich eine bestimmte Summe garantiert, sollte erste Wahl unter den Zusatzversicherungen sein. Wichtig ist, wie viel der Versicherer im Ernstfall zahlt und was der Kunde dafür an Beiträgen leisten muss. Außerdem sollte aus dem Vertrag schon bei niedrigerer Pflegestufe Geld fließen. Denn die Wahrscheinlichkeit, in Stufe I oder II zu gelangen, ist höher als in Stufe III. Achten Sie vor der Unterschrift auch noch auf andere Details: Wie lange dauert es zum Beispiel nach Vertragsabschluss, bis Sie Anspruch auf Leistungen aus der Tagegeldversicherung haben? In der Regel ist es so, dass Versicherte frühestens drei Jahre nach Vertragsabschluss Leistungen bekommen können. Zahlreiche Unternehmen verzichten jedoch auf die Wartezeit oder zahlen zumindest früher, wenn der Versicherte infolge eines Unfalls pflegebedürftig wird.

Pflegekostenversicherung: Das Geld ist nicht frei verfügbar

Versicherte mit Pflegetagegeldversicherung können frei entscheiden, wofür die ausgezahlte Summe verwendet wird: Das Geld muss nicht zwangsläufig genutzt werden, um tatsächlich den Pflegedienst davon zu bezahlen. Anders ist die Regelung bei der Pflegekostenversicherung, die etwas günstiger ist. Hier hat der Versicherte den Nachteil, dass der Versicherer nur nachgewiesene Pflegekosten ersetzt.

Diese Verträge sind in zwei Varianten möglich: Entweder der Versicherer stockt die Leistungen der gesetzlichen Pflegeversicherung um einen vorher festgelegten Prozentsatz auf. Dieser Satz sollte so hoch sein, dass die Police zusammen mit dem Geld aus der gesetzlichen Pflegeversicherung die Pflegekosten oder wenigstens den größten Teil davon deckt. Oder der Versicherer finanziert die restlichen Ausgaben, die nach Leistung der Pflegeversicherung übrig geblieben sind, bis zu einer monatlichen oder jährlichen Obergrenze.

Der Abschluss einer Pflegekostenversicherung ist meist bis zum 65. oder manchmal auch bis zum 70. Lebensjahr möglich. Doch auch hier gilt: Je jünger und gesünder Sie bei Abschluss sind, desto günstiger können Sie den Schutz bekommen.

Pflegerentenversicherung: Angebot mit Vor- und Nachteilen

Wer sich für den Abschluss einer Pflegerentenversicherung entscheidet, zahlt Beiträge in den Vertrag ein, um daraus dann eine lebenslange Rente beziehen zu können. Die Höhe der Beiträge bleibt während der Phase der Einzahlung in der Regel stabil. Meistens zahlen die Versicherten regelmäßig über einen längeren Zeitraum ein.

Bei manchen Versicherern ist es auch möglich, dass der Kunde nur einmal einen größeren Betrag für den Schutz auf-

bringt. Im Gegenzug zahlt der Versicherer bei Nachweis von Pflegebedürftigkeit eine Rente aus, die vorher fest vereinbart wurde. Einige Angebote sind auch in Form einer klassischen privaten Rentenversicherung aufgebaut. Bei diesen Angeboten erhält der Kunde grundsätzlich eine monatliche Rente, sobald er ein bestimmtes Alter erreicht hat. Wird er darüber hinaus pflegebedürftig, steigt der ausgezahlte Rentenbetrag. Das Geld aus der Pflegerentenversicherung fließt bis ans Lebensende, vorausgesetzt, der Versicherte bleibt so lange pflegebedürftig. Ist die Einstufung nur vorübergehend, zahlt die Versicherung nur für diese Zeit.

Ein Nachteil der Pflegerentenversicherung ist, dass mit dem Vertragsabschluss häufig hohe Abschluss- und Verwaltungskosten verbunden sind. Dennoch kann diese Vertragsvariante interessant sein, denn sie bietet den Kunden mehr Flexibilität als etwa eine Pflegetagegeldversicherung. Sie haben zum Beispiel die Möglichkeit, den Vertrag bei einem finanziellen Engpass beitragsfrei zu stellen, ohne dadurch die bereits gezahlten Beiträge zu verlieren. Die Rente fällt dann zwar entsprechend niedriger aus, doch anders als bei der Pflegetagegeldversicherung ist das eingezahlte Geld nicht verloren, wenn man nicht weiter einzahlt.

Ein weiterer Vorteil im Vergleich zu anderen Verträgen ist, dass die Pflegerentenversicherung auch schon helfen kann, wenn der Versicherte dement wird, körperlich ansonsten aber noch fit ist.

MIT EINER VERSICHERUNG FÜR DEN PFLEGEFALL VORSORGEN

Versicherung	Pflegetagegeld-versicherung	Pflegekosten-versicherung	Pflegerenten-versicherung
Leistung des Versicherers	Er zahlt ein vorab vereinbartes Tagegeld ab Beginn der Pflegebedürftigkeit.	Er erstattet die tatsächlichen Pflegekosten, die nicht durch die gesetzliche Pflichtversicherung gedeckt sind.	Er zahlt eine monatliche Rente ab Beginn der Pflegebedürftigkeit.
Beiträge	**Höhe:** Je jünger der Versicherte bei Vertragsabschluss ist, desto günstiger ist der Schutz. Auch nach Vertragsabschluss können die Beiträge mit zunehmendem Alter noch steigen. **Zahlungsweise:** Nur laufende Beitragszahlungen sind möglich, keine Einmalbeiträge. **Im Pflegefall:** Die Beiträge müssen meist auch nach Eintritt des Pflegefalls weiterbezahlt werden.	**Höhe:** Für jüngere Versicherte zu Beginn relativ niedrige Beiträge, doch mit zunehmendem Alter steigen die Beiträge – auch nach Vertragsschluss. **Zahlungsweise:** Nur laufende Beitragszahlungen sind möglich, keine Einmalbeiträge. **Im Pflegefall:** Die Beiträge müssen meist auch nach Eintritt des Pflegefalls weiterbezahlt werden.	**Höhe:** Je jünger der Versicherte bei Vertragsabschluss ist, desto günstiger ist der Schutz. Ist die Versicherung einmal abgeschlossen, steigen die Beiträge in der Regel nicht mehr. **Zahlungsweise:** Möglich sind laufende Beitragszahlung oder Einmalbeiträge. **Im Pflegefall:** Die Beiträge müssen meist nur bis zum Eintritt des Pflegefalls bezahlt werden.
Eintrittsalter	Abschluss zum Teil nur bis zum 65. oder 70. Lebensjahr möglich.	Abschluss meist nur bis zum 65. Lebensjahr möglich, maximal bis zum 70. Lebensjahr.	Vertragsabschluss je nach Versicherer bis zum 80. Lebensjahr möglich.

SCHUTZ BEI INVALIDITÄT

Das regelmäßige Einkommen ist für Arbeitnehmer und Selbstständige die Existenzgrundlage. Fällt dieses Einkommen weg, weil dauernde Rückenschmerzen Arbeit unmöglich machen oder beruflicher Druck krank macht, wird die private Berufsunfähigkeitsversicherung zum Rettungsanker. Der Versicherer zahlt eine Rente als Ersatz für das Einkommen. Diese Police sollte die erste Wahl sein vor anderen privaten Versicherungen zum Schutz vor Invalidität.

DIE EXISTENZGRUNDLAGE SICHERN

Wenn Sie von Ihrem Arbeitseinkommen leben, sind Sie darauf angewiesen, dass es regelmäßig fließt, um Ihren Lebensstandard aufrechtzuerhalten. Fällt es weg, weil Sie aus gesundheitlichen Gründen nicht mehr in der Lage sind, Ihren Beruf oder irgendeine andere Tätigkeit auszuüben, haben Sie unter bestimmten Voraussetzungen zwar zumindest Anspruch auf eine gesetzliche Erwerbsminderungsrente. Doch die Rentenleistung dürfte bei Weitem nicht reichen, um sich in etwa das Leben von früher leisten zu können.

2010 lagen die Erwerbsminderungsrenten nach Abzug der Beiträge zur Kranken- und Pflegeversicherung durchschnittlich bei nur 744 Euro im Monat für Männer und 663 Euro für Frauen in den alten Bundesländern. In den neuen Bundesländern waren es 648 Euro für Männer und 682 Euro für Frauen. Bei Renten in dieser Höhe bleibt dann oft je nach Gesamteinkommen und Familienverhältnissen nur die Möglichkeit, zusätzlich staatliche Hilfeleistungen in Anspruch zu nehmen.

Für Berufseinsteiger wären die Folgen noch gravierender: Sie haben nicht einmal Anspruch auf eine gesetzliche Erwerbsminderungsrente. Deshalb empfiehlt es sich unbedingt, eine private Berufsunfähigkeitsversicherung abzuschließen, die eine monatliche Rente zahlt, um die Einkommenseinbußen zumindest annähernd zu decken.

Die Berufsunfähigkeitsversicherung bietet mehr Schutz als etwa die private Unfallversicherung oder die private Erwerbsunfähigkeitsversicherung.

Das leistet die gesetzliche Sozialversicherung
Wenn Sie eine gesetzliche Erwerbsminderungsrente erhalten, hängt deren Höhe von der Höhe der geleisteten Versicherungsbeiträge ab. Die Rente wegen voller oder teilweiser Erwerbsminderung ist 2001 an die Stelle der gesetzlichen Renten wegen Berufsunfähigkeit getreten. Für jüngere Versicherte hat sich seit dieser Gesetzesänderung der staatliche Schutz für den Fall der Invalidität erheblich verschlechtert. Denn die Rentenversicherung zahlt bei Versicherten, die ab dem 1. Januar 1961 geboren wurden, erst, wenn sie in keiner Form mehr arbeiten können. Selbst wenn etwa ein 45-jähriger Automechaniker seinen Beruf körperlich nicht mehr ausüben, aber beispielsweise noch als Pförtner tätig sein könnte, bekommt er noch kein Geld aus der gesetzlichen Rentenversicherung – unabhängig davon, ob er überhaupt eine Chance auf eine Anstellung als Pförtner hat.

Eine Rente wegen voller Erwerbsminderung erhalten Versicherte wie der Mechaniker nur, wenn sie nicht mehr in der Lage sind, mindestens drei Stunden täglich in irgendeiner Form erwerbstätig zu sein. Eine Rente wegen teilweiser Erwerbsminderung gibt es für Versicherte, die zwar mehr als drei Stunden, aber keine sechs Stunden am Tag einer Erwerbstätigkeit nachgehen können.

Voraussetzung für den Anspruch auf eine Erwerbsminderungsrente ist in der Regel, dass der Versicherte in den fünf Jahren vor Eintritt der Erwerbsminderung drei Jahre Pflichtbeiträge an die Rentenkasse gezahlt hat. Besonders für Berufseinsteiger ist das meist nicht zu erfüllen:

Beispiel: Jan Meier hat 2010 sein Examen gemacht und im Februar 2011 seinen ersten richtigen Job bei einer Bank angetreten. Er arbeitet viel, setzt sich unter Druck und kommt nicht mehr dazu, etwas für sich zu tun. Die Folge: ein erster Bandscheibenvorfall im Oktober 2011, ein zweiter folgt im März 2012. Das führt dazu, dass er nicht mehr in der Lage ist, seinen Job oder irgendeinen anderen Beruf auszuüben. Sein Problem: Selbst wenn er aus gesundheitlichen Gründen Anspruch auf

INFO   Selbstständige in besonderer Situation

Besonders für Selbstständige, die keine Pflichtbeiträge mehr an die gesetzliche Rentenversicherung leisten müssen, kann es wie für Berufseinsteiger problematisch sein, die Vorgaben für den Anspruch auf eine gesetzliche Erwerbsminderungsrente zu erfüllen. Einen detaillierten Überblick zu den Vorgaben und Möglichkeiten der Absicherung von Freiberuflern und Gewerbetreibenden bietet der Finanztest-Ratgeber „Altersvorsorge für Selbstständige", den Sie für 16,90 Euro im Buchhandel oder im Internet bei der Stiftung Warentest erwerben können.

eine Erwerbsminderungsrente hätte, bekommt er kein Geld aus der gesetzlichen Rentenversicherung, denn er hat noch keine fünf Beitragsjahre vorzuweisen. Hätte er diese, weil er zum Beispiel während des Studiums regelmäßig einen versicherungspflichtigen Job nebenbei ausgeübt hat, sähe seine finanzielle Situation etwas besser aus. Doch zum Leben würde das Geld aus der gesetzlichen Rentenversicherung auch dann kaum reichen.

Mit einer privaten Berufsunfähigkeitsversicherung kann er sich für diesen Ernstfall wappnen. Sie hat auch den Vorteil,

dass anders als bei der gesetzlichen Erwerbsminderungsrente entscheidend ist, ob die Arbeit im eigenen Beruf (und nicht in irgendeinem) noch möglich ist. Stellt sich heraus, dass der Versicherte nicht mehr in seinem vor Eintritt der Berufsunfähigkeit ausgeübten Beruf zu mindestens 50 Prozent tätig sein kann, kann er von seinem Versicherer die vereinbarte Rente bekommen. Dabei spielt es keine Rolle, ob der Versicherte etwa aufgrund eines Unfalls, einer körperlichen oder einer psychischen Erkrankung seine Berufstätigkeit aufgeben muss.

DIE PASSENDE BERUFSUNFÄHIGKEITSVERSICHERUNG

Für alle, die im Erwerbsleben stehen, aber auch für Hausfrauen, Auszubildende und Studenten ist die Berufsunfähigkeitsversicherung unbedingt zu empfehlen – für die eigene Absicherung und auch zum Schutz der Angehörigen, die vom fehlenden Einkommen genauso betroffen wären. Allerdings kann sich längst nicht jeder, der eine private Berufsunfähigkeitsversicherung abschließen möchte, sicher sein, diese zu bekommen oder zumindest zu einem annehmbaren Preis.

Nicht alle haben Schutz

Derzeit haben nur 24,5 Prozent der Haushalte eine private Versicherung abgeschlossen, mit der sie sich gegen Berufs- oder Erwerbsunfähigkeit schützen. Damit blei-

ben diese Verträge zum Beispiel deutlich hinter der privaten Unfallversicherung zurück. Diese gibt es immerhin in 40 Prozent der Haushalte.

Für die eher geringe Verbreitung des privaten Berufsunfähigkeitsschutzes dürften vor allem zwei Aspekte verantwortlich sein: der Preis und die Tatsache, dass Versicherer längst nicht jedem Kunden einen Vertrag geben, der ihn abschließen möchte. Die schwerste Hürde ist die Gesundheitsprüfung. Das heißt, der Versicherer stellt Fragen zu Erkrankungen und gesundheitlichen Problemen in den vergangenen Jahren. Die Folge kann sein, dass dem Versicherer das Risiko, dass es aufgrund der vorhandenen Probleme tatsächlich zu einem Versicherungsfall kommen kann,

STECKBRIEF Berufsunfähigkeitsversicherungen

Schutz: Der Versicherer zahlt eine vertraglich vereinbarte Rente, wenn Sie nicht mehr in der Lage sind, Ihren erlernten Beruf zu mindestens 50 Prozent auszuüben – ganz gleich, ob etwa eine Krankheit oder ein Unfall dazu geführt haben.

Bedarf: Eine Berufsunfähigkeitsversicherung sollten alle Erwerbstätigen abschließen, um sich finanziell vor dem Verlust ihrer Arbeitskraft zu schützen.

Angebote: Im Tarifvergleich der Stiftung Warentest schnitt im Sommer 2011 das Angebot der AachenMünchener am besten ab. Auf Platz zwei landeten neun Versicherer, darunter waren Huk24 und Huk-Coburg für die Modellkunden besonders günstig. Die Höhe der Beiträge richtet sich unter anderem nach dem Alter und dem Beruf des Kunden sowie der Höhe der vereinbarten Rente.

Beispiele für den Schutz: Eine Friseurin kann nicht mehr arbeiten, weil sie plötzlich allergisch auf Haarfärbemittel und Shampoos reagiert. Ein Dachdecker hat einen Bandscheibenvorfall, ein junger Manager verkraftet den Tod seiner Frau nicht und kann aufgrund der psychischen Belastung nicht weiter arbeiten.

Beispiele für Lücken im Schutz: Bei Vorerkrankungen kann der Versicherer eine Berufsunfähigkeit als Folge dieser Erkrankungen vom Schutz ausschließen. Folgen einer vorsätzlichen Handlung sind beim Schutz außen vor. Hat der Kunde falsche Angaben gemacht, kann der Versicherer die Leistung verweigern.

zu groß ist und der Kunde den gewünschten Schutz nicht bekommt.

Das zweite Kriterium, das für manch einen gegen den Vertragsabschluss spricht, ist der Preis: Eine private Berufsunfähigkeitsversicherung gehört zu den teureren Verträgen. Das bestätigen die Testergebnisse der Stiftung Warentest, die zum Beispiel Berufsunfähigkeitsversicherungen in Kombination mit einer Risikolebensversicherung überprüft hat. Danach muss zum Beispiel eine 30-jährige Diplomkauffrau, die sich eine Rente in Höhe von 2 000 Euro monatlich für den Fall der Berufsunfähigkeit kombiniert mit einer Todesfallleistung

sichern möchte, für sehr guten oder guten Schutz etwa zwischen 900 und 1 900 Euro im Jahr zahlen. Für einen Mann liegt der Preis bisher etwas niedriger, doch diese Beitragsunterschiede aufgrund des Geschlechts darf es ab dem 21. Dezember 2012 zumindest für Neuverträge nicht mehr geben.

Diplomkaufleute gehören noch zu den „günstigen" Kunden: Bei ihnen gehen die Versicherer von einem eher geringen Risiko aus, dass sie berufsunfähig werden. Ähnlich stufen sie beispielsweise Architekten, Psychologen oder Ärzte ein. Ein deutlich höheres Risiko sehen sie hingegen etwa

bei Maurern, Schornsteinfegern, Künstlern oder Krankengymnasten (siehe Tabelle). Angehörige dieser Berufsgruppen müssen meist damit rechnen, mehr für den Schutz zu zahlen als etwa Arbeitnehmer, die einen reinen Bürojob haben.

Wenn Sie eine niedrigere Rente vereinbaren als die 2 000 Euro im Beispiel, sind natürlich günstigere Beiträge drin. Die Höhe der Berufsunfähigkeitsrente sollten Sie allerdings nicht zu niedrig wählen, weil sonst womöglich die alltäglichen Ausgaben nicht zu decken sind und Sie zum Beispiel dann Ihre Ausgaben für eine private Altersvorsorge nicht weiter bestreiten können. Eine private Altersvorsorge brauchen Sie aber auch dringend, falls Sie berufsunfähig werden. Denn die Versicherer zahlen die Berufsunfähigkeitsrente nicht bis zum Lebensende, sondern nur bis zum

ALLE BERUFE WERDEN IN RISIKOGRUPPEN EINSORTIERT

Wer eine Arbeit macht, die als riskant gilt, zahlt mehr für den Versicherungsschutz.[1]

Berufsgruppe	Risiko	Beispiele
1	Gering	Ärzte, Architekten, Apotheker, Psychologen, Diplomkaufleute
2	Normal	Reise- und Bürokaufleute, Sekretärinnen, Techniker, Verkäufer
3	Erhöht	Krankenpfleger, Industriemechaniker, Gastwirte, Kfz-Mechaniker
4	Hoch	Betonbauer, Künstler, Krankengymnasten, Maurer, Schornsteinfeger

1) Die genaue Zuordnung der Berufe zu den Berufsgruppen kann je nach Versicherer abweichen.

vereinbarten Laufzeitende – also zum Beispiel bis zum 65. oder 67., je nach Vertrag auch nur bis zum 60. Lebensjahr. In der Zeit danach sind Sie auf andere Vorsorge angewiesen (siehe Seite 127).

Vorerkrankungen erschweren Abschluss

Je jünger der Kunde bei Vertragsabschluss ist und je gesünder, desto größer sind seine Chancen, den Versicherungsschutz günstig zu bekommen. Deshalb empfiehlt es sich, den Vertrag so früh wie möglich abzuschließen. Wer zum Beispiel schon während des Studiums oder zu Ausbildungsbeginn unterschreibt, kann deutlich an Beiträgen sparen. Wollen Eltern ihren Kindern etwas Gutes tun, wäre es eine sinnvolle Hilfe, wenn sie zum Beispiel in der Ausbildungszeit die fälligen Beiträge übernehmen.

Zunehmendes Alter und mögliche Gesundheitsprobleme, die im Laufe der Jahre auftreten, können den Preis nicht nur enorm in die Höhe treiben, sie können auch zu einem grundsätzlichen Problem werden: Die Versicherer fragen den Gesundheitszustand der Antragsteller genau ab („Risikoprüfung") und überlegen sich, ob sie einen Kunden, der beispielsweise schon einmal Rückenprobleme oder Allergien hatte, aufnehmen. Wenn ein Kunde Vorerkrankungen hat, muss er damit rechnen, entweder gar keinen Vertrag zu bekommen – dieses Risiko besteht zum Beispiel für jemanden, der bereits in psychotherapeutischer Behandlung war – oder nur einen Vertrag mit Risikozuschlägen oder Haftungsausschlüssen. Das heißt: Wer etwa eine schwere Knieverletzung hatte, erhält womöglich nur einen Vertrag, bei dem Berufsunfähigkeit infolge von Knieproblemen vom Versicherungsschutz ausgeschlossen ist. Zum Teil bieten die Versicherer aber an, diesen Ausschluss nach einer bestimmten Frist noch einmal zu überprüfen.

INFO   Schutz im Paket

Sie können die Berufsunfähigkeitsversicherung als einzelnen Vertrag abschließen, Sie können den Schutz aber auch kombinieren – zum Beispiel mit einer Risikolebens- oder einer Kapitallebensversicherung. In unserem Preisbeispiel auf Seite 60 wurde der Schutz mit einer Risikolebensversicherung kombiniert, die im Todesfall den Angehörigen eine vorher vereinbarte Summe auszahlt.

Diese Kombination ist zu empfehlen. Wenn Sie stattdessen die Berufsunfähigkeitsversicherung mit einer Kapitallebens- oder einer Rentenversicherung kombinieren, riskieren Sie, zugunsten einer höheren Altersrente zu wenig für den Fall von Berufsunfähigkeit zu vereinbaren. Besser ist es, den Invaliditätsschutz und das Sparen voneinander zu trennen.

ALLE VORERKRANKUNGEN NENNEN

Versuchen Sie nicht, durch Verschweigen von Vorerkrankungen günstigeren oder besseren Schutz zu bekommen. Das bringt nichts, denn womöglich stehen Sie dann im Ernstfall mit leeren Händen da. Beantworten Sie die Gesundheitsfragen, die der Versicherer im Antrag stellt, so genau wie möglich und halten Sie gegebenenfalls Rücksprache mit Ihrem Arzt. Der Versicherer wird nicht zahlen, wenn Sie falsche Angaben gemacht haben. Selbst wenn Sie aus Versehen eine Vorerkrankung vergessen, kann es sein, dass Sie bei Berufsunfähigkeit tatsächlich leer ausgehen.

Der Weg zum Vertrag

Wenn Sie eine Berufsunfähigkeitsversicherung abschließen wollen, sich aufgrund von Vorerkrankungen aber nicht sicher sind, ob Sie den Schutz überhaupt bekommen, sollten Sie es trotzdem versuchen. Achten Sie dabei auf folgende Punkte:

☐ **Vergleichen:** Konzentrieren Sie sich nicht nur auf ein Angebot, sondern vergleichen Sie bei mehreren Anbietern Preise und Leistungen. Das kann sich nicht nur bezahlt machen, weil Sie Beiträge sparen, sondern auch, weil Sie im Ernstfall bessere Chancen auf Leistung haben.

☐ **Mehrere Anfragen:** Wenden Sie sich an mehrere Versicherer – und das parallel. Dann bekommen Sie mehrere Angebote und können gezielt vergleichen, wie die einzelnen Versicherer in Ihrem konkreten Fall mit Risikozuschüssen und Leistungsausschlüssen umgehen. Testergebnisse finden Sie im Internet unter www.test.de (Suchwort „Berufsunfähigkeitsversicherung"). Außerdem haben Sie den Vorteil, dass Sie bei paralleler Abfrage noch nicht als „schwarzes Schaf" registriert sind, das bei einem oder mehreren Versicherern abgelehnt wurde. Denn die Versicherer führen beim Gesamtverband der Deutschen Versicherungswirtschaft eine Datei (Hinweis- und Informationssystem HIS), auf die die anderen Anbieter Zugriff haben. Hier registrieren sie, wer aufgrund welcher Vorerkrankungen abgelehnt wurde. Außerdem fragen die Versicherer zum Teil im Antrag ab, ob der Kunde bereits andere Anträge gestellt hat, die abgelehnt oder zu erschwerten Bedingungen angenommen worden wären oder wurden.

☐ **Verhandeln:** Wenn der Versicherer einen Risikozuschlag erhebt oder Leistungen bei bestimmten Vorfällen vom Versicherungsschutz ausschließt, versuchen Sie mit ihm zu verhandeln, dass diese Leistungseinschränkungen nicht auf Dauer gelten, sondern beispielsweise nach Ablauf von einigen Jahren erneut überprüft oder gleich aufgehoben werden.

☐ **Mehrfacher Schutz:** Wenn Sie von mehreren Versicherern angenommen werden, bleiben Ihnen 30 Tage Zeit, die überflüssigen Verträge zu widerrufen (Musterbrief siehe Seite 182). Schließlich reicht ein Versicherungsvertrag aus.

Der Blick ins Kleingedruckte

Die Entscheidung für die eine oder die andere Berufsunfähigkeitsversicherung sollten Sie nicht nur vom Preis abhängig machen, sondern auf jeden Fall von den Vertragsbedingungen. Um im Ernstfall bessere Chancen auf eine Rente des Versicherers zu haben, kann sich der Blick auf einige Klauseln auszahlen:

■ Verzicht auf abstrakte Verweisung: Abstrakte Verweisung bedeutet, dass der Versicherer beispielsweise einem angestellten Kaminbauer aufgrund der Vertragsbedingungen die Rentenzahlung verweigern kann, weil dieser zwar nicht mehr handwerklich tätig sein kann, aber zum Beispiel immer noch als Verkäufer und Berater im Geschäft eines Kaminbauers arbeiten könnte – ganz gleich, ob er in diesem Beruf überhaupt Anstellungschancen hätte. Achten Sie daher unbedingt darauf, dass der Versicherer darauf verzichtet, dass er Sie auf einen anderen Beruf verweisen kann, wenn Sie in Ihrem bisherigen Beruf nicht mehr zu mindestens 50 Prozent tätig sein können.

■ Nachversicherungsgarantie: Welche Möglichkeiten einer Nachversicherung sind in den Vertragsbedingungen genannt? Können Sie etwa Ihre Berufsunfähigkeitsrente ohne erneute Gesundheitsprüfung erhöhen, falls Sie heiraten oder Kinder bekommen? Bis zu welcher Höhe können Sie den Versicherungsschutz aufstocken?

■ Rückwirkende Leistung in den ersten sechs Monaten: Zahlt der Versicherer rückwirkend ab Beginn der Berufsunfähig-keit, wenn sich nicht sofort feststellen lässt, ob der Patient berufsunfähig bleibt?

■ Rückwirkende Leistung: Zahlt der Versicherer rückwirkend für bis zu drei Jahre, wenn Sie die Berufsunfähigkeit verspätet melden?

Alternativangebote mit Schwächen

Erhalten Sie keine Berufsunfähigkeitsversicherung oder können Sie sich diesen Schutz nicht leisten, gibt es einige verwandte Versicherungen mit ähnlichem Schutz, die allerdings unterschiedliche Schwächen haben:

Erwerbsunfähigkeitsversicherung: Mit dieser Versicherung können Sie erst dann eine Rente bekommen, wenn Sie nicht mehr in der Lage sind, in irgendeiner Form erwerbstätig zu sein. Der erlernte Beruf spielt anders als bei der Berufsunfähigkeitsversicherung keine Rolle. Die private Erwerbsunfähigkeitsversicherung ist zwar in der Regel etwas günstiger als die Berufsunfähigkeitsversicherung, bietet aber deutlich weniger.

Wenn Sie keine Berufsunfähigkeitsversicherung bekommen, können Sie prüfen, ob und zu welchem Preis Sie den Erwerbsunfähigkeitsschutz abschließen können. Da Sie aber auch hier Gesundheitsfragen beantworten müssen, kann es sein, dass Ihnen auch dieser Schutz bei Vorerkrankungen verwehrt wird.

Dread-Disease-Versicherung: Der Versicherer zahlt eine vorher fest vereinbarte Summe aus, wenn Sie schwer erkranken. Bei welchen Erkrankungen es Geld gibt, ist in den Vertragsbedingungen festgelegt. Das Geld fließt unabhängig davon, ob Sie weiter erwerbstätig sein können. Die Leistungen sind aber von vornherein auf bestimmte Krankheitsbilder beschränkt. Bei anderen Ursachen für eine Berufsunfähigkeit, etwa Burn-out, erhalten Sie dann kein Geld.

Unfallversicherung: „Wozu noch eine Berufsunfähigkeitsversicherung – ich habe doch eine Unfallversicherung?" Falls Sie sich diese Frage stellen, unterschätzen Sie die Gefahr, durch eine Erkrankung berufsunfähig zu werden. Die Unfallversicherer zahlen nur bei einem Unfall. Sie kommen nicht für die Folgen von Krankheiten wie Krebs, Bandscheibenvorfall oder psychischen Probleme wie Depressionen auf, die nach Angaben der deutschen Rentenversicherung am häufigsten Ursache für ein Ausscheiden aus dem Erwerbsleben sind. Können Sie aufgrund von Krankheiten nicht mehr beruflich tätig sein, bietet nur die Berufsunfähigkeitsversicherung ausreichenden Schutz. Trotzdem kann auch eine private Unfallversicherung als Ergänzung sinnvoll sein, wie die folgenden Passagen zeigen.

UNFALLVERSICHERUNG: NUR FÜR UNFALLFOLGEN

Ein Fahranfänger kommt auf nasser Straße mit dem Wagen von der Straße ab. Eine junge Frau verpasst beim Fensterputzen die letzte Stufe der Leiter. Ein älterer Radfahrer schneidet ein Auto. Kurze Momente der Unachtsamkeit wie in den Beispielen können das ganze Leben verändern, wenn danach der Körper nicht mehr das kann, was vorher möglich war. Eine private Unfallversicherung mildert zumindest die finanziellen Folgen einer dauerhaften körperlichen Beeinträchtigung.

Für wen die Versicherung sinnvoll sein kann

Jedes Jahr passieren in Deutschland etwa neun Millionen Unfälle: Fast jeder dritte davon ereilt die Menschen zuhause, etwa jeder vierte Unfall geschieht beim Spielen oder Sporttreiben. Zum Glück bleiben nur selten schwere Schäden zurück. Doch wenn es jemanden erwischt, spielt es für denjenigen keine Rolle, ob es ein statistisch unwahrscheinlicher Fall war. Deshalb ist eine private Unfallversicherung für alle sinnvoll, die sich vor den finanziellen Folgen eines Unfalls schützen wollen. Die Versicherung zahlt unabhängig davon, ob ein Unfall beim Fahrradausflug am Sonntag, beim Wandern in der Vogesen oder auf der Fahrt zur Arbeit passiert ist. Der Versicherer zahlt eine vorab vereinbarte Summe, wenn der Versicherte infolge eines plötzlich von außen auf seinen Körper wirkenden Ereignisses unfreiwillig eine dauerhafte körperliche Beeinträchtigung

STECKBRIEF Private Unfallversicherung

Schutz: Der Versicherer zahlt einen größeren Geldbetrag, wenn Sie infolge eines Unfalls eine dauerhafte körperliche Beeinträchtigung erleiden.

Bedarf: Der Schutz ist sinnvoll für alle, die sich für den Fall von dauerhaften Folgen eines Unfalls zuhause oder in der Freizeit finanziell absichern wollen.

Angebote: Sehr gute Angebote mit einer Versicherungsleistung von mindestens 500 000 Euro gibt es ab etwa 230 Euro im Jahr. Im jüngsten Tarifvergleich von Finanztest Ende 2011 schnitten die Angebote P 350 Primus Plus Premium und P 500 Primus Plus Premium der Swiss Life sowie P-Plus 500 XXL (B18) Maxi-Taxe der Interrisk sehr gut ab. Ältere Kunden zahlen oft mehr als jüngere oder müssen Leistungseinschränkungen hinnehmen.

Beispiele für den Schutz: Ein Motorradfahrer ist nach einem selbstverschuldeten Verkehrsunfall querschnittsgelähmt. Eine junge Frau stolpert beim Aerobic und verdreht sich das Knie so, dass sie es auf Dauer nicht mehr richtig bewegen kann. Ein Heimwerker verliert durch einen Unfall mit einer Säge seinen Daumen.

Beispiele für Lücken im Schutz: Kommt es aufgrund von Bewusstseinsstörungen zum Unfall, zahlt der Versicherer in der Regel nicht. Psychische Folgen eines Unfalls sind in der Regel ebenso vom Schutz ausgeschlossen wie häufig auch Infektionen nach einem Zeckenbiss. Es gibt jedoch Versicherer, die in ihren Bedingungen ausdrücklich darauf hinweisen, dass sie auch bei Zeckenbiss zahlen.

erleidet. Dauerhaft heißt in der Regel „für mindestens drei Jahre". In dem Fall zahlt der Unfallversicherer eine größere Summe, die helfen kann, das Zuhause behindertengerecht umzubauen und weitere organisatorische Vorkehrungen für das Leben mit Behinderung zu treffen.

Alles kann sich der Versicherte mit privatem Unfallschutz allerdings nicht erlauben: Nimmt er zum Beispiel an Autorennen teil, ist er leidenschaftlicher Taucher oder Fallschirmspringer, bekommt er meist keinen Schutz für den Fall, dass infolge dieser Aktivitäten etwas passiert. Sollte ein

Versicherter, der einen Unfall erleidet, bereits größere Vorschädigungen (mehr als 25 Prozent) haben, kann es ebenfalls sein, dass er nicht so viel Geld wie erwartet aus der Versicherung bekommt, da Vorschädigungen auf die durch den Unfall entstandenen Beeinträchtigungen angerechnet werden.

Das bietet die gesetzliche Unfallversicherung

Während der Arbeits- oder Ausbildungszeit genießen Kinder, Jugendliche und Erwachsene den Schutz der gesetzlichen

Unfallversicherung. Die Beiträge für diesen Zweig der gesetzlichen Sozialversicherung zahlen Arbeitgeber, Schulen und Hochschulen. Bei Selbstständigen ist die Situation etwas anders: Je nach Beruf müssen sie in die gesetzliche Unfallversicherung einzahlen, oder sie können sich über die für sie zuständige Berufsgenossenschaft freiwillig gesetzlich versichern.

Die gesetzliche Unfallversicherung kommt für die Folgen von Unfällen auf, die während der Ausbildung oder Arbeit passieren oder auf dem Weg dorthin. Allein die Unfallversicherer der gewerblichen Wirtschaft und der öffentlichen Hand verzeichneten im Jahr 2010 insgesamt mehr als 950 000 Arbeitsunfälle, die eine Arbeitsunfähigkeit von mehr als drei Tagen oder den Tod zur Folge hatten. Hinzu kamen noch über 220 000 Wegeunfälle.

Die gesetzliche Unfallvers cherung ist bei solchen Unfällen und bei Berufskrankheiten für die gesamte Rehabilitation zuständig. Ihre Aufgabe ist es, d e medizinische Behandlung zu steuern und zu koordinieren. Außerdem unterstützt sie den Verunglückten so weit, dass er wenn möglich wieder in den Beruf und das soziale Umfeld integriert werden kan 1. Um den Lebensunterhalt in dieser Phase zu sichern, zahlen die Versicherungsträger Verletztenbeziehungsweise Übergangsgeld.

Es gilt der Grundsatz „Rehabilitation vor Rente", sodass erst alles versucht wird, eine Wiedereingliederung in den Beruf zu schaffen, ehe eine lebenslange Rente gezahlt wird. Eine Rente zahlen die Unfallversicherer im Übrigen erst, wenn die Erwerbsfähigkeit um mindestens 20 Prozent gemindert ist.

INFO **Schutz auch abseits des Arbeitsplatzes**

Arbeitsweg: Als Arbeitsweg, der über die gesetzliche Unfallversicherung geschützt ist, gilt nur der direkte Weg – ein kurzer Abstecher zur Post oder in die Bäckerei, um Brot für das Abendessen zu besorgen, beendet den Versicherungsschutz der gesetzlichen Unfallversicherung.

Betriebsveranstaltungen: Schutz besteht hingegen, wenn Sie an Veranstaltungen Ihres Arbeitgebers wie Betriebssport oder Betriebsausflug teilnehmen. Auch auf dem Weg dort-hin sind Sie geschützt – wenn es der direkte Weg ist.

Ehrenamt: Während einer ehrenamtlichen Tätigkeit sind Sie versichert – wenn Sie etwa Brötchen schmieren für alle, die zum Blutspenden kommen, oder für das kirchliche Gemeindefest Zelte aufbauen.

Ohne Schutz: Keinen Sch Jtz über die gesetzliche Unfallversicherung haben Hausfrauen, Rentner und Kinder, die nicht in den Kindergarten oder die Schule gehen.

ANSPRECHPARTNER FINDEN

Die gewerblichen Berufsgenossenschaften, die Unfallkassen und Gemeindeunfallversicherungsverbände haben sich zum gemeinsamen Spitzenverband „Deutsche Gesetzliche Unfallversicherung e. V." (DGUV) zusammengeschlossen. Über die Internetseite des Verbandes (www.dguv.de) finden Sie Kontaktadressen, Ansprechpartner und Aufgabenbereiche der einzelnen Unfallversicherer.

Private Unfallversicherung schließt Freizeitlücke

Alle, die sich abseits von Arbeitsplatz, Schule und Ehrenamt vor den Folgen eines Unfalls schützen wollen, benötigen dafür eine private Unfallversicherung. Es gibt die normalen privaten Unfallversicherungen für erwachsene Versicherte, es gibt Unfallversicherungen für Kinder (siehe Seite 81) sowie Produkte für Senioren, bei denen die Versicherer den Kunden spezielle Hilfeleistungen nach einem Unfall anbieten (siehe Seite 70).

Die normale private Unfallversicherung zahlt dem Versicherten eine größere Summe aus, wenn er durch einen Unfall dauerhafte Beeinträchtigungen davonträgt, also invalide wird. Je nachdem, wie hoch der Invaliditätsgrad ist, zahlen die Versicherer einen Anteil der Versicherungssumme. Den Invaliditätsgrad legen die Versicherer nach einer Liste der Körperteile (Gliedertaxe) fest. Nach den Musterbedingungen des Gesamtverbandes der Deutschen Versicherungswirtschaft (GDV) entspricht zum Beispiel der Verlust der Funktionsfähigkeit eines Daumens einer Invalidität von 20 Prozent (siehe Grafik). Nicht bei jedem Versicherer erhalten Sie gleich viel für den gleichen Invaliditätsgrad. Gute Versicherer zahlen mehr, als in den Musterbedingungen empfohlen ist.

Stellen die Ärzte eine Invalidität von 20 Prozent fest, könnten Sie also bei einer Versicherungssumme von 100 000 Euro 20 000 Euro ausgezahlt bekommen. Die Versicherungssumme sollte mindestens 100 000 Euro betragen. Die Versicherten können aber noch deutlich mehr bekommen, wenn sie sich für einen Tarif mit Progression entscheiden. Hat der Vertrag zum Beispiel eine Progression von 500 Prozent, würde der Versicherte bei einer Invalidität von 100 Prozent – etwa durch Querschnittslähmung – 500 000 Euro erhalten. Eine solche Summe kann eine unermessliche Hilfe sein, wenn beispielsweise das Haus behindertengerecht umgebaut und ein neues, rollstuhlgeeignetes Fahrzeug angeschafft werden muss.

Die große Summe, die der Versicherer im Fall einer dauerhaften Beeinträchtigung zahlt, ist das entscheidende Kriterium für die Wahl der privaten Unfallversicherung. Zwar können Sie darüber hinaus weitere Leistungen mit dem Versicherer vereinbaren, etwa die Zahlung eines Krankentagegeldes oder eines Krankenhaustagegeldes infolge eines Unfalls. Diese Leistungen sollten aber nicht die ausschlaggebenden Kriterien sein.

Die Gliedertaxe – Jedes Körperteil hat seinen Wert

Die Gliedertaxe legt fest, wie hoch die Invalidität zum Beispiel beim Verlust einer Hand ist.

Bei Verlust oder vollständiger Funktionsunfähigkeit gelten folgende Invaliditätsgrade

Körperteil	Invaliditätsgrad (%)
Auge	50
Gehör auf einem Ohr	30
Geruchssinn	10
Geschmackssinn	5
Arm	70
Arm bis oberhalb des Ellenbogengelenks	65
Arm unterhalb des Ellenbogengelenks	60
Hand	55
Daumen	20
Zeigefinger	10
Anderer Finger	5
Bein über der Mitte des Oberschenkels	70
Bein bis zur Mitte des Oberschenkels	60
Bein bis unterhalb des Knies	50
Bein bis zur Mitte des Unterschenkels	45
Fuß	40
Große Zehe	5
Andere Zehe	2

Quelle: Musterbedingungen des GDV   Angaben in Prozent

Der Blick ins Kleingedruckte

Die Unfallversicherung zahlt im Gegensatz zur Berufsunfähigkeitsversicherung nur nach einem Unfall, in der Regel aber nicht für die Folgen, die etwa psychische Erkrankungen oder Allergien haben. Und selbst wenn dem ersten Anschein nach alles für einen Unfall spricht, der auch unter den Schutz der Versicherung fällt, kann es letztlich noch passieren, dass der Verunglückte kein Geld bekommt.

Angenommen, ein junger Mann stolpert auf dem Heimweg und verletzt sich schwer am Auge und an der Hand. Die Folgen dieses plötzlichen Sturzes müssten doch versichert sein? Eigentlich ja, aber nicht immer. Was, wenn der Mann zum Beispiel gestürzt ist, weil er einen epilepti-schen Anfall hatte? In dem Fall würde der private Unfallversicherer die Zahlung verweigern. Eine Bewusstseinsstörung des Mannes hat zu dem Unfall geführt. Und bei solchen Störungen, die zum Beispiel auch durch Kreislaufprobleme hervorgerufen werden können, zahlen die Versicherer häufig nicht. Auch Störungen durch Alkohol- oder Medikamentenmissbrauch sind grundsätzlich ausgeschlossen.

Vielleicht haben Sie aber einen besseren Tarif abgeschlossen, der weniger Fälle ausschließt als andere: Einige Versicherer zahlen zum Beispiel für Unfallfolgen nach einem Schlaganfall oder auch bei begrenztem Alkoholkonsum – zum Beispiel bis 1,1 Promille. Es lohnt sich, auf diese Extraleistungen zu achten.

BESONDERE UNFALLVERSICHERUNGEN FÜR SENIOREN

Für die älteren Kunden haben sich die Versicherungsunternehmen noch zusätzlich etwas einfallen lassen. Spezielle Senioren-Unfallversicherungen bieten den Versicherten Hilfeleistungen an, sollten sie infolge eines Unfalls zum Beispiel auf die Zubereitung einer Mahlzeit, eine Putzhilfe, Unterstützung bei der Morgentoilette oder auf Hilfe bei anderen Dingen des alltäglichen Lebens angewiesen sein.

Diese sogenannten Assistance-Leistungen erleichtern es älteren Verunglückten, nach einem Unfall in den eigenen vier Wänden bleiben zu können. Wenn sie Un-terstützung brauchen, kommt jemand, der beim Duschen hilft, einkaufen geht und die Wäsche in die Maschine steckt.

Was bietet die Sozialversicherung?

Mit dieser Leistung schließen die privaten Versicherer eine Lücke der gesetzlichen Sozialversicherung. Die Krankenversicherung zahlt zwar auch für eine häusliche Krankenpflege, jedoch vorausgesetzt, dass dadurch ein Krankenhausaufenthalt vermieden oder verkürzt werden kann. Geld aus der gesetzlichen Pflegeversicherung erhalten die Verunglückten erst, wenn sie in eine Pflegestufe eingeordnet werden können, also oft erst nach sechs Monaten. Bei einem verdrehten Knie, das innerhalb einiger Wochen wieder heilt, wird das nicht infrage kommen. Die Senioren-Unfallversicherung springt hier ein. Denn sie zahlt auch, wenn keine dauerhafte Beeinträchtigung vorliegt.

Sie kann sinnvoll sein für alle älteren Menschen, die keine Angehörigen in der Nähe haben, die sie unterstützen können. Angebote, die in erster Linie solche Hilfeleistungen gewähren, gibt es für unter 100 Euro im Jahr. Wollen Sie sich zusätzlich zu den Hilfeleistungen im Haushalt oder bei der Pflege wie in der klassischen privaten Unfallversicherung noch eine größere Geldsumme sichern, müssen Sie natürlich mehr für die Versicherungspolice bezahlen. Hier können je nach vereinbarter Invaliditätssumme einige Hundert Euro im Jahr an Beiträgen zusammenkommen. Bei manchem Versicherer ist es nicht möglich, die Geldleistung gemeinsam mit den Hilfeleistungen in einem Vertrag abzuschließen, sondern es sind zwei separate Policen notwendig.

Der Blick ins Kleingedruckte

Wie in der klassischen privaten Unfallversicherung gilt auch bei den Senioren-Verträgen in der Regel die Vorgabe, dass tatsächlich ein Unfall vorliegen muss, damit die private Versicherung für die Folgen aufkommt. Nur wenige Versicherer zahlen auch für Hilfeleistungen, die nach einem Herzinfarkt oder einem Schlaganfall notwendig sind. Oder aber, wenn ein Oberschenkelhalsbruch durch Osteoporose – also durch eine Krankheit – und nicht durch einen Unfall aufgetreten ist.

Aufgrund dieser Einschränkungen lohnt es sich, vor Vertragsabschluss die Versicherungsbedingungen möglichst genau zu prüfen, um sicherzugehen, dass beispielsweise bestimmte Krankheiten als Zusatzleistung mit abgesichert sind. Aber auch in den übrigen Vertragsklauseln empfiehlt sich genaues Lesen, denn kleine Unterschiede im Text führen im Ernstfall zu großen Leistungsunterschieden:

Geht zum Beispiel aus den Vertragsbedingungen hervor, dass der Versicherer alle Hilfeleistungen wie Einkaufen oder Putzen auch bezahlt, oder steht in den Bedingungen, dass der Versicherer die Leistungen lediglich vermittelt? Das würde bedeuten, dass Sie die Kosten trotz Versicherung aus eigener Tasche übernehmen müssten.

Oder: Wie lange übernimmt der Versicherer die Kosten für die Hilfeleistungen? Mindestens sechs Monate sollten in den Bedingungen garantiert sein; bei Einschränkungen, dass sämtliche Leistungen oder zumindest pflegerische Dienste nur auf einige Wochen begrenzt sind, sollten Sie noch einmal überlegen, ob Sie den Vertrag wirklich abschließen wollen.

Wer sich vorher durch das Kleingedruckte kämpft, erspart sich den Ärger hinterher, wenn zu den körperlichen Schwächen nicht auch noch die Enttäuschung über fehlende Versicherungsleistungen die Genesung erschweren soll.

DIE FAMILIE
GUT ABSICHERN

Wie geht es meinem Partner und meinen Kindern, falls ich sterbe? Was ist, wenn unser Kind so schwer erkrankt, dass es nie einen Beruf ausüben kann? Wie sorgen wir dafür, dass das Geld für die Ausbildung der Kinder reicht? Sobald ein Lebensgefährte oder Ehepartner abzusichern ist und sobald Kinder zur Familie gehören, ändert sich der Versicherungsbedarf gewaltig. Vor allem eine Risikolebensversicherung sollte dann in keinem Haushalt fehlen.

PARTNER UND KINDER BRAUCHEN SCHUTZ

Über den Tod denkt niemand gerne nach. Doch spätestens wenn Sie Kinder haben, sollten Sie überlegen, was eigentlich passiert, falls Ihnen etwas passiert. Stirbt der Hauptverdiener der Familie, steht der verbleibende Partner auf einmal alleine da mit den Ausgaben für Miete oder Immobiliendarlehen, mit den Kosten für den alltäglichen Bedarf und mit der Aufgabe, bei aller Trauer auch den Lebensunterhalt für die Familie zu sichern. Die gesetzliche Rentenversicherung zahlt Ihrem Partner zwar eine Hinterbliebenenrente, sofern Sie verheiratet waren, doch die Leistungen reichen auf Dauer nicht, um den bisherigen Lebensstandard zu sichern. Hat ein Verstorbener Rentenansprüche erworben, beträgt die Witwen- oder Witwerrente höchstens 60 Prozent der Rente, die dem Verstorbenen

zugestanden hätte. Häufig ist der Anspruch aber noch deutlich niedriger. Ist zum Beispiel eine Frau beim Tod ihres Mannes noch keine 45 Jahre alt, hat sie keine Kinder und ist sie voll erwerbsfähig, stehen ihr nur 25 Prozent des Rentenanspruchs des verstorbenen Partners zu.

Kinder, die ein oder beide Elternteile verloren haben, können bis zur Vollendung des 18. Lebensjahres eine Waisenrente bekommen. Solange sie sich noch in der Ausbildung befinden, wird diese Rente maximal bis zum 27. Geburtstag gezahlt.

Die Rentenleistungen können eine Hilfe sein, um weiter zurechtzukommen, aber meistens reichen sie für die Familie nicht, gerade wenn der verbleibende Elternteil vorübergehend nur noch wenige Stunden arbeiten kann, um die Kinder zu betreuen.

Passender Schutz für Eltern und Kinder

Wenn Sie zum Schutz von Partner oder Kind bei einem privaten Versicherer eine Lebensversicherung abschließen wollen, sollten Sie darauf achten, welche Art von Vertrag Sie unterschreiben. Die Risikolebensversicherung bietet eine reine Todesfallabsicherung und ist die beste Lösung, um die Angehörigen zu schützen. Die Kapitallebensversicherung funktioniert anders: Sie kombiniert den Risikoschutz (Todesfallabsicherung) mit Sparen. Früher waren diese Versicherungen für viele Deutsche der Renner und auch steuerlich attraktiv, doch mittlerweile haben sie nicht nur den Steuervorteil, sondern auch hinsichtlich der Zinsen deutlich an Attraktivität verloren. (Mehr dazu ab Seite 138.)

Weiterer unverzichtbarer Schutz für die Familie ist die Berufsunfähigkeitsversicherung (ausführlich ab Seite 59), da so neben dem Versicherten selbst auch Partner und Kinder finanziell geschützt sind, sollte ein Einkommen, womöglich sogar das des Hauptverdieners der Familie, wegen Krankheit oder Unfall wegfallen.

Allein mit dem Schutz der Erwachsenen ist es in einer Familie aber nicht getan. Auch die Kinder brauchen Schutz – etwa für den Fall, dass sie invalide werden.

RISIKOLEBENSVERSICHERUNG: EIN MUSS FÜR FAMILIEN

Um die Angehörigen für den Ernstfall abzusichern, ist eine Risikolebensversicherung unbedingt zu empfehlen. Jeder, der andere zu versorgen hat, sollte diesen Vertrag abschließen. Das gilt zum einen für den Hauptverdiener der Familie, aber auch für Mütter oder Väter, die für die Kinderversorgung beruflich kürzertreten. Sterben sie, kann auch das zu einer kaum zu stemmenden finanziellen Belastung werden, denn der Hauptverdiener muss anschließend womöglich im Job zurückstecken, um die Betreuung der Kinder zu organisieren. Auch das kann ein riesiges Loch in das Familienbudget reißen.

Für diesen Fall können Sie mit nur wenigen Hundert Euro im Jahr vorsorgen.

Frühere Tarifvergleiche zeigen, dass ein Nichtraucher, Ende 20, schon für weniger als 200 Euro im Jahr den Risikoschutz mit einer Versicherungssumme von 150 000 Euro erhalten kann. Diese Summe zahlt der Versicherer im Todesfall aus. Frauen können sich bisher noch günstiger absichern, da ihre Lebenserwartung statistisch höher ist. Diese Beitragsunterschiede darf es ab dem 21. Dezember 2012 für Neuverträge aber nicht mehr geben.

Zwei Personen – egal, ob verheiratet oder nicht – können auch einen gemeinsamen Vertrag abschließen und sich so gegenseitig absichern. So ein gemeinsamer Vertrag in der Form „verbundene Leben" ist zwar etwas günstiger als zwei

Einzelverträge. Allerdings wird die Versicherungssumme nur ausgezahlt, wenn der erste Partner stirbt. Bevor Sie sich für eine solche Vertragsvariante entscheiden, sollten Sie bei anderen Versicherern Angebote einholen und prüfen, ob dort zwei getrennte Verträge günstiger sind als das vorliegende Verbundangebot.

Schutz hoch genug wählen

Die Versicherungssumme sollte in etwa das Vierfache Ihres Jahreseinkommens betragen. Ein solches Polster hilft der Familie erst einmal über die Runden. Wenn Sie zum Beispiel eine Versicherungssumme von 150 000 Euro vereinbaren und das Geld nach der Auszahlung sicher zu einem Zinssatz von 3 Prozent angelegt wird, reicht es aus, um neuneinhalb Jahre regelmäßig 1 500 Euro zu entnehmen. Diese Rechnung berücksichtigt keine steuerlichen Aspekte. Dennoch zeigt sie, dass die Auszahlung eine große Hilfe ist, um zumindest die finanzielle Lücke zu schließen.

Entscheiden Sie sich früh für eine Risikolebensversicherung, sollten Sie einen Vertrag mit Nachversicherungsgarantie wählen. Dann haben Sie die Möglichkeit, bei bestimmten Anlässen wie zum Beispiel bei der Geburt eines Kindes die Versicherungssumme zu erhöhen, ohne sich einer erneuten Gesundheitsprüfung zu unterziehen.

STECKBRIEF Risikolebensversicherung

Schutz: Der Versicherer zahlt eine vereinbarte Summe aus, sollte die versicherte Person sterben. Vertraglich ist festgelegt, wer diese Summe bekommt.

Bedarf: Eine Risikolebensversicherung sollten alle abschließen, die Angehörige absichern müssen.

Angebote: Der Versicherungsbeitrag richtet sich nach der vereinbarten Versicherungssumme, der Vertragslaufzeit sowie dem Alter und Gesundheitszustand der versicherten Person. Nichtraucher zahlen für den gleichen Schutz weniger als Raucher. Auch Beruf und Hobbys können die Höhe des Beitrags beeinflussen. In Zukunft darf es für Neuverträge keine Beitragsunterschiede zwischen Männern und Frauen mehr geben. Aktuelle Testergebnisse finden Sie unter www.test.de.

Beispiele für den Schutz: Der Versicherte stirbt bei einem Autounfall oder nach schwerer Krankheit.

Beispiele für Lücken im Schutz: Nimmt sich der Versicherte das Leben, zahlt der Versicherer nur, wenn der Vertragsabschluss mindestens drei Jahre zurückliegt. Der Versicherer zahlt nicht in voller Höhe, wenn sich nach dem Tod herausstellt, dass der Versicherte, der sich als Nichtraucher ausgegeben hatte, infolge einer durch Rauchen verursachten Erkrankung gestorben ist.

WER IST BEZUGSBERECHTIGT?

Das Geld aus einer Lebensversicherung bekommt, wer als Bezugsberechtigter im Vertrag genannt ist. Lassen Sie sich zum Beispiel scheiden und Ihre Exgattin bleibt als Bezugsberechtigte eingetragen, geht eine neue Partnerin leer aus, auch wenn Sie gar keinen Kontakt mehr zu Ihrer früheren Frau haben. Die neue Partnerin steht umso schlechter da, wenn Sie ohne Trau-schein zusammenleben. Denn dann hat sie zunächst einmal keinerlei Erbansprüche. Sie kann nur etwas erben, wenn Sie dies ausdrücklich in Ihrem Testament oder Erbvertrag regeln.

Alter und Gesundheitszustand bestimmen den Preis

Neben der vereinbarten Versicherungssumme beeinflussen die Laufzeit des Vertrags, das Alter und der Gesundheits-

---

TIPP **Erbschaftsteuer sparen**

Stirbt die versicherte Person, erhält der Bezugsberechtigte das Geld aus der Lebensversicherung. Für die ausgezahlte Summe kann allerdings Erbschaftsteuer fällig werden. Mit Steuern müssen vor allem Bezugsberechtigte rechnen, die mit dem Verstorbenen nicht verwandt waren und zum Beispiel in einer Partnerschaft ohne Trauschein mit ihm zusammengelebt haben.

Hohe Belastung: Wenn beispielsweise Hans Mayer als Versicherungsnehmer eine Lebensversicherung abschließt und auch die Beiträge für den Vertrag zahlt, der seiner Lebensgefährtin Christina Schneider im Falle seines Todes 120 000 Euro garantiert, müsste Frau Schneider Steuern zahlen. Für sie gilt bei Erbschaften ein Freibetrag von 20 000 Euro, für die restlichen 100 000 Euro aus der Versicherung werden immerhin 30 000 Euro Steuern fällig.

Beitragszahler: Umgehen könnten Herr Mayer und Frau Schneider die Steuer, wenn nicht er die Beiträge für die Versicherung überweist, sondern Frau Schneider sie übernimmt. Dies muss sie aber auch belegen können, etwa mit Hilfe ihrer Kontoauszüge.

Versicherungsnehmer: Eine zweite Möglichkeit wäre, dass Frau Schneider gleich Versicherungsnehmerin der Risikolebensversicherung wird. Herr Mayer bleibt aber die versicherte Person: Stirbt er, kann Frau Schneider als Versicherungsnehmerin die Summe aus der Versicherung steuerfrei erhalten.

Hochzeit: Wären Frau Schneider und Herr Mayer verheiratet, könnten sie sich diese Überlegungen häufig sparen: Für verheiratete Partner gilt bei Erbschaften ein Steuerfreibetrag von 500 000 Euro, sodass die Versicherungsleistung allein noch ohne steuerliche Folgen bliebe.

TIPP Angebote vergleichen

Neben Zigarettenkonsum achten die Versicherer auch auf weitere Risikofaktoren. So müssen Sie bei Übergewicht und erhöhten Blutfettwerten mit Risikozuschlägen auf den Beitrag rechnen. Auch bestimmte Hobbys und Sportarten treiben den Beitrag in die Höhe.

Fallschirmspringer, Taucher oder auch Motorradfahrer müssen bei vielen Anbietern damit rechnen, mehr für ihren Schutz zu bezahlen. Allerdings sind hier nicht alle Versicherer so streng, sodass es sich lohnen kann, mehrere Angebote zu vergleichen.

zustand der versicherten Person die Höhe des Beitrags. Je kürzer die Vertragslaufzeit und je jünger der Versicherte bei Abschluss ist, desto preiswerter kann er den Schutz bekommen.

Hinzu kommt, dass die Versicherer Gesundheitsfragen stellen, um ermitteln zu können, wie groß das Risiko ist, dass sie tatsächlich zahlen müssen. Diese Gesundheitsfragen sollten Sie unbedingt korrekt beantworten. Sonst kann es im Ernstfall passieren, dass das Versicherungsunternehmen sich weigert, aufgrund verschwiegener Vorerkrankungen die Versicherungssumme auszuzahlen. Haben Sie Vorerkrankungen, kann es aber sein, dass der Versicherer Risikozuschläge von Ihnen verlangt.

Auch Raucher müssen bei vielen Versicherern mehr zahlen, weil sie im Durchschnitt eine geringere Lebenserwartung haben. Für einen Kunden im Alter von Mitte 30 kann sich bei einer Versicherungssumme von 150 000 Euro ein Beitragsunterschied von über 200 Euro im Jahr ergeben. Als Nichtraucher gilt in der Regel,

wer in den letzten zwölf Monaten vor Vertragsabschluss überhaupt nicht geraucht hat.

Schummelt ein Raucher bei der Angabe und stirbt er später an einer Krankheit, die auf sein Rauchen zurückzuführen ist, zahlt der Versicherer den Hinterbliebenen höchstens die Versicherungssumme aus, die der Versicherte als Raucher mit den geleisteten Versicherungsbeiträgen hätte absichern können. Bei manchen Versicherern gehen die Angehörigen aufgrund der falschen Angaben sogar komplett leer aus.

VERSICHERER MUSS INFORMIEREN

Achten Sie darauf, ob der Versicherer im Antragsformular darauf hinweist, dass Sie Ihren Schutz verlieren, wenn Sie unwahre oder unvollständige Angaben machen. Versäumt ein Unternehmen diesen Hinweis, darf es Ihnen im Ernstfall nicht aufgrund fehlender oder falscher Angaben die Leistung verweigern.

VERSICHERUNGEN ZUM SCHUTZ DER KINDER

Sie können Ihre Angehörigen nicht nur für den Fall schützen, dass Ihnen selbst etwas zustößt. Es gibt auch zahlreiche Angebote, die direkt dem Schutz der Kinder dienen, zum Beispiel:

■ Kinderinvaliditätsversicherung
■ Kinderunfallversicherung
■ Ausbildungsversicherung und andere Verträge, die Sparen und Risikoschutz verbinden.

Wenn Sie Ihrem Kind oder Ihrem Enkel etwas Gutes tun wollen, greifen Sie nicht auf eine Ausbildungsversicherung zurück. Dabei handelt es sich meist um kapitalbildende Lebens- oder Rentenversicherungen, die Eltern und Großeltern abschließen können, um zum einen Geld für die Ausbildung der Kinder anzusparen und sie zum anderen für den Fall zu schützen, dass sie im Todesfall ohne die Hilfe der Eltern auskommen müssen. Günstiger ist es in aller Regel, wenn Sie eine Risikolebensversicherung für sich abschließen und separat sparen, etwa mit einem Fonds- oder Banksparplan.

Womöglich bekommen Sie für Ihr Kind auch das Angebot, eine Unfallversicherung mit Beitragsrückgewähr abzuschließen. Dann wird der Invaliditätsschutz ebenfalls mit einem Sparplan kombiniert. Bei all diesen Verträgen sollten Sie im Hinterkopf haben, dass mit dem Abschluss in der Regel hohe Ausgaben für Provision und Verwaltung verloren gehen.

Warum privater Schutz sinnvoll ist

Trotzdem gibt es private Versicherungsangebote, die zum Schutz der Kinder geeignet sind: Sie schließen die Lücke, die zum Beispiel die gesetzliche Unfallversicherung hinterlässt. Denn wie Erwachsene auch sind Kinder in vielen, aber längst nicht in allen Situationen des Alltags über diesen Zweig der gesetzlichen Sozialversicherung geschützt.

Die gute Nachricht: Auf dem Weg in den Kindergarten gilt der Schutz der gesetzlichen Unfallversicherung genauso wie im Kindergarten selbst oder auch während der normalen Schulzeit oder auf einem Schulausflug. Prallt ein Junge zum Beispiel im Sportunterricht mit einem anderen Schüler zusammen, kommt die gesetzliche Unfallversicherung für mögliche Folgen auf.

Aber: Die gesetzliche Unfallversicherung bietet keinen Schutz bei sämtlichen Aktivitäten zu Hause oder in der Freizeit. Spielen zwei Jungen nachmittags im Garten, stoßen dabei zusammen und verletzen sich, kommt sie für mögliche dauerhafte Folgen nicht auf. Wollen Eltern sich für so eine Situation wappnen, ist privater Versicherungsschutz notwendig.

Kinderinvaliditätsversicherung erste Wahl

Um die Lücke im Schutz der gesetzlichen Unfallversicherung zu schließen, ist die Kinderinvaliditätsversicherung erste Wahl.

Mit dieser Police sichern Sie sich eine finanzielle Leistung für den Fall, dass Ihr Kind schwerbehindert wird. Je nach Vertrag zahlt der Versicherer einen einmaligen Betrag, eine lebenslange Rente oder auch eine Kombination aus größerer Summe und Rente.

Dieses Geld kann dringend notwendig werden, wenn Sohn oder Tochter zum Beispiel infolge einer schweren Krankheit rund um die Uhr auf Hilfe angewiesen ist und ein Elternteil komplett aus dem Beruf aussteigen muss. Sie können zwar Geld aus der gesetzlichen Pflegeversicherung erhalten, wenn bei einem Kind eine Pflegestufe nachgewiesen wird, doch diese Leistungen reichen auf Dauer nicht, sodass eine ergänzende private Vorsorge sinnvoll ist. Das Geld kann auch notwendig sein, wenn etwa die Krankenkasse nicht alle Behandlungen zahlen will oder wenn eine Haushaltshilfe eingestellt werden muss, um sämtliche Aufgaben zu Hause erledigen zu können.

Bei der Kinderinvaliditätsversicherung spielt es keine Rolle, was die Ursache für die Invalidität war – ob zum Beispiel ein Fahrradunfall schuld war, eine Krebserkrankung oder auch eine angeborene Krankheit. Das zeichnet die Kinderinvaliditätsversicherung aus im Vergleich zur Kinderunfallversicherung, die nur für dauerhafte Gesundheitsschädigungen infolge eines Unfalls aufkommt (siehe Seite 81).

Denn in den allermeisten Fällen sind Krankheiten und nicht Unfälle Ursache für Schwerbehinderungen. Das haben in der Vergangenheit unter anderem auch Erhebungen des Statistischen Bundesamts bestätigt. Häufig führten angeborene Behin-

STECKBRIEF Kinderinvaliditätsversicherung

Schutz: Der Versicherer zahlt eine lebenslange Rente, einmalig eine größere Summe oder beides, wenn bei einem Kind eine Schwerbehinderung eintritt.

Bedarf: Die Versicherung ist sinnvoll, wenn Eltern oder Großeltern Kinder vor den finanziellen Folgen einer Behinderung schützen wollen.

Angebote: Für die Invaliditätsversicherung ist mit Beiträgen von etwa 350 bis 500 Euro im Jahr zu rechnen. Angebote, die lediglich eine einmalige größere Summe leisten, sind bereits für rund 200 Euro im Jahr zu bekommen.

Beispiele für den Schutz: Ein zehnjähriger Junge ist nach einer Erkrankung an Knochenkrebs auf Dauer auf Hilfe angewiesen. Ein Mädchen ist nach einem Unfall querschnittsgelähmt.

Beispiele für Lücken im Schutz: Viele Versicherer schließen zum Beispiel die Folgen von Persönlichkeits- und Verhaltensstörungen vom Versicherungsschutz aus. Auch bei Bewusstseinsstörungen etwa durch Alkohol zahlen sie nicht.

derungen oder Krankheiten dazu, dass die Kleinen invalide wurden – deutlich häufiger als etwa ein Sturz beim Spielen oder ein Verkehrsunfall.

Der Blick ins Kleingedruckte

Eine Zahlungsgarantie für jegliche Beeinträchtigung ist die Kinderinvaliditätsversicherung trotzdem nicht. Denn die Versicherer schränken ihren Schutz ein. Einige Anbieter arbeiten mit zahlreichen Leistungsausschlüssen, einige mit weniger. Allerdings müssen Sie bei fast allen Anbietern damit rechnen, dass sie Neurosen, Psychosen, Persönlichkeits- und Verhaltensstörungen vom Versicherungsschutz ausschließen. Das mindert den Wert des Schutzes, denn Statistiken belegen, dass Störungen der geistigen Entwicklung zu den häufigsten Ursachen für eine Schwer-

behinderung im Kinder- und Jugendalter gehören. Schwerbehinderungen infolge von Unfällen und Krankheiten, die zum Beispiel durch Drogen ausgelöst wurden, sind ebenfalls nicht abgedeckt.

Lebenslange Rente oder einmalige Zahlung?

Die Versicherer bieten den Eltern unterschiedliche Tarife an. Am sinnvollsten sind die Angebote, die eine lebenslange Rente garantieren, sollte das Kind im Laufe der Versicherungszeit, die meist bis zum 18. Lebensjahr dauert, schwerbehindert werden. Allerdings haben diese Tarife ihren Preis: Die besten Angebote, die eine lebenslange Rente von 1 000 Euro im Monat bieten, kosten zwischen 350 und 500 Euro im Jahr. Deutlich günstiger ist der Schutz, wenn die Versicherer im Fall

---

INFO **Angeborene Krankheit zählt mit**

Lange Zeit haben viele Versicherer Behinderungen infolge einer angeborenen Krankheit ebenfalls aus dem Versicherungsschutz ausgeschlossen. Eine solche Klausel ist allerdings heute nicht mehr

wirksam: Der Bundesgerichtshof hat klargestellt, dass der Versicherer zahlen muss, wenn Eltern bei Vertragsabschluss von einer angeborenen Krankheit nichts wussten (Az. IV ZR 252/06).

der Invalidität einmalig 100 000 Euro zahlen. Einen solchen Vertrag gibt es schon für rund 200 Euro im Jahr. Die größere Summe kann in der Anfangszeit wertvoll sein, um beispielsweise einen behindertengerechten Umbau zu finanzieren, eine Haushaltshilfe zu engagieren oder neue notwendige Einrichtungsgegenstände zu kaufen. Hochgerechnet aufs gesamte Leben des versicherten Kindes wird das Geld jedoch nach mehreren Jahren knapp. Besser als die Einmalzahlung ist es dann, wenn Versicherer im Ernstfall zunächst eine bestimmte Summe auszahlen und zusätzlich noch eine Rente überweisen.

Egal, welche Leistung vereinbart wurde: Die Familie bekommt in der Regel erst dann Geld vom Versicherer, wenn das Versorgungsamt oder ein Arzt dem Kind einen Grad der Behinderung (GdB) von 50 oder mehr bescheinigt hat.

Auch bei dieser Versicherung stellt der Versicherer vor Vertragsabschluss Gesundheitsfragen, auf die Sie möglichst genau antworten sollten. Je früher Sie den Vertrag abschließen, desto größer ist die Chance, einen Schutz ohne Risikozuschläge und Leistungsausschlüsse zu erhalten.

Kinderunfallversicherung zweite Wahl

Mit einem Jahresbeitrag von zum Teil unter 100 Euro ist die Kinderunfallversicherung deutlich günstiger als die Invaliditätsversicherung. Und die Werbung der Versicherer weiß mit den Sorgen der Eltern umzugehen: ein Autounfall, ein Sturz vom Baum,

Verletzungen beim Spielen und Herumtoben. All das scheint für den Abschluss einer Kinderunfallversicherung zu sprechen. Doch als Eltern sollten Sie bedenken, dass diese Police tatsächlich nur einen kleinen Teil des Invaliditätsrisikos abdeckt und keinen Rundumschutz bietet.

Eine Kinderinvaliditätsversicherung sollte daher erste Wahl sein. Können Sie sich diesen Schutz allerdings nicht leisten, können Sie mit der Unfallpolice zumindest ein Teilrisiko absichern.

Der Blick ins Kleingedruckte

Achten Sie darauf, dass Sie keinen Vertrag mit Beitragsrückgewähr abschließen. Ein solcher Vertrag beinhaltet, dass das Versicherungsunternehmen einen Teil der eingezahlten Beiträge zurückerstattet, sollte die Versicherung nicht in Anspruch genommen werden. Dieses Extra treibt den Preis für den Versicherungsschutz hoch. Besser ist es, stattdessen separat Geld zu sparen. Dann ist der Beitrag für den Invaliditätsschutz niedriger, und für den Abschluss etwa eines Banksparplans fallen keine weiteren Abschlussgebühren an.

 SCHUTZ ÜBER VERTRAG DER ELTERN?

Prüfen Sie vor Abschluss der Kinderunfallversicherung, ob Ihr Kind eventuell über Ihre eigene Unfallversicherung zumindest in der ersten Zeit nach der Geburt – zum Beispiel für ein Jahr – mitversichert ist. So lange können Sie sich auf jeden Fall zusätzlichen Unfallschutz sparen.

ZUHAUSE UND IM ALLTAG

Starkregen, Windhosen, Blitzschlag: Wenn das Wetter verrückt spielt, bedeutet das eine Gefahr für das eigene Haus und die Wohnung. Hausbesitzer kommen an der Wohngebäudeversicherung nicht vorbei. Auch eine Hausratversicherung kann sinnvoll sein. Die Verträge bieten unter anderem Schutz vor Feuer und Wetterkapriolen. Kommt es zum Streit mit Nachbar oder Vermieter, helfen sie aber nicht. Dann kann sich eine Rechtsschutzversicherung lohnen.

SICHERHEIT FÜR HAUSBESITZER UND MIETER

Für die eigenen vier Wände und die Wohnungseinrichtung gibt es keinen Schutz, der dem der gesetzlichen Sozialversicherung vergleichbar ist: Jeder Immobilienbesitzer und Mieter muss sich mit privaten Versicherungsverträgen selbst darum kümmern, dass etwa ein Sturm, Feuer oder Einbruch ihm nicht zum finanziellen Verhängnis werden.

Wenn Sie eine Immobilie erwerben, ist dies vermutlich die größte Investition, die Sie in Ihrem Leben tätigen. Wird diese zerstört oder schwer beschädigt, können Sie diesen Verlust ohne Versicherungsschutz schwer ersetzen.

Auch die Wohnungseinrichtung hat ihren Wert: Möbel, elektronische Geräte, Geschirr, CDs oder Bücher summieren sich schnell zu einigen Zehntausend Euro.

Für diese Einrichtungsgegenstände gilt ebenfalls, dass es ab einem bestimmten Wert kaum zu verkraften wäre, wenn sie durch Wetter oder andere einschneidende Ereignisse zerstört werden oder abhandenkommen. Deshalb ist privater Versicherungsschutz für den Hausrat ebenfalls sinnvoll, wenn Sie nicht aus eigenen finanziellen Mitteln für Ersatz sorgen können.

Einen Rundumschutz für alle unvorhergesehenen Ereignisse bieten diese beiden Verträge allein aber noch nicht. Gerade wenn zum Beispiel nach starken Regenfällen Flüsse über die Ufer treten und Keller volllaufen, sind Immobilienbesitzer zum Teil überrascht, dass sie den Schaden nicht von ihrer Wohngebäudeversicherung erstattet bekommen. Geld bekommen sie nur, wenn sie zusätzlich zu diesem Vertrag einen Elementarschadenschutz vereinbart haben.

Was manche angehenden Immobilienbesitzer auch unterschätzen: Ihr Hausprojekt ist bereits mit Risiken verbunden, sobald Sie mit dem ersten Spatenstich beginnen. Deshalb sollten Sie auch unbedingt darauf achten, schon während der Bauphase ausreichend versichert zu sein.

WOHNGEBÄUDEVERSICHERUNG: EIN MUSS

Ist in den Nachrichten von Unwetterwarnungen, möglichen Orkanböen und angekündigten Starkregenfällen die Rede, steigt bei vielen Hausbesitzern die Unruhe: Geht alles gut? Vom Wetter geht für Immobilieneigentümer immer eine besondere Gefahr aus: umknickende Bäume, die das Dach beschädigen können, herabfallende Dachpfannen, strapazierte Markisen und Antennenanlagen.

Hausbesitzer können sich gegen diese Ereignisse wappnen. Sie sollten unbedingt eine Wohngebäudeversicherung abschließen, mit der sie dafür sorgen, dass sie Schäden durch Sturm und Hagel nicht aus eigener Tasche zahlen müssen. Allerdings zahlt der Versicherer erst für Schäden, wenn mindestens Windstärke 8 gemessen wurde. Das entspricht einer Windgeschwindigkeit von mindestens 62 Kilometern pro Stunde.

Darüber, welche Windgeschwindigkeit zu einem bestimmten Termin galt, können Sie sich selbst beim Deutschen Wetterdienst informieren: telefonisch unter 069/80 62 29 12 oder per Mail unter klima.offenbach@dwd.de.

Wie wertvoll eine solche Versicherung ist, zeigt ein Blick auf die Statistik: Während die Wohngebäudeversicherer zum Beispiel in den Jahren 2008 und 2009 jeweils etwas mehr als 3,5 Milliarden Euro für Versicherungsschäden geleistet haben und in manchen anderen Jahren sogar weniger als 3 Milliarden Euro, zahlten sie im Jahr 2007, als unter anderem der Orkan Kyrill im Januar mit Windgeschwindigkeiten von zum Teil über 200 Kilometer pro Stunde über Deutschland fegte, mehr als 4,5 Milliarden Euro an Leistungen aus.

Das Haus dreifach schützen

Neben dem Wetter ist Feuer ein ernstzunehmendes Risiko für Immobilienbesitzer. Zerstört ein Brand die gesamte Immobilie oder zumindest einen Teil davon, kann leicht ein Schaden von einigen Hunderttausend Euro entstehen. Aus eigener Kraft wäre dieser finanzielle Verlust nicht zu stemmen. Deshalb ist eine Feuerversicherung absolut unverzichtbar. Wenn Sie ein Eigenheim über Kredit finanzieren, müssen Sie gegenüber den Gläubigern sowieso den passenden Versicherungsschutz vorweisen. Als Besitzer einer Eigentumswohnung schließen Sie gemeinsam mit den anderen Eigentümern einen Versicherungsschutz für das Gebäude ab.

Das dritte Risiko, gegen das sich Immobilienbesitzer absichern können, sind Leitungswasserschäden. Besonders wenn ein Haus schon älter und damit auch das Leitungssystem in die Jahre gekommen ist, kann dieser Versicherungsschutz sehr wertvoll werden. Platzt ein Rohr, ist es schnell passiert, dass die Wände durchnässen und das Wasser dauerhafte Schäden hinterlässt.

Gut dran sind diejenigen, die den Schaden zeitnah bemerken und den Haupthahn abdrehen können. Doch vielleicht bleibt der Wasserschaden über Tage oder Wochen unentdeckt? Dann kann sich das Wasser aus den Leitungen ungestört ausbreiten und Teile der Immobilie stark beschädigen.

Den Schutz gegen Sturm-, Feuer- und Leitungswasserschäden können Sie in einer gemeinsamen („verbundenen") Wohngebäudeversicherung abschließen. Sie können sich auch nur für einzelne Leistungen entscheiden. Auf den Schutz

STECKBRIEF Wohngebäudeversicherung

Schutz: Je nach Vertrag kommt der Versicherer für die finanziellen Folgen von Schäden durch Feuer, Leitungswasser, Sturm und Hagel auf.

Bedarf: Hauseigentümer sollten unbedingt eine Wohngebäudeversicherung abschließen. Sie benötigen den Schutz auch, wenn die Immobilie bereits abgezahlt ist und es keine Gläubiger mehr gibt, die ihn verlangen. Besitzer von Eigentumswohnungen schließen den Schutz mit den übrigen Eigentümern ab.

Angebote: Hausbesitzer müssen mit Beiträgen von einigen Hundert Euro im Jahr rechnen. Entscheidend sind unter anderem der Wert der Immobilie und der Wohnort. In der jüngsten Finanztest-Untersuchung schnitt der Versicherer Medien mit zwei Tarifen unabhängig vom Wohnort erfolgreich ab. Für Kunden aus Norddeutschland empfiehlt sich auch der Tarif Komfort plus der Neuendorfer.

Beispiele für den Schutz: Bei Sturm kracht ein schwerer Ast auf das Hausdach. Durch einen Kurzschluss bricht Feuer im Haus aus. Ein geplatztes Heizungsrohr durchnässt Küchen- und Kellerwände.

Beispiele für Lücken im Schutz: Der Versicherer zahlt erst bei Sturmschäden, die mindestens bei Windstärke 8 entstanden sind. Der Versicherer zahlt nicht, wenn Sie Ihren Pflichten nicht nachgekommen sind – wenn zum Beispiel bei Frost ein Rohr in einem unbenutzten Nebengebäude platzt, weil Sie die Wasseranlagen nicht abgesperrt und entleert hatten.

der Feuerversicherung sollten Sie nicht verzichten. Auch die Sturmversicherung sollten Sie haben. Der Schutz vor Leitungswasserschäden kann je nach Zustand des Hauses verzichtbar sein. Aber wenn Sie auf Nummer sicher gehen wollen, sind Sie mit dem Komplettpaket gut bedient.

Der Blick ins Kleingedruckte

Der Schutz der Wohngebäudeversicherung gilt für das im Versicherungsschein genannte Haus. Sollen Nebengebäude wie zum Beispiel eine Garage, eine alte Scheune auf dem Grundstück oder ein Gartenhaus mitversichert werden, müssen Sie dies in der Regel beim Versicherer mit angeben – sämtliche Gebäude müssen ausdrücklich auf der Versicherungspolice erwähnt werden.

Innerhalb des Hauses gilt der Versicherungsschutz für alle fest mit der Immobilie verbundenen Gegenstände wie zum Beispiel fest verklebte Teppichböden oder auch Parkett. Nicht unter den Schutz der Wohngebäudeversicherung fällt allerdings die Einbauküche: Wollen Hausbesitzer diese schützen, ist das nur über die Hausratversicherung möglich.

Versicherungssumme passt sich dem Wert der Immobilie an

Trotz Versicherungsschutz kann es im Ernstfall zum Streit mit dem Versicherer kommen: Er will womöglich nur einen Bruchteil des Schadens zahlen, da die Versicherungssumme für das Haus zu niedrig gewählt worden war.

Um diesen Streit zu verhindern, sollten Sie wenn möglich von Beginn an mit dem Versicherer zusammenarbeiten und mit ihm den Wert der Immobilie bestimmen. Denn wenn die Versicherungsgesellschaft mithilfe Ihrer Angaben den Wert des Hauses selbst ermittelt, kann sie sich im Schadensfall nicht gegen die Zahlung wehren mit dem Argument, Sie hätten den Versicherungswert zu niedrig kalkuliert.

Die Wohngebäudeversicherung ist eine gleitende Neuwertversicherung. Das bedeutet, dass es keine feste Leistungsobergrenze gibt. Die Summe, die der Versicherer im Schadensfall zahlt, wird ständig an den aktuellen Wert der Immobilie angepasst. Auf diese Weise ist sichergestellt, dass Sie bei einem Totalschaden so viel Geld bekommen, dass Sie Ihr Haus am gleichen Standort zu den aktuellen Preisen wieder aufbauen können.

Unbedingt Preise vergleichen

Holen Sie sich Angebote bei Wohnge-bäudeversicherern ein, werden Sie vielleicht überrascht sein, wie weit die Preise zum Teil auseinanderliegen. Untersuchungen der Stiftung Warentest haben in den vergangenen Jahren immer wieder gezeigt, dass Kunden für ein und dasselbe Haus bei manchem Versicherer durchaus 500 Euro pro Jahr mehr zahlen müssen als bei einem anderen Anbieter.

Ein Großteil der Versicherer bestimmt die Beiträge auf der Grundlage des „Versicherungswerts 1914". Das bedeutet, der Versicherer ermittelt, welche Baukosten im Jahr 1914 angefallen wären. Dann prüft er, wie sich die Baupreise bis heute ent-wickelt haben, und passt die Beiträge den Baupreisen an. Andere Anbieter ermitteln den Beitrag anders und bestimmen ihn anhand der Wohnfläche, Bauart und Ausstattung des Hauses.

Neben dem Wert der Immobilie beeinflussen weitere Faktoren den Versicherungsbeitrag. Sie sorgen dafür, dass zum Beispiel ein Hausbesitzer in einem küstennahen Dorf in Schleswig-Holstein deutlich mehr zahlen muss als ein Hausbesitzer für ein ähnliches Haus in der Nähe von Stuttgart. Grund dafür ist, dass die Versicherer Deutschland in verschiedene Beitragszonen einteilen. Ein Kriterium ist das Sturmrisiko, sodass im Norden ein eher höherer Beitrag fällig werden dürfte als im Süden.

CHECKLISTE Was der Wohngebäudeversicherer zahlt

Je nach Vertragsgestaltung kommen Wohngebäudeversicherer unter anderem für die folgenden Ausgaben auf:

- ☐ **Wiederaufbau:** Wurde das Haus völlig zerstört, ersetzt der Versicherer den aktuellen ortsüblichen Neubauwert. Voraussetzung ist allerdings, dass der Wiederaufbau innerhalb von drei Jahren veranlasst wird. Sonst bekommen Sie nur den Zeitwert.

- ☐ **Verlust:** Ist Gebäudezubehör zerstört worden oder abhandengekommen, ersetzt der Versicherer den Neuwert.

- ☐ **Schädigungen:** Wurden bestimmte Teile nur beschädigt, zahlt der Versicherer die Reparatur und dazu noch einen Ausgleich für die Wertminderung.

- ☐ **Die Spuren beseitigen:** Der Versicherer übernimmt die Kosten für das Aufräumen einer Schadensstelle und für den Abtransport von Schadensresten.

- ☐ **Miete:** Können Sie vorübergehend Ihre Wohnung nicht nutzen, zahlt der Versicherer die Miete für eine Alternativunterkunft für bis zu 12 Monate.

- ☐ **Mietausfall:** Können Sie Wohnungen in Ihrem Haus nach einem Schaden nicht vermieten, übernimmt der Versicherer den Mietausfall für bis zu 12 Monate.

Hinzu kommt außerdem die Einteilung in unterschiedliche Leitungswasserzonen. Bewohner einer Region mit härterem Leitungswasser zahlen mehr als in einer Region mit weicherem Wasser. Die Gefahr, dass es bei härterem Wasser zu Schäden an den Rohren kommt, ist größer.

Einschnitte bei der Leistung möglich

Allerdings sind längst nicht alle Schäden versichert, die auf den ersten Blick nach einem Fall für die Wohngebäudeversicherung aussehen. Brennt das Haus infolge von Brandstiftung, die nicht von Ihnen ausging, oder infolge eines Kurzschlusses ab, zahlt der Versicherer. Er zahlt allerdings nicht für Schäden, die durch Hitze ohne Feuer entstehen, zum Beispiel Verformungen an Kunststoffteilen. Auch wenn beispielsweise ein Gast mit der Zigarette nicht aufpasst und die Zigarettenglut die wertvolle Holztreppe beschädigt, kommt die Wohngebäudeversicherung nicht dafür auf. Je nach Tarif kann es sein, dass auch Kaminbrände aus dem Versicherungsschutz ausgeschlossen sind. Doch häufig können diese mitversichert werden.

Auch die Folgen eines Blitzschlages sind nicht immer ein Fall für die Wohngebäudeversicherung. Wird eine mit dem Haus verbundene Antennenanlage direkt durch einen Blitzschlag zerstört, zahlt der Wohngebäudeversicherer. Er zahlt auch, wenn ein vom Blitz getroffener Baum umstürzt und den Balkon zerstört. Er zahlt allerdings nicht automatisch, falls es an elektronischen Bauteilen zu Überspannungsschäden kommt, wenn der Blitz in die Leitung eingeschlagen hat.

Vorsatz und Fahrlässigkeit

Der Wohngebäudeversicherer kommt nicht für Schäden auf, die Sie vorsätzlich herbeigeführt haben. Haben Sie grob fahrlässig gehandelt und zum Beispiel trotz brennender Kerze das Haus verlassen, haben Sie dennoch die Chance, etwas Geld aus der Versicherung zu bekommen. Die frühere Regelung, nach der der Versicherer die Leistung bei grober Fahrlässigkeit nach dem „Alles-oder-nichts-Prinzip" automatisch komplett streichen konnte, gibt es seit der Reform des Versicherungsvertragsgesetzes nicht mehr. Leistungskürzungen müssten Sie aber hinnehmen.

Pflichten beachten

Kommt es zum Streit mit dem Versicherer über die Kostenübernahme, müssen im letzten Schritt häufig die Gerichte entscheiden. Ein Anlass für die Auseinandersetzung kann sein, dass der Versicherer die Zahlung verweigert, weil der Kunde seine Pflichten, die sogenannten Obliegenheiten, verletzt habe. Sie müssen sicherstellen, dass die versicherten Sachen – vor allem wasserführende Anlagen und Einrichtungen, Dächer und außen angebrachte Gegenstände – stets in einem ordnungsgemäßen Zustand bleiben. Schäden und Mängel, die im Laufe der Zeit auftreten, müssen Sie unverzüglich beseitigen.

Werden Gebäude oder Gebäudeteile nicht mehr genutzt, müssen Sie trotzdem regelmäßig kontrollieren, ob alles in Ordnung ist. Liegen dort ungenutzte Wasserleitungen, haben Sie dafür zu sorgen, dass die Anlagen abgesperrt und entleert sind, damit nicht etwa bei Frost die Leitungen einfrieren und die Rohre platzen.

Verändern Sie Ihre Immobilie und reißen beispielsweise im Zuge von Umbauarbeiten Innenwände weg, müssen Sie den Versicherer auch über diese „gefahrenerhöhenden Umstände" informieren.

Was bei der Kündigung zu beachten ist

Auch wenn eine Immobilie eine Investition über viele Jahre ist, sind Hausbesitzer nicht für die gesamte Zeit verpflichtet, das Haus über denselben Versicherer zu schützen. Selbst einen Versicherungsvertrag mit einer Laufzeit von mehr als drei Jahren können Sie heute nach drei Jahren kündigen. Das sollten Sie aber erst tun, wenn Sie den Versicherungsschein eines neuen Anbieters in der Tasche haben. Nicht, dass Sie plötzlich ohne Schutz dastehen.

Das müssen Sie im Schadensfall tun

Pflichten müssen Sie nicht nur erfüllen, um einen Schaden zu vermeiden, sondern auch, wenn es bereits zu einem Versicherungsfall gekommen ist. Sonst kann der Versicherer die Leistung anteilig kürzen. Deshalb hier die wichtigsten Schritte, die nach einem Schaden an Haus oder Hausrat (siehe auch Seite 92) im Ernstfall auf Sie zukommen:

☐ **Schaden mindern:** Tun Sie alles, um den Schaden so gering wie möglich zu halten. Ist etwa ein Rohr geplatzt, sollten Sie möglichst schnell den entsprechenden Hahn abdrehen, sodass das Wasser keine weiteren Spuren hinterlässt. Wurden Ihnen als Hausratversichertem Kredit- und Bankkarte gestohlen, lassen Sie sie sofort sperren.

☐ **Melden:** Sie müssen den Versicherer unverzüglich informieren, sobald Sie von dem Schaden erfahren. Die Polizei müssen Sie informieren, wenn es zu Schäden durch strafbare Handlungen wie Brandstiftung oder Einbruchdiebstahl gekommen ist.

☐ **Anweisungen des Versicherers:** Fragen Sie den Versicherer, wie Sie weiter vorgehen sollen, und befolgen Sie auch dessen Anweisungen, um den Schaden zu mindern. Verändern Sie nichts, wenn die Versicherung die Schadensstelle noch nicht freigegeben hat. Lassen sich Veränderungen nicht vermeiden, zum Beispiel um den Schaden zu mindern, machen Sie wenn möglich Fotos, um das Ausmaß dokumentieren zu können.

☐ **Versicherer unterstützen:** Geben Sie so gut es geht Auskunft auf die Fragen des Versicherers und legen Sie die von der Gesellschaft angeforderten Belege und Inventarlisten vor.

Solange das Haus noch nicht abbezahlt ist, werden die Gläubiger der Kündigung des bestehenden Vertrags nur zustimmen, wenn Sie den neuen Schutz belegen können.

Aufpassen müssen Sie auch, wenn Sie eine bestehende Immobilie erwerben. Sie übernehmen dann den Versicherungsschutz mit, den der Vorbesitzer für das Haus abgeschlossen hatte. Der neue Vertrag geht aber erst auf Sie über, sobald Sie tatsächlich im Grundbuch als Eigentümer eingetragen sind.

Das kann unter Umständen zu einem Problem werden: wenn nicht geklärt ist, wer den nächsten Versicherungsbeitrag, der womöglich in der Zeit zwischen Kauf und Grundbucheintrag fällig wird, übernimmt. Das sollten Käufer und Verkäufer klären, um zu vermeiden, dass wegen ausgefallener Beiträge der Versicherungsschutz verloren geht.

Wenn der Käufer den Versicherungsvertrag übernommen hat, hat er in den vier Wochen nach Grundbucheintrag die Möglichkeit, den Versicherungsschutz mit einer Kündigungsfrist von drei Monaten zu wechseln.

SELBST UM BEITRÄGE KÜMMERN

Gehen Sie sicher und lassen Sie sich beim Kauf eines Hauses vom Verkäufer die Versicherungspolice und die letzte Beitragsrechnung mit Zahlungsbeleg geben, sodass Sie wissen, wann der nächste Beitrag ansteht. Vereinbaren Sie, dass Sie ihn zahlen, falls er vor der Überschreibung der Immobilie fällig wird. Sagen Sie auch dem Versicherer Bescheid.

PROBLEME AM BAU: SCHUTZ FÜR BAUHERREN

Versicherungsschutz für eine Immobilie ist nicht erst notwendig, wenn das Haus fix und fertig dasteht: Wer sich den Traum vom Eigenheim erfüllen will und neu bauen lässt, muss sich schon vor dem ersten Spatenstich um den passenden Versicherungsschutz kümmern. Hier einige der wichtigsten Verträge:

Restschuldversicherung: Für den Bau der Immobilie werden viele Bauherren einen hohen Kredit aufnehmen müssen. Sterben Sie, ehe die Schulden getilgt sind, kann das für die Angehörigen zu einer finanziellen Herausforderung werden. Dann können womöglich die Raten für den Kredit nicht mehr gezahlt werden. Damit die

Familie in so einem Fall nicht das Haus verliert, ist eine Restschuldversicherung unbedingt zu empfehlen. Sie übernimmt die ausstehende Kreditsumme, wenn die versicherte Person stirbt. Die Versicherungssumme sinkt im Laufe der Jahre, da auch die Kreditsumme im Laufe der Zeit sinkt.

 ### LEBENSVERSICHERUNG AUFSTOCKEN?

Um den Kredit abzusichern, besteht vielleicht auch die Möglichkeit, eine bestehende Risikolebensversicherung aufzustocken. In dem Fall sollten Sie allerdings darauf achten, ob der Rahmen der Nachversicherung zur Absicherung des Kredits ausreicht. Wenn nicht, ist die zusätzliche Restschuldversicherung häufig doch angebracht.

Bauherrenhaftpflicht: Beim Sturm löst sich das Baugerüst, und Teile fallen auf ein parkendes Auto. Oder: Spielende Kinder toben gegen Abend an der Baustelle herum und stürzen an einer schlecht beleuchteten Stelle über herumliegendes Material. In solchen Fällen haften Sie als Bauherr für den Schaden. Sie haften für alle Schäden, die anderen Personen im Zusammenhang mit dem Bau der Immobilie entstehen. Deshalb sollten Sie unbedingt eine Bauherrenhaftpflichtversicherung abschließen. Die Privathaftpflichtversicherung reicht für derart große Bauprojekte wie den Neubau einer Immobilie nicht mehr aus (siehe auch Seite 27).

Bauleistungsversicherung: Der Rohbau des Hauses steht, doch cann kommt unerwartet ein Orkan und macht die Arbeit der letzten Wochen zunichte: Mithilfe der Bauleistungsversicherung können Sie sich zum Beispiel vor den Folgen ungewöhnlicher Witterungseinflüsse schützen. Der Versicherer springt aber nicht nur ein, wenn etwa ein Sturm eine Wand eindrückt, sondern zum Beispiel auch, wenn Fremde die gerade angebrachten Fensterbänke abbrechen oder andere Teile am im Bau befindlichen Haus mutwillig beschädigen. Über die Bauleistungsversicherung sind alle Bauleistungen, Bauteile und Baustoffe für den Roh-, Aus- oder Umbau des Gebäudes, das im Versicherungsschein genannt ist, gegen unvorhersehbare Schäden versichert. Auch der Schutz gegen Diebstahl von fest eingebautem Material kann versichert werden.

Feuerversicherung für den Rohbau: Das Haus ist noch nicht komplett fertiggestellt, als es plötzlich auf unerklärliche Weise Feuer fängt. Für diesen Ernstfall sollten Sie eine Feuerversicherung abschließen, auch die Kreditgeber werden den Nachweis verlangen. Diesen Schutz für den Rohbau können Sie bekommen, wenn Sie frühzeitig eine Wohngebäudeversicherung abschließen, da diese Verträge in der Regel auch den Feuerschutz für den Rohbau mit einschließen.

Bauhelfer-Unfallversicherung: Helfen Freunde und Bekannte auf dem Bau mit, müssen Sie diese Helfer bei der Berufsgenossenschaft anmelden.

HAUSRATVERSICHERUNG: FÜR EIN WOHNLICHES ZUHAUSE

Während die Wohngebäudeversicherung nur etwas für Eigenheimbesitzer ist, sprechen die Versicherungsunternehmen mit der Hausratversicherung auch Mieter an. Offenbar mit Erfolg: In Deutschland sind im Jahr 2010 rund 2,7 Milliarden Euro in den Schutz der Einrichtung geflossen, mehr als drei Viertel der Haushalte haben eine Hausratversicherung. Damit ist sie eine der beliebtesten Versicherungen überhaupt. Sie ist weiter verbreitet als etwa die Privathaftpflichtversicherung oder die Rechtsschutzversicherung.

In vielen Situationen ist die Hausratversicherung sinnvoll, aber längst nicht in allen: Studenten, die ein kleines WG-Zimmer bewohnen, benötigen den Versicherungsschutz zum Beispiel meistens

STECKBRIEF Hausratversicherung

Schutz: Der Versicherer erstattet Schäden an der Wohnungseinrichtung, die zum Beispiel durch Sturm, Leitungswasser, Feuer oder Einbruchdiebstahl entstanden sind. Er ersetzt beschädigte, zerstörte oder abhandengekommene Einrichtungsgegenstände.

Bedarf: Der Schutz ist sinnvoll, wenn Sie eine hochwertige Wohnungseinrichtung haben. Er empfiehlt sich auch, wenn Sie den möglichen Verlust der Einrichtung finanziell nicht aus eigenen Mitteln ausgleichen können.

Angebote: Wie viel Sie für den Schutz Ihrer Einrichtung zahlen, richtet sich nach deren Wert, nach dem Wohnort und Extraleistungen. Für Familien, die Fahrräder mitversichern wollen, ermittelte Finanztest im Frühjahr 2012 als günstige Angebote Tarife bei Docura, BarvariaDirekt, Grundeigentümer, Huk24 und LBN.

Beispiele für den Schutz: Ein in der Wohnung ausgebrochenes Feuer zerstört die gesamte Wohnungseinrichtung. Aus der Spülmaschine tritt Wasser aus, das die Küchenmöbel beschädigt. Während Sie im Büro sind, bricht ein Dieb in die Wohnung ein und stiehlt Notebook, Fotoapparat und iPod.

Beispiele für Lücken im Schutz: Da der Versicherer für Schäden durch „bestimmungswidrig austretendes Leitungswasser" aufkommt, zahlt er zum Beispiel nicht, wenn der Putzeimer umfällt und das dreckige Wasser den hellen Teppich verschmutzt. Er zahlt auch nicht, wenn der Kunde seine Pflichten verletzt hat und zum Beispiel das Dachfenster nicht geschlossen hat, sodass es hereinregnen kann. Je nach Tarif zahlen die Versicherer zudem nicht, wenn ein mitversichertes Fahrrad draußen stand und in der Zeit zwischen 22 und 6 Uhr gestohlen wurde.

nicht. Ein Grund: Ihr Hausrat ist noch nicht so wertvoll. Außerdem sind sie unter Umständen sogar noch über ihre Eltern geschützt. Wer nur vorübergehend außerhalb wohnt, aber eigentlich noch seinen Lebensmittelpunkt bei den Eltern hat, kann häufig über deren Police mit abgesichert werden (mehr dazu ab Seite 144).

Sobald die Einrichtungsgegenstände einen bestimmten Wert erreicht haben, ist die Hausratversicherung aber sinnvoll. Sie tritt ein bei Schäden durch Feuer, Leitungswasser, Blitzschlag, Explosion, Einbruchdiebstahl, Raub, Vandalismus oder Sturm. Deckt zum Beispiel ein Sturm das Dach des Hauses ab und beschädigt der eindringende Regen sämtliche Möbel im Wohnzimmer, kommt der Versicherer für den Schaden auf. Entweder übernimmt er die Reparaturkosten zuzüglich eines Ausgleichs für eine mögliche Wertminderung der Gegenstände. Oder er ersetzt ihren Neuwert (Wiederbeschaffungswert), sollten sie komplett zerstört sein.

Versichert sind sämtliche beweglichen Einrichtungsgegenstände. Dazu zählen zum Beispiel Möbel, Gardinen, Bücher, CDs und technische Geräte. Die Liste lässt sich problemlos fortsetzen. Versichert sind alle Gegenstände in der Wohnung, die die Haushaltsmitglieder ge- oder verbrauchen. Dazu zählen auch lose liegende Teppiche, während fest mit dem Gebäude verbundene Fuß- und Teppichböden außen vor bleiben und über die Wohngebäudeversicherung geschützt werden.

Haben Sie Untermieter, ist deren Hausrat nicht über Ihre Hausratversicherung abgesichert. Hingegen zählen diese Gegenstände zum versicherten Hausrat:

■ Wertsachen wie zum Beispiel Bargeld, Urkunden und Schmuck. Bei diesen Wertgegenständen begrenzen die Versicherer allerdings die Entschädigungssummen. Es sei denn, sie sind in sicheren Behältnissen wie etwa einem Tresor aufbewahrt, dann gilt der Schutz unbegrenzt.

■ Arbeitsgeräte und Einrichtungsgegenstände, die Sie noch beruflich nutzen, zum Beispiel Werkzeug oder Computer.

■ Spiel- und Sportgeräte: Kanus, Ruder- und Schlauchboote, genauso wie Spielfahrzeuge der Kinder. Für Fahrräder gelten besondere Regeln (siehe Seite 97).

■ Privat genutzte Antennenanlagen und Markisen: Reißt ein Sturm zum Beispiel die Satellitenanlage vom Balkon, kommt die Hausratversicherung dafür auf.

Garten und Terrasse

Der Schutz der Hausratversicherung gilt nicht nur im direkten Wohnbereich, sondern beispielsweise auch auf Balkon und Terrasse sowie in selbst genutzten Nebengebäuden und Garagen. Je nach Tarif zahlen manche Versicherer zum Beispiel auch, wenn die Gartenstühle von der Terrasse gestohlen werden oder die Wäsche von der Leine. Räume, die ausschließlich beruflich genutzt werden, fallen unter Umständen allerdings aus dem Schutz der

Versicherung heraus. Hier sollten sich zum Beispiel Selbstständige bei ihrem Versicherer erkundigen, wenn sie von zu Hause aus in einem rein beruflich genutzten Arbeitszimmer arbeiten, ob die Möbel und Geräte dort mitversichert sind oder nicht.

Außerhalb Ihrer Wohnung endet der Versicherungsschutz nicht unbedingt. Ziehen Sie in eine neue Wohnung um, gilt für eine Übergangszeit von zwei Monaten der Versicherungsschutz sowohl für die alte

CHECKLISTE: Welche Kosten der Hausratversicherer übernimmt

- ☐ Den Neuwert/Wiederbeschaffungswert komplett zerstörter oder verschwundener Güter.

- ☐ Die Reparaturkosten plus einen Ausgleich für eine mögliche Wertminderung beschädigter Gegenstände.

- ☐ Einen finanziellen Ausgleich für den Schönheitsschaden an einem Gegenstand, dessen Gebrauchsfähigkeit nicht beeinträchtigt und dessen weitere Nutzung zumutbar ist.

- ☐ Die Mehrwertsteuer, allerdings nur dann, wenn der Versicherte sich den Gegenstand neu anschafft und die Steuer bezahlt.

- ☐ Kosten für das Aufräumen der Wohnung und für den Abtransport der zerstörten Gegenstände.

- ☐ Ausgaben für den Einbau neuer Schlösser, wenn bei einem Einbruch Schlüssel gestohlen wurden.

- ☐ Kosten für die Bewachung der Wohnung, wenn sie nicht anders gesichert werden kann.

- ☐ Die Reparaturen an Bodenbelägen, Anstrichen und Tapeten nach einem Leitungswasserschaden.

- ☐ Ausgaben für den Transport und die Lagerung von Hausrat, wenn die Wohnung unbenutzbar wurde.

- ☐ Reparaturen von Gebäudeschäden nach Einbruch oder Vandalismus.

- ☐ Je nach Tarif kann es auch sein, dass der Versicherer zum Beispiel für Hotelkosten aufkommt, wenn die Wohnung vorübergehend nicht bewohnbar ist.

- ☐ Oder auch für Rückreisekosten, wenn während des Auslandsaufenthalts die Wohnung daheim ausgeraubt wurde und ein erheblicher Schaden von mehreren Tausend Euro entstanden ist.

- ☐ Vom Versicherungsschutz ausgeschlossen sind allerdings die Ausgaben, die für den Einsatz von Polizei und Feuerwehr auf den Versicherten zukommen können.

als auch für die neue Wohnung. Und auch während des Sommerurlaubs ist die Hausratversicherung mit im Gepäck, denn der Schutz gilt auch, wenn Sie sich vorübergehend etwa im Ausland aufhalten: Brechen Diebe in das abgeschlossene Hotelzimmer ein oder werden Sie auf offener Straße ausgeraubt, können Sie den Schaden Ihrer Hausratversicherung melden.

 SCHUTZ AUCH AUF URLAUBSREISEN

Der Schutz für „vorübergehende" Auslandsaufenthalte gilt in der Regel für maximal drei Monate. Der Hausratversicherer zahlt für die Folgen von Raub oder Einbruchdiebstahl allerdings nur, wenn Sie die Polizei informiert haben und der Schaden dort dokumentiert wurde.

Die Preisfaktoren

Auch bei der Hausratversicherung gehen die Preise zum Teil deutlich auseinander. Wie hoch die Kosten für die Versicherung sind, hängt vor allem von zwei Faktoren ab: dem Wohnort und dem Wert des Hausrats. Der Wohnort interessiert die Versicherer, da sie auch für die Folgen von Einbruchdiebstahl zahlen und anhand des Wohnorts das Einbruchsrisiko ermitteln. Je höher das Risiko eines Einbruchs ist, desto höher ist auch der Versicherungsbeitrag. Die Unternehmen unterscheiden üblicherweise vier bis sechs Risikoregionen, denen sie Städte und Gemeinden zuordnen. Je nach Anbieter können es aber auch weniger Regionen sein. In einem

Dorf oder einer Kleinstadt ist die Chance größer, einen günstigen Schutz zu bekommen, als in einer Großstadt.

Schwieriger als die Angabe des Wohnorts ist der zweite Beitragsfaktor zu bestimmen – der Wert der eigenen Einrichtung. Er wird gerne unterschätzt, denn zum Hausrat gehören neben Möbeln und Teppichen und anderen Großgegenständen auch sämtliche kleinen Gegenstände, die für sich nicht den entscheidenden Wert haben, aber in der Summe wertvoll werden – angefangen bei Büchern, Bildern, Geschirr und allem, was zum Alltag dazugehört. Und nicht zu vergessen: Auch Kleidung gehört zum Hausrat. Wer jeden Tag im Anzug ins Büro geht, wird allein für seine Kleidung einige Tausend Euro ausgegeben haben. Entscheidend ist der Neuwert aller Gegenstände.

Wenn Sie den Wert Ihres Hausrats schätzen, sollten Sie sich Zeit nehmen und möglichst genau sein, denn sonst besteht die Gefahr einer Unterversicherung. Diese kann im Schadensfall teuer werden:

Beispiel: Christian und Svenja ziehen in ihre erste gemeinsame Wohnung. Sie schätzen, dass sie zusammen einen Hausrat im Wert von 40 000 Euro haben. Diesen Wert geben sie auch bei der Versicherungsgesellschaft an. Als der Schlauch ihrer Waschmaschine platzt und sie den Schrank und die Teppiche in ihrem angrenzenden Schlafzimmer ersetzt haben möchten, will die Versicherung den Schaden nicht komplett übernehmen. Nach ihrer Einschätzung hat der Hausrat einen

Wert von etwa 60 000 Euro. Da nur zwei Drittel des Hausrats versichert waren, übernimmt der Versicherer auch nur zwei Drittel des Schadens.

Unterversicherungsverzicht als Alternative?

Dass die Kunden wie im Beispiel auf einem Teil der Kosten sitzen bleiben, muss nicht passieren: Versicherte haben Möglichkeiten, eine Unterversicherung zu vermeiden. Die etwas aufwendigere Variante ist, sich die Mühe zu machen, den Wert des Hausrats ganz genau zu schätzen und gegebenenfalls an veränderte Lebensumstände anzupassen. Dabei hilft es, Belege über Neuanschaffungen zu sammeln. Eine Hilfe ist außerdem, die Einrichtungsgegenstände in Listen einzutragen und so einen Überblick zu behalten. Wer versucht, den Hausrat zu schätzen, sollte von Zimmer zu Zimmer gehen und alles addieren. Spätestens wenn es zu einem Schadensfall kommt, werden Sie sowieso nicht um diese Arbeit herumkommen.

Diese Mühe will sich allerdings auch nicht jeder machen. Einfacher ist es, einen Vertrag mit Unterversicherungsverzicht zu unterzeichnen: Bei so einem Vertrag verzichtet der Versicherer auf den Einwand der Unterversicherung. Dafür müssen die Kunden dann pro Quadratmeter Wohnfläche eine bestimmte Versicherungssumme abschließen, in der Regel 650 Euro.

Diese pauschale Abrechnung kann gut hinkommen. Doch es kann auch sein, dass die Kunden für ihren Schutz dann viel zu viel bezahlen: Angenommen, ein älteres Ehepaar lebt in einer 100 Quadratmeter großen Wohnung. Dann müsste es nach dieser Rechnung auf jeden Fall eine Versicherungssumme von 65 000 Euro angeben (650 Euro mal 100 Quadratmeter). Hat das Paar aber auf wertvolle Möbel und eine hochwertige technische Ausstattung verzichtet, kann diese Versicherungssumme deutlich zu hoch und der Schutz damit deutlich zu teuer sein, sodass die genaue Schätzung Vorteile hätte.

**WERT REGELMÄSSIG
ÜBERPRÜFEN**

Auch wenn Sie sich für den Unterversicherungsverzicht entscheiden: Behalten Sie im Auge, welche Werte Sie besitzen. Wenn Sie zum Beispiel in eine kleinere Wohnung umziehen und Möbel abgeben, zahlen Sie womöglich einiges zu viel für Ihren Versicherungsschutz. Nehmen Sie sich die Zeit, sich einen Überblick zu verschaffen. Sollte es zu einem Schaden kommen, werden Sie sowieso nicht umhinkommen, diese Arbeit zu machen. Wenn Sie dann schon auf Inventarlisten zurückgreifen können, sparen Sie sich eine Menge Mühe.

Fahrrad und Blitzschlag absichern

Je nach Vertrag kann auch der Diebstahl eines Fahrrads ein Fall für die Hausratversicherung sein. Dieser Schutz ist nicht automatisch in jedem Hausrattarif enthalten. Und wenn er integriert ist, ist er womöglich nicht hoch genug.

Häufig bieten die Versicherer die Möglichkeit, Fahrräder zum Beispiel mit 1 oder 2 Prozent der Versicherungssumme gegen Diebstahl zu schützen. Bei einer Versicherungssumme von 50 000 Euro wären das bis zu 1000 Euro. Reicht dieser Satz nicht aus, weil beide Elternteile zum Beispiel Räder im Wert von 700 Euro haben und auch die Fahrräder der drei fast erwachsenen Kinder jeweils 400 Euro gekostet haben, sollten die Versicherten einen höheren Prozentsatz wählen, um bei Diebstahl vollen Ersatz zu bekommen.

Der Blick ins Kleingedruckte

Hundertprozentige Sicherheit bietet der Schutz gegen Fahrraddiebstahl über die Hausratversicherung allerdings nicht immer: Denn mehrere Versicherer zahlen nicht, wenn das Fahrrad nachts zwischen 22 Uhr und 6 Uhr morgens gestohlen wurde, wenn es nicht während des Gebrauchs oder aus einem verschlossenen Kellerraum oder aus der verschlossenen Wohnung gestohlen wurde.

Bei anderen Anbietern spielt es hingegen keine Rolle, ob das Rad über Nacht in einem verschlossenen Raum gestanden hat oder nicht. Voraussetzung für die Zahlung ist aber bei allen, dass das Fahrrad mit einem eigenständigen Schloss gesichert war.

 **KEINE ZUSÄTZLICHE
FAHRRADVERSICHERUNG**

Wenn Sie ein neues Fahrrad kaufen, bietet Ihnen der Händler womöglich gleich eine Fahrradversicherung mit an, die Sie vor den Folgen eines Diebstahls schützen soll. Diesen Schutz können Sie sich sparen, wenn Sie eine Hausratversicherung haben und hier Ihr Fahrrad mit absichern können. Wollen Sie trotzdem eine separate Fahrradversicherung, achten Sie unbedingt darauf, unter welchen Bedingungen der Versicherer überhaupt zahlt.

Teurer Blitzschlag

Eine weitere Leistung, die je nach Versicherungstarif unterschiedlich ausfallen kann, ist der Schutz vor Überspannungs-

schäden. Grundsätzlich sind über die Hausratversicherung Schäden durch Blitzschlag versichert. Das gilt jedoch nur für solche Schäden, die entstehen, wenn der Blitz direkt ins Haus einschlägt und somit die Musikanlage oder den Computer lahmlegt.

Größer ist jedoch das Risiko, dass der Blitz in die Überlandleitungen einschlägt und infolgedessen die technischen Geräte beschädigt werden. Selbst wenn der Blitz einige Hundert Meter entfernt einschlägt, können gefährliche Spannungsspitzen bis zum Endgerät im Wohn- oder Arbeitszimmer gelangen und die Geräte außer Betrieb setzen.

Solche Überspannungsschäden sind in den teuren Tarifen der Versicherungsunternehmen enthalten. Sonst zahlen die Versicherer nur, wenn der Schutz zusätzlich mit vereinbart wurde. Das ist zum Beispiel in der Form möglich, dass Überspannungsschäden in Höhe von 10 Prozent der gesamten Versicherungssumme eingeschlossen werden.

Ob dieser Schutz auf Dauer reicht? Ein neuer Computer für den Sohn, das Notebook der Ehefrau, die Playstation und die teure Musikanlage für die gesamte Fami-

lie: Der Gesamtwert der technischen Geräte wächst mit jeder Anschaffung. Das sollten Sie im Auge behalten und den Überspannungsschutz gegebenenfalls erhöhen.

Versicherer ersetzt den Neuwert

Legt der Blitz tatsächlich die Playstation lahm oder sind die Teppiche nach dem Wasserschaden unbenutzbar geworden, ersetzt die Hausratversicherung den Neuwert der Gegenstände. Das ist nicht bei jeder Versicherung so, denn beispielsweise die private Haftpflichtversicherung ersetzt nur den Zeitwert. Diesen Unterschied sollten Sie im Hinterkopf behalten, denn er kann sich im Schadensfall bezahlbar machen wie etwa in der folgenden Situation:

Beispiel: In der Nachbarwohnung von Familie Berger hat es gebrannt. Das Feuer hat sich zwar nur bis ins Treppenhaus ausgebreitet, doch trotzdem stinkt es auch bei den Bergers. Ruß und Löschwasser haben auch in ihrem Flur Spuren hinterlassen. Der Teppich und die Kommode sind hin, und auch die Tapeten können so nicht bleiben. Familie Berger ärgert sich zwar über den Dreck und den Schaden, doch letztlich sind sie froh, dass nicht mehr passiert ist – und die Haftpflichtversicherung der Nachbarn, die den Herd aus den Augen gelassen hatten, wird ja für den Schaden zahlen.

Das stimmt zwar, doch wenn sich die Bergers darauf verlassen, verschenken sie unter Umständen Geld. Denn die Haftpflichtversicherung der Nachbarsfamilie wird ihnen den Schaden nur zum Zeitwert ersetzen. Den Wiederbeschaffungswert bekommen die Bergers hingegen erstattet, wenn sie ihren eigenen Hausratversicherer informieren.

Der Versicherer wird den Bergers den Wiederbeschaffungswert ersetzen. Sind Gegenstände weiterhin nutzbar, weisen aber durch das Feuer Schönheitsfehler auf, bekommen sie dafür eine Entschädigung. Im zweiten Schritt wird sich der Versicherer das Geld von der Nachbarsfamilie be-

ziehungsweise von deren Haftpflichtversicherung zurückholen. Hält Familie Berger ihren Versicherer ganz aus der Geschichte heraus, bekäme sie nur den Zeitwert der beschädigten Gegenstände erstattet. Je nach Ausmaß des Schadens kann das mehrere Hundert Euro ausmachen.

 MEHRERE VERSICHERER INFORMIEREN

Platzt in der Nachbarwohnung der Waschmaschinenschlauch oder bricht dort Feuer aus, kann das auch ein Fall für die Wohngebäudeversicherung sein – wenn etwa auch Parkettböden beschädigt werden oder die Jalousie-Kästen mit Wasser volllaufen. Informieren Sie in so einer Situation auch die Wohngebäudeversicherung, wenn Sie als Wohnungseigentümer eine haben, oder sagen Sie Ihrem Vermieter Bescheid.

ALLES UNTER WASSER: ELEMENTARSCHADENSCHUTZ

Die vorgestellten Versicherungen für Wohngebäude und Hausrat haben häufig einen Haken, den viele Versicherte übersehen: Sie zahlen nicht für die Folgen von wetterbedingten Überschwemmungen. Tritt ein Fluss über die Ufer oder läuft nach Starkregen der Keller voll, übernimmt der Wohngebäudeversicherer in der Regel nicht die Kosten für das Abpumpen des Wassers, und er zahlt auch nicht für Schäden am Haus. Auch der Hausratversicherer kommt

nicht auf, wenn durch das Wasser zum Beispiel im Keller gelagerte Koffer beschädigt werden.

Gegen die Folgen von Naturgewalten wie Überschwemmung, Lawinen und Erdrutsch konnten Sie sich bisher meist nur schützen, wenn Sie zusätzlich zu Wohngebäude- und Hausratversicherung eine Elementarschadenzusatzversicherung abschließen. Der Gesamtverband der Deutschen Versicherungswirtschaft (GDV) hat

aber Anfang 2011 neue, für die Versicherer unverbindliche Musterbedingungen für die Wohngebäudeversicherung aufgestellt, wonach die Absicherung gegen Naturgefahren direkt in den Schutz der Wohngebäudeversicherung integriert ist.

Wenn die Versicherungsunternehmen ihre Bedingungen danach ausrichten, kann es sein, dass Sie für Ihr neues Haus auch gleich ein Komplettangebot inklusive Hochwasserschutz bekommen. Wollen Sie dann den Schutz vor Elementarschäden nicht, können Sie darauf verzichten, müssen ihn als Teil der Wohngebäudeversicherung aber ausdrücklich abwählen.

Häufig sinnvoller Schutz

Alle Jahre wiederkehrende Medienberichte über Hochwasser und Überschwemmungen bestätigen, dass der Elementarschadenschutz sinnvoll sein kann. Allerdings – und das ist gerade für die hart getroffenen Anlieger an einem Fluss der große Nachteil: Diejenigen, die den Schutz am dringendsten benötigen, bekommen ihn womöglich gar nicht. Denn die Versicherer ermitteln, wie hoch das Risiko ist, im Schadensfall zahlen zu müssen. Die Höhe des Risikos entscheidet nicht nur über den Preis, sondern auch darüber, obdem Interessenten überhaupt Versicherungsschutz erteilt wird.

Die Versicherer haben ein „Zonierungssystem für Überschwemmung, Rückstau und Starkregen" (ZÜRS) entwickelt. Sie gehen von folgendem Hochwasserrisiko aus:
- Gefährdungsklasse I: statistisch seltener als einmal alle 200 Jahre ein Hochwasser.
- Gefährdungsklasse II: statistisch einmal in 50 bis 200 Jahren ein Hochwasser.
- Gefährdungsklasse III: statistisch einmal in 10 bis 50 Jahren ein Hochwasser.
- Gefährdungsklasse IV: statistisch einmal in 10 Jahren ein Hochwasser.

Jedes Gebäude wird einer dieser vier Zonen zugeteilt. Am günstigsten ist der Elementarschadenschutz für Hausbesitzer, die Zone I oder II zugeordnet werden. Auch in Zone III können die Immobilienbesitzer sich noch gegen Elementarschäden versichern, doch sie müssen dafür in der Regel deutlich mehr zahlen.

Wer Zone IV zugeordnet wird, erhält dagegen keinen Schutz, obwohl er ihn am nötigsten hätte. Es kann auch passieren, dass der Versicherer Sie aufgrund eines erhöhten Risikos im Lauf der Zeit schlechter einstuft und Ihnen womöglich die Absicherung gegen Naturgefahren kündigt.

Wenn Sie den Versicherungsschutz für Elementarschäden bekommen können, sollten Sie darauf achten, dass Sie alle Vorgaben des Versicherers erfüllen und dass auch Schäden durch Rückstau im Schutz integriert sind. Rückstau entsteht, wenn Starkregen die Kanalisation überlastet oder sich Wasser auf der Oberfläche des Geländes sammelt, sodass die Keller überflutet werden. Es kann sein, dass der Versicherer in seinen Vertragsbedingungen vorgibt, dass eine Rückstauklappe eingebaut sein muss. Wenn Sie diese Vorgabe nicht erfüllen, gehen Sie leer aus, wenn die Kanalisation überlastet ist und dann Ihr Keller überflutet wird.

IHR GUTES RECHT DURCHSETZEN: RECHTSSCHUTZVERSICHERUNG

Der Vermieter will seinen Mietern beim Auszug nur einen Bruchteil der Kaution erstatten. Sie hätten im Bad Kacheln beschädigt, und auch die Risse im Waschbecken gingen auf ihre Kosten. Die Mieter sehen es anders – ihre Vormieter hätten bereits diese Spuren hinterlassen: All das sei doch auch beim Einzug besprochen worden. Leider haben sie das aber nicht schriftlich.

Hilfreich ist es in solch einer Situation, wenn sich die Mieter Rat von einem Mietrechtsexperten holen, zum Beispiel über den Mieterverein oder von einem Rechtsanwalt, der sich mit Mietrecht gut auskennt. Wer zum Anwalt geht, bekommt dessen Leistung nicht umsonst. Zahlen müssen die Mieter etwa für die Beratung sowie für die Korrespondenz des Juristen mit dem Vermieter beziehungsweise dessen Rechtsanwalt. Sollte es letztlich sogar zu einer gerichtlichen Auseinandersetzung kommen, bleibt es nicht bei Ausgaben von einigen Hundert Euro.

Auf den Ausgaben für Anwalt und eventuellen Prozesskosten müssen Mieter nicht sitzen bleiben, wenn sie eine Rechtsschutzversicherung inklusive Mietrecht abgeschlossen haben.

Die Rechtsschutzversicherer bieten Schutz für einzelne Lebensbereiche wie Miete, Arbeit oder Straßenverkehr an.

Oder sie bieten gleich Komplettpakete an, die den Schutz für die verschiedenen Lebensbereiche in einer Police bündeln. Überlegen Sie sich vor Abschluss des Komplettpakets, ob Sie wirklich alle eingeschlossenen Leistungen benötigen oder ob Ihnen der Schutz für bestimmte Lebensbereiche wie etwa Verkehrs- und Mietrechtsschutz reicht.

Achten Sie außerdem darauf, welchen Schutz Sie schon auf anderen Wegen haben – zum Beispiel durch die Mitgliedschaft in einer Gewerkschaft oder im Mieterverein.

Sinnvoll – aber nicht zwingend

Eine Rechtsschutzversicherung bringt Sicherheit und macht somit häufig Mut, sich gegen eine vermeintliche Ungerechtigkeit auch zu wehren. Sehr zu empfehlen ist der Abschluss einer Verkehrsrechtsschutzversicherung für alle, die am Straßenverkehr teilnehmen. Gerade bei Unfällen kann es schnell zu Streitigkeiten über hohe Summen kommen, vor allem dann, wenn Menschen verletzt werden. Egal wer die Schuld an einem Unfall trägt: Hinterher sitzt der Schock häufig erst einmal tief, sodass es eine große Hilfe sein

STECKBRIEF   Rechtsschutzversicherung

Schutz: Kommt es zu einem Rechtsstreit, der unter den Schutz der Versicherung fällt, übernimmt der Versicherer Anwalts- und Gerichtsgebühren sowie die Entschädigungen von Sachverständigen und Zeugen.

Bedarf: Der Schutz kann sich in verschiedenen Situationen auszahlen. Sehr zu empfehlen ist der Verkehrsrechtsschutz für alle Teilnehmer am Straßenverkehr.

Angebote: Die Höhe der Beiträge richtet sich nach dem Umfang der vereinbarten Leistungen. In der Finanztest-Untersuchung Anfang 2012 waren die besten Angebote für die Kombination aus Privat-, Berufs-, Verkehrs- und Mietrechtsschutz DAS Premium, HDI Direkt Rundum Sorglos und HDI Gerling Rundum Sorglos mit Preisen zwischen etwa 340 und 400 Euro im Jahr.

Beispiele für den Schutz: Nach einem Unfall streitet sich das Opfer mit der gegnerischen Kfz-Versicherung über die Höhe des Schadenersatzes und schaltet einen Anwalt ein. Der Versicherte hat Probleme mit seinem Vermieter, der Nebenkosten falsch abgerechnet hat. Oder er will nach Jobverlust um seine Stelle kämpfen.

Beispiele für Lücken im Schutz: Die Kosten für Rechtsstreitigkeiten von mehreren über eine Police geschützten Versicherten untereinander übernimmt die Versicherung nicht. Kosten bei Familienstreitigkeiten etwa ums Erbe werden meist gar nicht oder nur begrenzt übernommen. Außen vor sind strafrechtliche Auseinandersetzungen, wenn der Versicherte diese vorsätzlich herbeigeführt hat.

kann, wenn sich ein Rechtsanwalt um alles Weitere kümmert – zum Beispiel um die Auseinandersetzung mit der gegnerischen Versicherung oder um mögliche Forderungen auf Schmerzensgeld. Selbst wenn sich herausstellen sollte, dass der Versicherte Schuld an dem Unfall hatte, zahlt die Verkehrsrechtsschutzversicherung für die Unterstützung durch den Anwalt. Es sei denn, die Klage hat von Beginn an keine Aussicht auf Erfolg.

Ob sich der Abschluss einer Rechtsschutzversicherung für die anderen Lebensbereiche wie Privat-, Arbeits- oder Mietrechtsschutz lohnt, hängt stark von den persönlichen Lebensumständen ab. Im Vergleich zu anderen Verträgen wie etwa der Privathaftpflichtversicherung ist die Rechtsschutzversicherung aber nicht so dringend notwendig – zumal sie nicht den absoluten Rundumschutz bietet, den viele Kunden vielleicht erwarten. Die Rechtsschutzversicherer begrenzen zum Beispiel den Privatrechtsschutz bei Familien-, Partner- oder Erbrechtsproblemen: Sie kommen meist nur für eine Erstberatung beim Anwalt auf, und auch nur wenn tatsächlich beispielsweise ein aktueller Erbfall vorliegt.

Schlechte Karten haben häufig auch Rechtsschutzversicherte, die sich mit ihrer Bank über schlechte Beratung in der Geldanlage streiten. Sie müssen die Kosten oft selbst zahlen, oder zumindest einen Teil davon.

Das bietet die Rechtsschutzversicherung

Aus den Vertragsbedingungen geht hervor, in welchen Bereichen der Versicherer bis zu welcher Grenze einspringt. Hier gibt es Unterschiede je nach Anbieter.

Ist eine rechtliche Auseinandersetzung abgesichert, kommt der Versicherer für Anwalts- und Gerichtsgebühren auf sowie für die Entschädigungen von Sachverständigen und Zeugen. Aber: Deutet sich an, dass es zu einer Auseinandersetzung kommen wird, für die Sie anwaltlichen Rat benötigen werden, ist es für den Abschluss einer Rechtsschutzversicherung in der Regel schon zu spät:

Beispiel: Anja Kreuzer erhält am Montagmorgen die Kündigung durch ihren Arbeitgeber. Montagnachmittag geht sie zu einem Rechtsanwalt, um sich Rat für das weitere Vorgehen zu holen. Schließt sie nun noch eine Rechtsschutzversicherung

INFO Welche Absicherung mit Rechtsschutz möglich ist

Die Versicherer regeln jeweils in ihren Vertragsbedingungen, wann sie für Rechtsberatung und Rechtsstreitigkeiten aufkommen, zum Beispiel:

Vertrags- und Sachenrecht: Gibt es Streit um Verträge – etwa um die schlechte Qualität einer gelieferten Ware –, kommt der Versicherer für die Anwaltskosten auf. Ausgeschlossen sind jedoch sämtliche Vertragsauseinandersetzungen, die rund um den Bau oder Kauf einer Immobilie anfallen.

Sozialrecht: Streiten Sie mit der Krankenkasse über eine Leistung oder auch mit der Pflegekasse über die Einstufung in eine Pflegestufe, greift der Sozialrechtsschutz. Viele Versicherer zahlen aber erst, wenn es zu einem Gerichtsverfahren kommt. Die Anwaltskosten, die für die vorgerichtliche Auseinandersetzung anfallen, übernehmen sie meistens nicht.

Schadenersatz: Der Versicherer zahlt, wenn Sie Schadenersatz erstreiten wollen. Dazu kann es beispielsweise nach einem Unfall kommen, den Sie nicht verschuldet haben. Umgekehrt springt der Rechtsschutzversicherer allerdings nicht ein, wenn Sie Ansprüche eines Unfallgegners abwehren wollen. In dem Fall ist Ihre Haftpflicht- oder Kfz-Haftpflichtversicherung zuständig, unberechtigte Forderungen abzuwehren.

Streit mit der Verkehrsbehörde: Der Rechtsschutzversicherer zahlt, wenn Sie sich mit den Verkehrsbehörden auseinandersetzen müssen – zum Beispiel, wenn es um den Einzug des Führerscheins geht. Der Schutz gilt oft aber noch nicht, bevor es zu einer gerichtlichen Auseinandersetzung kommt.

Kapitalanlagerecht: Hier hilft den Versicherten häufig auch die Rechtsschutzversicherung nicht. Wollen Sie sich gegen eine Falschberatung bei der Bank mithilfe eines Anwalts wehren, müssen Sie die Kosten dafür oft aus eigener Tasche zahlen, oder zumindest einen Teil davon.

Steuerrecht: Auch wenn Sie Ärger mit dem Finanzamt haben und sich für die Auseinandersetzung einen Anwalt nehmen, kann es teuer werden. Die meisten Versicherer beschränken den Rechtsschutz bei Steuerärger auf Streitigkeiten vor Gericht. Für außergerichtliche Auseinandersetzungen mit dem Finanzamt kommen nur wenige auf.

Wohnungs- und Grundstücksrecht: Als Mieter sind Sie auf der sicheren Seite, wenn Sie Ihren Privatrechtsschutz um Mietrechtschutz ergänzt haben. Dann zahlt der Versicherer, wenn Sie zum Beispiel mit dem Vermieter über Nebenkosten oder Schönheitsreparaturen streiten. Hausbesitzer haben mit der passenden Police unter anderem Unterstützung in der Auseinandersetzung mit einem Nachbarn.

ab, bringt diese ihr für ihr aktuelles Problem keine Hilfe mehr. Je nach Rechtsgebiet setzen die Versicherer häufig eine Wartezeit von zum Beispiel drei Monaten voraus.

Der Versicherer kommt dann nur für die Kosten der Auseinandersetzung nach Ablauf dieser Frist auf. Über die Wartezeiten sollten sich Kunden vor Abschluss unbedingt informieren, wenn ihnen im Hinblick auf künftige Streitigkeiten Rechtsschutz wichtig ist.

Der Blick ins Kleingedruckte

Zu Problemen kann es auch kommen, wenn Sie den Schutz der Versicherung zu häufig in Anspruch nehmen. Oftmals ist in den Vertragsbedingungen ein außerordentliches Kündigungsrecht des Versicherers vereinbart. Er kann dann zum Beispiel nach zwei Fällen innerhalb von zwölf Monaten den Vertrag kündigen. Hier lohnt ein Blick in die Vertragsbedingungen.

Kommen Sie in diese Situation und ist Ihnen Rechtsschutz wichtig, sollten Sie versuchen, den bisherigen Vertrag selbst zu kündigen und zu einem anderen Versicherer zu wechseln. Wenn Sie eine Kündigung von Ihrem alten Versicherer erhalten, kann es sein, dass Sie keinen neuen Versicherer finden, der Sie aufnimmt. Denn die Versicherer wollen vor dem Vertragsabschluss wissen, wer den alten Vertrag gekündigt hat. Schwindeln lohnt sich in der Situation nicht: Kommt heraus, dass Sie falsche Angaben gemacht haben, verlieren Sie Ihren Versicherungsschutz.

Gelingt es Ihnen, lückenlos zu einem neuen Versicherer zu wechseln, kommt in der Regel keine neue Wartezeit auf Sie zu.

TIPP **Was tun bei drohender Kündigung**

Um bessere Chancen bei einem anderen Versicherer zu haben, kann es sich lohnen, dass Sie selbst bei Ihrem bisherigen Anbieter kündigen, wenn sich abzeichnet, dass dieser Sie aus dem Vertrag werfen könnte. Sie haben das Recht, Ihren Vertrag ordentlich zum Ablauf der Vertragslaufzeit zu kündigen oder außerordentlich nach einer Beitragserhöhung oder nachdem Sie Leistungen des Versicherers in Anspruch genommen haben. Haben Sie Schwierigkeiten, eine neue Rechtsschutzversicherung zu bekommen, können Sie Ihre Chancen womöglich verbessern, wenn Sie sich bereit erklären, einen Selbstbehalt von zum Beispiel 150 Euro zu zahlen.

Der Selbstbehalt hat Vorteile: Sie sparen Beiträge. Und Sie legen sich eine Art Selbstschutz auf, denn wenn Sie für jeden Versicherungsfall erst einmal 150 Euro zahlen müssen, werden Sie den Versicherer nicht wegen jeder Kleinigkeit in Anspruch nehmen. So riskieren Sie auch nicht, den Vertrag womöglich gekündigt zu bekommen.

UNTERWEGS IMMER SICHER

Egal, ob Arbeitsweg, Sommerurlaub oder Wochenendvergnügen: Wer mit dem Auto unterwegs ist oder mit der Familie in die Sonne fliegt, muss sich absichern. Eine Kfz-Haftpflichtversicherung ist für alle Fahrzeughalter gesetzlich vorgeschrieben. Dringend zu empfehlen ist außerdem der Krankenversicherungsschutz für Auslandsreisen. Aber Vorsicht: Sie brauchen längst nicht alles, was man Ihnen für unterwegs anbietet.

IM AUTO UND AUF REISEN

Im Jahr 2010 hat die Polizei in Deutschland rund 2,4 Millionen Verkehrsunfälle aufgenommen. In mehr als 2 Millionen Fällen blieb es bei Sachschäden, doch immerhin bei etwa 288 000 Unfällen im Straßenverkehr wurden auch Menschen verletzt, rund 3 600 starben dabei.

Jeder Fahrzeughalter ist gesetzlich verpflichtet, eine Kfz-Haftpflichtversicherung abzuschließen. Eine neue Stoßstange am Wagen eines anderen Fahrers lässt sich zwar noch aus eigener Tasche bezahlen. Doch was, wenn Sie einen anderen Verkehrsteilnehmer so schwer verletzen, dass dieser monatelang im Krankenhaus behandelt werden muss und anschließend nur noch eingeschränkt arbeiten kann? Auch dann haften Sie für den gesamten Schaden.

Während der Abschluss einer Kfz-Haftpflichtversicherung zum Schutz anderer verpflichtend ist, gibt es andere Verträge rund ums Auto, die kein Muss sind, die aber doch sehr sinnvoll sein können, zum Beispiel der Vollkaskoschutz für einen Neuwagen. Bestimmte Versicherungen können sich Fahrzeughalter hingegen gleich sparen wie etwa die Insassenunfallversicherung (siehe Seite 16).

Für die Reise vorsorgen

Auch für Reisen gilt: Es gibt einen Schutz, den Sie unbedingt haben sollten – den Krankenversicherungsschutz für Auslandsreisen. Wenn Sie in einer gesetzlichen Krankenkasse versichert sind, sollten Sie dafür eine private Auslandsreise-Krankenversicherung abschließen. Ohne diesen

Zusatzvertrag besteht die Gefahr, dass Sie auf Behandlungskosten im Ausland entweder zum Teil oder sogar komplett sitzen bleiben, denn die Krankenkasse zahlt sie nur unter bestimmten Voraussetzungen. Für einen Krankenrücktransport nach Deutschland kommt sie gar nicht auf, auch dann nicht, wenn er notwendig ist.

Wenn Sie privat krankenversichert sind, sollten Sie prüfen, unter welchen Voraussetzungen dieser Schutz auch im Ausland gilt und ob der Versicherer die Ausgaben für einen Krankenrücktransport in die Heimat übernimmt.

Es gibt aber durchaus Versicherungen, die rund um den Urlaub angeboten werden, auf die Sie ganz ohne Probleme verzichten können. Dazu gehört beispielsweise die Reisegepäckversicherung (siehe Seite 16).

VERSICHERUNGSSCHUTZ FÜRS AUTO

Auf die gesetzlich vorgeschriebene Haftpflichtversicherung für Fahrzeughalter haben wir schon hingewiesen. Die durchschnittliche Schadenshöhe in der Kfz-Haftpflichtversicherung liegt nach Angaben des Gesamtverbandes der Deutschen Versicherungswirtschaft bei rund 3 400 Euro je Schaden. Doch die Ansprüche eines Unfallopfers können natürlich weit darüber hinausgehen. Deshalb hat der Gesetzgeber auch bestimmte Mindestdeckungen vorgegeben, die die Haftpflichtversicherer bieten müssen. Vorgeschrieben ist eine Mindestdeckung von 7,5 Millionen Euro für Personenschäden, 1 Million Euro für Sachschäden sowie 50 000 Euro für Vermögensschäden.

Über diese Mindestsummen gehen die Versicherer allerdings in der Regel deutlich hinaus. In ihren Tarifen bieten sie Deckungssummen von häufig 100 Millionen Euro oder zumindest 50 Millionen Euro für Sachschäden. Die Deckungssummen für Personenschäden liegen oft bei 8, 10 oder 12 Millionen Euro.

Bei sehr alten Autos reicht es häufig aus, nur eine Kfz-Haftpflichtversicherung abzuschließen. Gerade bei einem neuen oder noch relativ jungen Auto sollten die Fahrzeughalter aber für eine zusätzliche Absicherung sorgen. Für Neuwagen ist unbedingt eine Vollkaskoversicherung zu empfehlen. Denn der Haftpflichtversicherer kommt nur für die Schäden anderer auf, nicht für selbstverursachte Schäden am eigenen Wagen: Nimmt ein Fahrer Haftpflicht- oder Vollkaskoversicherung in Anspruch, muss er hinnehmen, dass er unter Umständen anschließend mehr für seinen Versicherungsschutz zahlen muss, da er einen Teil seines Schadenfreiheitsrabatts verliert und in eine andere Schadenfreiheitsklasse zurückgestuft wird. (Mehr zu Preisberechnungen ab Seite 111.)

Im Vollkaskoschutz sind neben den Folgen eines selbstverschuldeten Unfalls auch Schäden durch Vandalismus mit versichert. Mit diesen beiden Leistungen unterscheidet sich der Vollkaskoschutz von der Teilkaskoversicherung. Zusätzlich enthält der Vollkaskoschutz sämtliche Leistungen, die auch die Teilkaskoabsicherung bietet. Egal, welchen Kaskoschutz Sie wählen: Der Versicherer zahlt bei Diebstahl sowie für Unfälle mit Haarwild oder je nach Tarif auch anderen Tieren, für Schäden durch Brand oder Glasbruch sowie für wetterbedingte Schäden.

Hinterlässt Hagel Spuren im Lack oder fällt beispielsweise bei Sturm ein Ast auf den Wagen, zahlt die Teilkaskoversicherung. Bei Sturm zahlt sie nur, wenn min-

STECKBRIEF Autoversicherung

Schutz: Die Kfz-Haftpflichtversicherung zahlt für alle Schäden, die Sie oder die mitversicherten Fahrer durch den Gebrauch des Fahrzeugs bei anderen verursachen. Schließen Sie zusätzlich eine Vollkaskoversicherung ab, sind zudem unter anderem Schäden, die Sie selbst an Ihrem Fahrzeug verursachen, sowie Schäden durch Vandalismus versichert. Vollkaskokunden haben außerdem immer auch Teilkaskoschutz, zum Beispiel bei Diebstahl.

Bedarf: Die Haftpflichtversicherung ist Pflicht für jeden Fahrzeughalter. Ob und welcher Kaskoschutz sich lohnt, richtet sich nach Alter und Wert des Fahrzeugs.

Angebote: Der Beitrag hängt von vielen Faktoren wie dem Alter des Fahrers, Fahrzeugtyp und den schadensfreien Jahren ab. Ende 2011 hat Finanztest die Tarife von ADAC (Eco), AdmiralDirekt, DA Deutsche Allgemeine, deutsche internet und Direct Line als besonders günstig ermittelt.

Beispiele für den Schutz: Sie haben einem anderen Fahrzeug die Vorfahrt genommen. Ihr Haftpflichtversicherer übernimmt dann unter anderem die Reparaturkosten für das gegnerische Fahrzeug sowie Schmerzensgeld für den Fahrer. Auch für einen Leihwagen des Mannes kommt er auf sowie für die Behandlungskosten für Ihre Beifahrerin. Die Schäden an Ihrem eigenen Fahrzeug zahlt Ihre Vollkaskoversicherung. Wird das Auto gestohlen, ersetzt der Kaskoversicherer (Teil- oder Vollkasko) den Schaden – je nach Tarif vielleicht den Neuwert, ansonsten den Zeitwert.

Beispiele für Lücken im Schutz: Die Kfz-Haftpflichtversicherung zahlt nicht für die Unfallfolgen, die Sie selbst erleiden, wenn Sie einen Unfall verursachen. Je nach Tarif kann es sein, dass der Kaskoversicherer bestimmte Länder etwa in Osteuropa aus dem Diebstahlschutz ausschließt. Je nach Tarif sind im Kaskoschutz oft nur Zusammenstöße mit Haarwild versichert, nicht mit anderen Tieren.

destens Windstärke 8 gemessen wurde. Das entspricht einer Windgeschwindigkeit von mindestens 62 Kilometer pro Stunde. Bei niedrigeren Windgeschwindigkeiten käme nur eine Vollkaskoversicherung auf.

Wie lange versichern?
Für welches Auto genügt eine Haftpflichtversicherung? Wie lange sollte ein Autobesitzer Vollkaskoschutz behalten? Reicht Teilkasko auch? Genaue Richtwerte, welcher Schutz wie lange sinnvoll ist, gibt es nicht. Das hängt auch von Ihrem individuellen Sicherheitsbedürfnis ab. Grob lässt sich sagen, dass ein Fahrzeug zumindest in den ersten drei Jahren nach Erstzulassung vollkaskoversichert sein sollte und nach etwa zehn Jahren selbst der Teilkaskoschutz nicht mehr unbedingt nötig ist.

Doch ein für alle Fahrzeuge und ihre Halter geltender Wert ist das nicht. Wenn Sie zum Beispiel bei einem sechs Jahre alten Auto merken, ein selbstverursachter Schaden wäre eine finanzielle Katastrophe, halten Sie besser noch am Vollkaskoschutz fest.

RUND UMS AUTO: WELCHE VERSICHERUNG ZAHLT WAS?

Art der Versicherung	Leistungen	Wie lange zu empfehlen?
Kfz-Haftpflichtversicherung	Der Versicherer übernimmt die Schadenersatzzahlungen an die Unfallopfer und kommt für Personen-, Sach- und Vermögensschäden auf.	Pflichtprogramm unabhängig vom Alter des Wagens.
Teilkaskoversicherung	Der Versicherer zahlt für Schäden durch Brand, Explosion, Diebstahl, Raub, Elementarereignisse wie Sturm, Hagel und Überschwemmungen sowie durch Haarwild. Er kommt auch für Glasschäden auf, zum Beispiel wenn die Windschutzscheibe nach einem Steinschlag einen Riss hat. Der Abschluss ist freiwillig.	Je nach Zustand des Autos. Bei alten Wagen ab zirka zehn Jahren nicht notwendig.
Vollkaskoversicherung	Der Versicherer zahlt für alle Teilkaskoschäden. Darüber hinaus sind Unfallschäden am eigenen Fahrzeug und Schäden durch Vandalismus gedeckt. Der Abschluss ist freiwillig.	Für Neuwagen in den ersten 3 Jahren, je nach Zustand des Fahrzeugs für weitere Jahre. Auch bei hoher Schadenfreiheitsklasse empfehlenswert.

Die Preisfrage: Was kostet Versicherungsschutz fürs Auto?

Wenn Sie eine Versicherung abschließen wollen, müssen Sie zahlreiche Fragen beantworten: wo Sie wohnen, wie viele Kilometer Sie fahren, ob das Auto in einer Garage steht und vieles mehr.

Anhand dieser Daten ermittelt der Versicherer, zu welchem Preis Sie Haftpflicht- und eventuell auch Kaskoschutz erhalten. Er greift dabei auf statistische Werte zur Schadenshäufigkeit zurück. Hier einige der wichtigsten Größen, die für die Preisberechnung zugrunde gelegt werden:

■ Die Typklasse: Jedes Fahrzeug ist einer bestimmten Typklasse zugeordnet. Die Fahrzeugtypen, bei denen rein statistisch häufiger mit einem Schaden zu rechnen ist, sind in einer höheren Typklasse und entsprechend teurer. Wenn Sie ein Auto kaufen, können Sie unter www.typklasse.de nachsehen, wie es eingestuft wird und ob es auch beim Versicherungsschutz das vermeintliche Schnäppchen ist.

■ Die Regionalklasse: Es spielt auch eine Rolle, wo ein Fahrzeug zugelassen ist. In Regionen, in denen das Unfall- oder das Diebstahlrisiko besonders groß ist, müssen Fahrzeughalter aufgrund ihres Wohnorts mit höheren Beiträgen rechnen. Der Gesamtverband der Deutschen Versicherungswirtschaft unterteilt anhand der statistischen Daten in der Haftpflichtversicherung in zwölf Regionalklassen, in der Teilkasko in 16 und in der Vollkasko in neun Regionalklassen. An dieser Einstufung können sich die einzelnen Versicherer orientieren, müssen es aber nicht. Wer herausfinden will, wie seine Region eingestuft ist, kann sich unter www.gdv.de/regionaldatenbank im Internet informieren.

■ Die Schadenfreiheitsklasse: Wenn es Ihnen gelingt, möglichst lange schaden- und unfallfrei zu fahren, erreichen Sie eine höhere Schadenfreiheitsklasse und zahlen entsprechend weniger Beitrag. Sobald Sie die Versicherung in Anspruch nehmen, können Sie einen Teil des bisherigen Schadenfreiheitsrabatts verlieren, sodass der Beitrag steigt. Je nach Schadenshöhe kann es sich deshalb manchmal lohnen, zumindest kleinere Schäden aus eigener Tasche zu zahlen. Welches Vorgehen für Sie nach einem Unfall günstiger ist, können Sie sich bei Ihrem Versicherer ausrechnen lassen.

Schadenfreiheitsklassen gibt es sowohl in der Haftpflichtversicherung als auch in der Vollkaskoversicherung, nicht aber in der Teilkaskoversicherung. Wenn der Versicherte, der eine Vollkaskoversicherung abgeschlossen hat, also beispielsweise nach einem Hagelschaden Geld von der Versicherung bekommt, verliert er seinen bisherigen Schadenfreiheitsrabatt nicht, da er eine Leistung aus dem Teilkaskoschutz in Anspruch nimmt.

Was der Versicherer wissen will

Neben diesen Einstufungen für Fahrzeug und Schadenshäufigkeit haben die Autoversicherer ihre Preise mittlerweile immer mehr auf die individuelle Situation ihrer Kunden zugeschnitten. Viele Faktoren des alltäglichen Lebens beeinflussen die Höhe des Beitrags – zum Beispiel, ob Sie eine Garage haben oder das Auto auf der Straße abstellen, wie lange Sie bereits bei einem Versicherer Kunde sind und ob Sie in einer Mietwohnung oder in einem Eigenheim leben.

Wenn Sie Ihrem Versicherer schon lange treu sind und auch andere Verträge bei ihm abgeschlossen haben, bekommen Sie unter Umständen zusätzlichen Rabatt. Wenn Sie viel fahren, zahlen Sie mehr als Fahrer, die nur wenige Kilometer im Jahr unterwegs sind.

Auch das Alter der Fahrer spielt eine Rolle: Gibt ein Kunde an, dass auch der 18-jährige Sohn den Wagen fahren wird, dürfte der Schutz teurer werden, als wenn nur die Eltern im Alter von Mitte 40 als versicherte Fahrer zugelassen sind. Gleichzeitig sind auch ältere Fahrer, die das Rentenalter bereits erreicht haben, nicht unbedingt die Lieblinge der Versicherer, sodass auch sie mit höheren Beiträgen rechnen müssen. Hier lohnt sich auf jeden Fall der Preisvergleich, denn die Angebote liegen häufig weit auseinander.

SCHUMMELN IST KEINE GUTE IDEE

Egal, ob Sie nach einer Garage, dem Alter oder nach der jährlichen Kilometerleistung gefragt werden: Machen Sie richtige Angaben. Schummeln Sie nicht, denn wenn es zum Beispiel infolge eines Unfalls doch herauskommt, zahlen Sie meist deutlich drauf. Viele Versicherer verlangen zum Beispiel als Strafe einen kompletten Jahresbeitrag oder pauschal 500 oder auch 1000 Euro. Unter Umständen kann es sogar zur Kündigung des Vertrags kommen. Darauf sollten Sie es nicht ankommen lassen.

TIPP   Dank Rabatt Vollkasko manchmal günstiger

In der Vollkaskoversicherung gibt es den Schadenfreiheitsrabatt, in der Teilkasko nicht. Das führt dazu, dass der Vollkaskoschutz für diejenigen, die lange unfallfrei gefahren sind, unter Umständen sogar günstiger sein kann als eine Teilkaskoversicherung, die weniger Leistungen bietet. Vergleichen Sie die Beiträge!

Direktversicherer häufig günstiger

Zusätzlich zu all diesen persönlichen Faktoren beeinflussen auch Merkmale des Versicherers den Preis. Ein Direktversicherer kann Versicherungsangebote in aller Regel günstiger anbieten als ein Versicherungsunternehmen, das vor Ort jeweils noch Geschäftsstellen betreibt. Das bestätigen auch die Testergebnisse, wenn Finanztest jährlich die Tarife vergleicht und vor allem Direkt- und Internetversicherer häufig die günstigsten Angebote haben.

Im Gegenzug müssen die Kunden eines Direktversicherers allerdings hinnehmen, dass sie die meisten ihrer Anliegen nur telefonisch oder über das Internet klären können.

Sparen mit Werkstattbindung?

Versicherungsbeiträge sparen können Sie, wenn Sie sich für einen Tarif mit Werkstattbindung entscheiden. Bei diesen Angeboten verpflichten Sie sich, Kaskoschäden in einer Werkstatt reparieren zu lassen, mit der der Versicherer einen Kooperationsvertrag geschlossen hat und bei der er Rabatt erhält. Entscheiden Sie sich für die Werkstattbindung, profitieren Sie zum Beispiel durch einen Rabatt auf die Beiträge, eine niedrigere Selbstbeteiligung oder auch durch andere Sonderleistungen.

Dem Vorteil der günstigeren Beiträge stehen aber auch mögliche Nachteile gegenüber: Bei den Werkstätten handelt es sich nicht unbedingt um Vertragswerkstätten. Das heißt, womöglich setzen Sie Garantieleistungen des Autoherstellers aufs Spiel, wenn Sie das Fahrzeug nicht in einer Vertragswerkstatt reparieren lassen.

Eine weitere Schwierigkeit kann sich ergeben, da das Netz der Partnerwerkstätten nicht überall sehr engmaschig ist. In ländlichen Regionen könnten somit die Entfernungen zu einer Partnerwerkstatt sehr weit werden. Wenn Sie sich für ein solches Angebot interessieren, sollten Sie auf jeden Fall vorher nach den Standorten der Werkstätten in Ihrer Nähe fragen.

Leistungsunterschiede beim Kaskoschutz

Die Versicherungsbeiträge, die sich auf Basis all dieser Faktoren ergeben, liegen für die jeweiligen Fahrzeuge zum Teil noch weit auseinander. Beitragsunterschiede von einigen Hundert Euro sind keine Seltenheit.

Interessieren Sie sich nur für Haftpflichtschutz, können Sie sich vor allem an den errechneten Beiträgen orientieren und danach einen Tarif aussuchen. Allerdings sollten Sie darauf achten, eine Deckungssumme von 100 Millionen Euro zu vereinbaren, die mittlerweile sehr viele Tarife bieten. Ansonsten sollte der Schutz zumindest bei 50 Millionen Euro liegen. Prüfen Sie auch, ob der Tarif eine Mallorca-Police beinhaltet (siehe Seite 116), durch die Sie im Ausland besseren Schutz für einen Mietwagen genießen.

Kaskokunden sollten etwas genauer hinsehen. Denn hier zeigen Untersuchungen häufig nicht nur Preis-, sondern auch Leistungsunterschiede: Je nach persönlichem Wunsch und nach persönlicher Lebens- und Fahrsituation kann es sich lohnen, bestimmte Extraleistungen mitzunehmen und dafür einen etwas höheren Jahresbeitrag für die Autoversicherung in Kauf zu nehmen:

■ Neuwerterstattung: Eigentlich ersetzt die Kaskoversicherung einen Schaden nur auf Basis des Wiederbeschaffungswerts des Fahrzeugs. Einige Versicherer bleiben immer dabei, doch viele Anbieter ersetzen zumindest in der ersten Zeit nach der Erstzulassung des Wagens den Neuwert. Es gibt Versicherer, die dies nur in den ersten drei oder sechs Monaten nach Erstzulassung tun. Je nach Tarif ist aber auch die Neuwertentschädigung in den ersten zwölf Monaten oder sogar für die ersten zwei Jahre möglich.

■ Rabattretter: Ist ein versicherter Fahrer jahrelang unfallfrei gefahren, hat er eine bestimmte Schadenfreiheitsklasse – zum Beispiel SF 25 oder SF 30 – erreicht. Wählt er einen Tarif mit Rabattretter aus, kann er sich je nach Versicherer häufig einen Schadensfall leisten, ohne gleich seinen Schadenfreiheitsrabatt zu verlieren. Besonders für ältere Fahrer kann das ein wertvoller Pluspunkt sein, der sich im Schadensfall mehr als deutlich bezahlt macht.

■ Ungekürzte Leistung trotz grober Fahrlässigkeit: Wenn ein Fahrer einen Schaden grob fahrlässig verursacht – also zum Beispiel eine rote Ampel missachtet –, muss der Kaskoversicherer per Gesetz für diesen Schaden nicht komplett aufkommen. Es gibt Anbieter, die trotzdem den gesamten Schaden übernehmen.

Zwar hat sich die gesetzliche Lage hier für den Verbraucher durch das neue Versicherungsvertragsgesetz (siehe Seite 165) schon deutlich gebessert, doch ohne dieses Extra der Kaskoversicherung bleibt zumindest ein Teil des Schadens bei grober Fahrlässigkeit unersetzt.

Zusätzliche Verträge für das Auto

Haftpflicht- und Kaskoschutz bilden die Basis für die Autoversicherung. Ein weiterer Schutz, der Fahrzeughaltern und allen, die das Fahrzeug nutzen, noch zu empfehlen ist, ist die Verkehrsrechtsschutzversicherung (siehe auch Seite 102). Wie schnell ist ein Unfall passiert, in dessen Folge es Streit über die Schuldfrage, über Abrechnungen und Leistungskürzungen mit dem Versicherer gibt oder über Schadenersatzforderungen eines verletzten Unfallopfers?

Die Autoversicherung wechseln

In den Medien und in der Werbung der Versicherungsgesellschaften ist rund um die Autoversicherung häufig vom „Stichtag 30. November" die Rede. Warum dieser Termin so wichtig ist und wie wechselwillige Kunden vorgehen können:

☐ **Termin:** Verträge für die Autoversicherung laufen in der Regel für ein Jahr. Kündigen Sie den Vertrag nicht, verlängert er sich automatisch um ein Jahr. Da das Versicherungsjahr in der Regel dem Kalenderjahr entspricht, ist die reguläre Kündigung zum Jahresende möglich – mit einer Kündigungsfrist von einem Monat. Deshalb ist der 30. November der Stichtag. Bis dahin muss das Kündigungsschreiben beim Versicherer sein (mehr siehe Seite 178). Schicken Sie es am besten per Einschreiben mit Rückschein.

☐ **Außerordentliches Kündigungsrecht:** Abseits dieses regulären Kündigungstermins haben Sie auch noch ein außerordentliches Kündigungsrecht: Wenn der Versicherer den Beitrag erhöht, ohne gleichzeitig die Leistung zu verbessern, können Sie innerhalb von vier Wochen nach der Mitteilung darüber aus Ihrem Vertrag aussteigen. Das geht auch, wenn Sie Leistungen des Versicherers nach einem Schaden in Anspruch genommen haben.

☐ **Verhandeln:** Wer ein günstigeres Angebot für sein Fahrzeug sucht, muss unter Umständen aber auch nicht gleich den Versicherer wechseln. Oft lohnt es sich, beim jetzigen Anbieter nachzufragen, ob er noch etwas am Preis machen kann – zum Beispiel über einen anderen Tarif oder einen zusätzlichen Rabatt. Die Versicherer zeigen hier durchaus Gesprächsbereitschaft, wenn sie dadurch eine Kündigung vermeiden können.

In solchen Situationen ist es hilfreich, wenn Sie sich einen Rechtsanwalt nehmen können, der Sie im Umgang mit Polizei, Unfallgegner und Versicherung unterstützt. Hier kommt die Rechtsschutzversicherung ins Spiel, denn der Versicherer trägt die Kosten für den Anwalt und eventuell eine Gerichtsverhandlung.

Die Verkehrsrechtsschutzversicherung zahlt im Übrigen in vielen Fällen auch,

CHECKLISTE: Mit dem Auto ins Ausland

Unterwegs im Ausland gilt es einige Besonderheiten zu beachten, damit Sie selbst im Schadensfall möglichst wenig Schwierigkeiten haben:

☐ **Grüne Versicherungskarte:** Diese sollten Sie auf Auslandsreisen immer dabeihaben. In vielen Ländern ist die Karte zwar nicht mehr für die Einreise vorgeschrieben – in manchen Ländern aber doch. Und selbst wenn sie keine Pflicht ist, dient sie Ihnen in kritischen Situationen als Nachweis, dass Sie tatsächlich in Deutschland versichert sind.

☐ **Europäischer Unfallbericht:** Auch er gehört ins Reisegepäck. Wenn etwas passiert, können Sie ihn nutzen, um mit einem Unfallgegner die wichtigsten Daten aufzunehmen und abzugleichen. So haben Sie gleich einen Leitfaden zur Hand und vergessen nicht, die wichtigsten Informationen auszutauschen. Sie bekommen ihn kostenlos bei Ihrem Versicherer.

☐ **Auslandsschadenschutzpolice:** Sie sorgt dafür, dass Sie bei einem unverschuldeten Unfall im Ausland besseren Schutz genießen. Wenn jemand Sie schädigt, springt die gegnerische Versicherung zwar für den Schaden ein, doch womöglich zahlt sie nicht genug. Denn die Deckungssummen im Ausland sind zum Teil deutlich niedriger als hierzulande. Mit der Auslandsschadenschutzpolice als Ergänzung zu Ihrer eigenen Kfz-Haftpflichtversicherung werden Sie so gestellt, als ob auch Ihr Gegner nach deutschem Standard versichert wäre. Dieser Zusatzschutz ist in wenigen, meist teuren Kfz-Tarifen bereits im Grundpreis enthalten – unter Umständen können Sie ihn zusätzlich mit abschließen. Je nach Versicherer kann Sie das ab etwa 20 Euro extra im Jahr kosten.

☐ **Mallorca-Police:** Wenn Sie im Ausland einen Mietwagen nehmen und dann einen Unfall verursachen, genießen Sie zwar den Schutz über die Mietwagenversicherung. Die Versicherungsleistungen können je nach Reiseland aber so niedrig sein, dass sie womöglich nicht reichen, um einen schweren Schaden zu decken. Mit der Mallorca-Police, die häufig über die Haftpflichtversicherung des eigenen Autos eingeschlossen ist, entgehen die Mietwagenfahrer dem Problem: Dank der Police, die nicht nur auf Mallorca gilt, gelten auch für von Ihnen gemietete Wagen im Ausland höhere Deckungssummen. In sehr günstigen Haftpflichttarifen kann dieser Schutz fehlen, sodass es sich lohnt, den Versicherer hier vorab konkret zu fragen.

wenn Sie nicht in Deutschland, sondern im Ausland in einen Unfall verwickelt werden und dafür Rechtsbeistand benötigen. Wer viel beruflich im Ausland unterwegs ist, sollte aber prüfen, ob der Versicherer auch für Unfälle auf Geschäftsreisen aufkommt. Hier sind Einschränkungen der Versicherer möglich.

 ### WENN ES IM AUSLAND KRACHT

In Italien nimmt ein anderer Wagen Ihnen die Vorfahrt? Früher war es immer so, dass ein Unfallopfer seine Rechte gegen einen gegnerischen Versicherer bei einem Gericht vor Ort durchsetzen musste. Der Europäische Gerichtshof hat vor einigen Jahren aber klargestellt, dass die Klage auch vor dem Gericht am Wohnort des Geschädigten möglich ist, wenn sie sich gegen einen innerhalb der EU ansässigen Versicherer richtet (Az. C-463/06). Nach einem Auslandsunfall wenden Sie sich am besten an den Schadenregulierungs-

beauftragten des ausländischen Versicherers. Wer zuständig ist, erfahren Sie beim Zentralruf der Autoversicherer unter Tel. 0 18 02/50 26 (6 Cent pro Anruf aus dem deutschen Festnetz).

Schutzbrief bietet Pannenhilfe

Häufig bieten die Versicherer als Ergänzung zur Kfz-Versicherung einen Autoschutzbrief an. Wer diesen Extraschutz hat, bekommt vom Versicherer finanzielle und auch organisatorische Unterstützung bei einer Panne oder nach einem Unfall: Der Versicherer kümmert sich etwa um den Abschleppdienst und ein Hotel vor Ort oder um Möglichkeiten, weiterzureisen, wenn die Fahrt weit weg von zuhause unterbrochen wurde.

Dieser Schutz ist zwar sinnvoll, doch wer ihn abschließt, sollte zunächst prüfen, ob vergleichbare Leistungen bereits anderweitig abgedeckt sind, zum Beispiel über die Mitgliedschaft in einem Auto- oder Verkehrsclub.

RICHTIG ABGESICHERT AUF REISEN

Skifahren in Österreich, Sonnenbaden am Gardasee, Feiern auf Mallorca: Ganz gleich, für welche Form von Urlaub Sie sich entscheiden – Sie sollten sichergehen, dass Sie ausreichend versichert sind. Besonders wichtig ist der Krankenversicherungsschutz, auf den wir im weiteren Verlauf ausführlich eingehen.

Bei vielen anderen Versicherungsverträgen müssen Sie sich hingegen erst einmal keine Sorgen machen, denn ein Großteil des Versicherungsschutzes, der in Deutschland gilt, geht mit auf Reisen:

■ Haftpflichtversicherung: Der Schutz greift auch auf Urlaubsreisen. Wenn ein Familienvater zum Beispiel mit seiner

Tochter in Spanien am Strand Ball spielt und mit einem Fehlschuss aus Versehen Sonnenbrille und Tablet-PC einer anderen Urlauberin beschädigt, zahlt die Privathaftpflichtversicherung der Familie für den Schaden. Problematisch könnte es allerdings werden, wenn die Reisenden zum Beispiel im Ferienhaus Wein verschütten und die Couch beschädigen. Nicht alle Versicherer zahlen für Schäden an beweglichen Gegenständen in einem gemieteten Ferienhaus.

■ Berufsunfähigkeitsversicherung: Für die Versicherung spielt es keine Rolle, ob

VERSICHERUNGSSCHUTZ ZU HAUSE UND IM URLAUB

Versicherung	Geltungsbereich der Versicherung[1]
Gesetzliche Krankenversicherung	Behandlungskosten: Nur innerhalb der EU und in Ländern, mit denen Deutschland ein Sozialversicherungsabkommen hat, übernimmt sie die Kosten in der Höhe, in der sie auch in Deutschland zahlen würde. Rücktransport: unabhängig vom Reiseland keine Kostenübernahme.
Private Krankenversicherung	Schutz auf Reisen in Europa, außerhalb Europas für mindestens einen Monat. Zum Teil keine Kostenübernahme für Krankenrücktransport.
Private Unfallversicherung	Schutz für den Fall der Invalidität nach einem Unfall auch auf Reisen.
Berufsunfähigkeitsversicherung	Berufsunfähigkeitsschutz auch während Urlaubsreisen ins Ausland.
Hausratversicherung	Schutz des Gepäcks im Ausland, zum Beispiel im Hotelzimmer.
Privathaftpflichtversicherung	Schutz auch auf Auslandsreisen.
Kfz-Haftpflicht und Kaskoschutz	Schutz in Europa und den außereuropäischen Gebieten, die zur Europäischen Wirtschaftsgemeinschaft gehören wie die Kanaren oder Madeira, regionale Einschränkungen beim Kaskoschutz möglich.
Verkehrsrechtsschutz	Schutz auf Urlaubsreisen in Europa und den außereuropäischen Gebieten, die zur Europäischen Wirtschaftsgemeinschaft gehören, regionale Einschränkungen möglich.

1) Einschränkung des Auslandsschutzes je nach Versicherungsart und Anbieter möglich, zum Beispiel zeitliche Begrenzung der „Außenversicherung" beim Hausratschutz auf drei Monate.

der Kunde während einer vorübergehenden Auslandsreise oder irgendwo in Deutschland so schwer erkrankt ist oder verletzt wurde, dass er seinen Beruf nicht mehr ausüben kann.

- **Unfallversicherung:** Der Schutz der Unfallversicherung geht in der Regel zumindest bei vorübergehenden Auslandsaufenthalten mit auf Reisen. Kommt es nach einem Fahrradsturz in der Schweiz zu einer dauerhaften Beeinträchtigung, kommt der Versicherer für die Unfallfolgen auf.
- **Hausratversicherung:** Dank der sogenannten Außenversicherung ist Urlaubsgepäck auch im Ausland versichert, wenn der Auslandsaufenthalt maximal drei Monate dauert. Der Versicherer verlangt aber, dass Sie die Polizei einschalten.

Für längere Auszeiten

Wenn Sie länger als nur ein paar Wochen unterwegs sind – zum Beispiel im Süden überwintern oder aus beruflichen Gründen für ein oder zwei Jahre Ihren Wohnsitz ins Ausland verlegen –, sollten Sie unbedingt mit Ihren Versicherern besprechen, welche Auswirkungen das auf Ihren Versicherungsschutz hat. In der Privathaftpflichtversicherung gilt zum Beispiel in der Regel, dass Auslandsaufenthalte außerhalb der EU bis zu einem Jahr mitversichert sind. Aber sprechen Sie das lieber vorher mit den Gesellschaften ab.

Klären Sie auch, welche Vorkehrungen Sie treffen müssen, um beispielsweise während Ihrer Abwesenheit nicht den Versicherungsschutz für Ihr Eigenheim in Deutschland zu verlieren.

NICHT OHNE AUSLANDSREISE-KRANKENVERSICHERUNG

Was für die private Unfall- oder Haftpflichtversicherung gilt, gilt leider nicht uneingeschränkt für den Schutz der Krankenversicherung: Alle, die in Deutschland gesetzlich krankenversichert sind, genießen im Ausland keinen Rundumschutz. Denn die gesetzlichen Krankenkassen zahlen bei Reisen außerhalb der EU keinerlei medizinische Behandlungskosten, es sei denn die Länder haben mit Deutschland ein Sozialver-

sicherungsabkommen abgeschlossen. Und selbst innerhalb der EU kann es sein, dass die Kasse nicht alle Ausgaben trägt. Wenn der behandelnde Arzt zum Beispiel eine Behandlung für Sie als Privatpatient abrechnet, kommt die Kasse nicht für alle Kosten auf.

Auch die Ausgaben für einen Rücktransport eines Erkrankten nach Deutschland übernimmt die gesetzliche Krankenkasse nicht – selbst wenn es sich um ein Reiseland innerhalb der EU handelt. Je nach Reiseland und Schwere der Erkrankung können so schnell mehrere Zehntausend Euro an Kosten zusammenkommen, die die Kasse nicht trägt. Um auf diesen Ausgaben nicht allein sitzen zu bleiben, sollten gesetzlich versicherte Urlauber vor der Auslandsreise unbedingt eine private Auslandsreise-Krankenversicherung abschließen. Mit dieser zusätzlichen Police haben sie Anspruch darauf, dass die Kosten für alle medizinisch notwendigen Behandlungen übernommen werden.

Reisende, die in Deutschland privat krankenversichert sind, genießen zumindest in der Anfangszeit auch im Ausland umfassenden Versicherungsschutz. Allerdings sollten sie sich vor Abreise die Bedingungen ihres Vertrags noch einmal ansehen und prüfen, ob der Versicherer auch für einen Rücktransport zahlt.

 BESTEHENDE VERTRÄGE PRÜFEN

Wenn Sie eine private Krankenzusatzversicherung haben – zum Beispiel für Brillen, Heilpraktikerbehandlung und Zahnersatz –, kann es sein, dass auch der Auslandsreiseschutz bereits integriert ist. Dann müssen Sie keinen separaten Vertrag mehr abschließen.

STECKBRIEF   Auslandsreise-Krankenversicherung

Schutz: Der private Versicherer kommt für medizinisch notwendige Behandlungen während einer Auslandsreise sowie für einen Krankenrücktransport auf.

Bedarf: Den Schutz benötigen alle, die gesetzlich krankenversichert sind und ins Ausland reisen. Privatversicherte benötigen ihn, wenn ihr eigentlicher Versicherer die Kosten für einen Rücktransport nicht übernimmt.

Angebote: Sehr guten Schutz für Einzelreisende gibt es für unter 10 Euro im Jahr, für Familien für unter 20 Euro. Ein Test 2012 ergab: Bei Würzburger, Ergo Direkt, Neckermann, DFV und LVM können sich Familien und Einzelreisende sehr gut versichern. Für Einzelreisende bietet Inter sehr guten Schutz am günstigsten an.

Beispiele für den Schutz: Der Versicherer zahlt für die Zahnarztbehandlung bei akuten Beschwerden auf der Auslandsreise. Er trägt die Kosten für Infusion und Magentabletten für einen erkrankten Ägyptenurlauber. Er zahlt für den Rücktransport eines verunglückten Skiurlaubers von Italien nach Deutschland.

Beispiele für Lücken im Schutz: Ist eine Behandlung Anlass für die Reise, kommt die Auslandsreise-Krankenversicherung nicht dafür auf. Auch Kuraufenthalte im Ausland übernimmt sie nicht. Je nach Tarif reicht ein einfacher Jahresvertrag nicht mehr aus, wenn der Versicherte länger als etwa sechs bis acht Wochen verreist.

Zahlen für alles, was „medizinisch notwendig" ist

Die private Auslandsreise-Krankenversicherung kommt für alle medizinisch notwendigen Behandlungen im Ausland auf. Das kann die Notfallversorgung sein, nachdem der Urlauber beim Volleyballspielen umgeknickt ist. Das kann ein Besuch beim Arzt sein, wenn die Tochter am Strand in einen Seeigel getreten ist, oder auch eine dringend notwendige Blinddarmoperation. Die medizinische Behandlung darf jedoch nicht der Anlass für die Reise gewesen sein. Entscheidet sich ein Patient zum Beispiel dafür, sich günstigen Zahnersatz in Osteuropa zu besorgen, zahlt die private Zusatzversicherung nicht für die geplante Zahnbehandlung. Darüber hinaus sind unter anderem Ausgaben für Kuren, Massagen und Reha-Maßnahmen ausgenommen.

Die gute Nachricht für alle, die eine solche Zusatzversicherung abschließen wollen: Einzelreisende bekommen sehr guten Schutz schon für unter 10 Euro im Jahr, Ehepartner und Familien mit Kindern können sich in der Regel für um die 20 Euro im Jahr absichern.

Der Blick ins Kleingedruckte

Die Bedingungen, zu denen sich die Kunden versichern können, sind in den vergangenen Jahren deutlich besser geworden. Viele Versicherer haben an den Klauseln in ihren Versicherungsbedingungen gearbeitet und sie auch zugunsten der Kunden verbessert.

Trotzdem bleiben einige kritische Punkte, auf die Sie vor Vertragsabschluss achten sollten. Anlass zu späteren Auseinandersetzungen mit dem Versicherer gibt zum Beispiel die Frage, wie er mit Vorerkrankungen umgeht: Formuliert er in den Versicherungsbedingungen, dass er nur für Behandlungen zahlt, wenn die Erkrankung „plötzlich" oder „unvorhergesehen" eingetreten ist? Oder steht eine solche Einschränkung nicht in den Bedingungen? Wenn das Versicherungsunternehmen auf eine solche Vorgabe verzichtet, ist das für den Urlauber natürlich von Vorteil. Oder: Unter welchen Voraussetzungen trägt er die Kosten für einen Krankenrücktransport? Erst wenn dieser medizinisch notwendig ist, oder auch schon, wenn der Rücktransport medizinisch „sinnvoll" und „vertretbar" ist?

 FRAGEN SIE VORHER NACH

Der Blick ins Kleingedruckte der Versicherungsbedingungen lohnt sich. Wenn Sie nicht sicher sind, was die Formulierungen zu bedeuten haben, fragen Sie unbedingt beim Versicherer oder Ihrem Ansprechpartner nach.

Eine lange Reise oder viele Kurztrips?

Aufpassen sollten alle, die das Fernweh packt, auch, wenn sie lange Auslandsaufenthalte planen. Für Reisen, die nicht länger als sechs Wochen dauern, reicht ein günstiger Jahresvertrag aus. Mit dieser

CHECKLISTE: Wenn Sie im Ausland ärztliche Hilfe brauchen

☐ **Versicherer informieren:** Die Anbieter betreiben Service-Hotlines, bei denen Sie zur Not auch Hilfe bei der Ärztesuche bekommen. Rufen Sie dort so schnell wie möglich an, damit man Ihnen nicht im Nachhinein vorwerfen kann, Sie hätten Ihre vertraglichen Pflichten verletzt.

☐ **Nachfragen:** Klären Sie mit dem Versicherer, wie Sie weiter vorgehen müssen, welche Belege Sie benötigen und was auf der Arztrechnung stehen muss, wenn Sie im Ausland behandelt werden. Bei schwerwiegenden Erkrankungen und Verletzungen, die auch einen Krankenhausaufenthalt erfordern, ist es umso wichtiger, mit dem Versicherer zu sprechen. Die Versicherer selbst arbeiten mit Ärzten zusammen, nehmen Kontakt zu den behandelnden Ärzten vor Ort auf und klären ab, welches weitere Vorgehen medizinisch sinnvoll oder auch notwendig ist.

CHECKLISTE: Nicht unvorbereitet verreisen

Sie hoffen auf die Leistung des Versicherers, doch der will nicht zahlen, weil Sie angeblich nicht reisetauglich waren? Um es gar nicht erst zu einem solchen Streit kommen zu lassen, sollten Sie sich auf die Reise vorbereiten:

☐ **Reisetauglichkeit:** Falls Sie bereits älter sind oder an einer chronischen Erkrankung leiden, gehen Sie vor der Reise unbedingt zum Arzt und lassen Sie sich die Reisetauglichkeit schriftlich bestätigen. Holen Sie sich das schriftliche Okay auch, wenn Sie beispielsweise erst vor einiger Zeit eine Operation hinter sich gebracht oder eine schwere Erkrankung überstanden haben.

☐ **Chronische Erkrankungen:** Leiden Sie zum Beispiel an Diabetes oder Asthma, sollten Sie den privaten Auslandsreise-Krankenversicherer vorab darüber informieren. Dieser wird dann zwar vor der Reise den Versicherungsschutz für medizinische Behandlungen, die infolge dieser chronischen Vorerkrankung entstehen, verweigern. Doch dann gibt es immer noch einen Ausweg. Denn dann muss für mögliche Behandlungen dieser Krankheit im Ausland doch die gesetzliche Krankenkasse aufkommen – selbst wenn es sich um eine Reise außerhalb der EU handelt.

☐ **Zur Krankenkasse gehen:** Am besten gehen Sie zu Ihrer Krankenkasse und legen dort die Bestätigung vor, für welche Erkrankung Sie keinen privaten Versicherungsschutz erhalten. Für diese Erkrankungen springt die Kasse ein – allerdings längstens für sechs Wochen und maximal in Höhe der Kosten, die sie auch in Deutschland übernehmen würde. Das ist zwar je nach Reiseland wie etwa den USA unter Umständen zu wenig, um alle Ausgaben zu decken, aber immer noch besser als keinerlei Versicherungsschutz. Die Krankenkasse sollte dann schriftlich bestätigen, für welche Erkrankungen sie im Ernstfall aufkommt.

Police dürfen Sie so oft Sie wollen im Jahr für jeweils bis zu sechs Wochen verreisen – eventuell sogar länger, denn einige Anbieter erlauben in ihren Tarifen auch einzelne Reisedauern von 64 oder 72 Tagen.

Dauert ein Auslandsaufenthalt allerdings noch länger, reicht ein so günstiger Vertrag nicht mehr aus. Für vier Monate Australien oder ein Jahr Studium in Tokio bieten die privaten Versicherer speziellen Versicherungsschutz für lange Auslandsaufenthalte an. Dafür zahlen Sie etwas mehr, sind aber auch für längere Phasen geschützt.

Wie viel Sie für Ihren Versicherungsschutz zahlen müssen, hängt aber nicht nur von der Reisedauer ab, sondern auch von Ihrem Alter und vom Reiseziel. Beim Schutz für lange Einzelreisen müssen Urlauber, die zum Beispiel in die USA fliegen, häufig deutlich tiefer in die Tasche greifen als für eine Spanien- oder Chinareise. Ältere Urlauber zahlen mehr als jün-

gere. Wenn Sie bereits über 60 sind, sollten Sie vor Vertragsabschluss unbedingt die Preise vergleichen, denn häufig ziehen die Versicherer unterschiedliche Altersgrenzen, zu denen sich die Preise erhöhen. Bei einem Versicherer zahlen Kunden zwischen 60 und 69 Jahren vielleicht denselben Preis, bei anderen Anbietern steigt der Beitrag bereits für 65-Jährige an.

 **KÜNDIGEN UND WECHSELN**

Häufig verlängern sich die Jahresverträge automatisch um ein Jahr, wenn sie nicht gekündigt werden. Die Kündigung ist zum Ende des Versicherungsjahres in der Regel mit einer Frist von einem Monat möglich. Das Versicherungsjahr kann dem Kalenderjahr entsprechen oder beginnt mit dem Datum des Vertragsabschlusses. Das sollten Sie frühzeitig in Ihren Vertragsbedingungen nachsehen, wenn Sie wechseln wollen.

REISERÜCKTRITTSVERSICHERUNG: DIE REISE FÄLLT AUS

Rund um die Reise gibt es weitere Angebote, die die Versicherungsunternehmen – häufig auch in Zusammenarbeit mit Reisebüros – für Urlauber parat haben. Sinnvoll in diesem Angebotskatalog ist eine Reiserücktrittsversicherung für besonders teure Reisen:

Beispiel: Caren und Matthias Schuster haben mit ihren beiden Söhnen Finn und

Lasse einen zweiwöchigen Cluburlaub in Spanien gebucht. Gesamtkosten: 3 500 Euro. Kurz vor Abflug brechen in Lasses Kindergarten die Windpocken aus. Nicht nur der Vierjährige wird krank, er steckt auch noch seinen großen Bruder an, sodass die Schusters den Urlaub wenige Tage vor Abflug absagen müssen. Das Reiseunternehmen hat wenig Verständnis für Windpocken und kassiert 50 Prozent Stornogebühren, sodass Familie Schuster 1 750 Euro in den Sand gesetzt hat.

Mit einer Reiserücktrittsversicherung wäre der Familie ein solches Minus erspart geblieben. Der Versicherer übernimmt zum Beispiel im Krankheitsfall die anfallenden Stornogebühren komplett oder zahlt zumindest den Rest nach Abzug einer Selbstbeteiligung.

Versicherungsbeitrag hängt vom Reisepreis ab

Der Preis der Reiserücktrittsversicherung richtet sich in erster Linie nach dem Wert der Reise. Bei einem Reisepreis von bis zu 3 000 Euro müssen Sie bei vielen Versicherern mit Kosten um die 100 Euro rechnen. Den Preis verlangen viele Versicherer altersunabhängig, bei manchem Anbieter

zahlen aber Reisende ab 65 oder über 70 mehr als jüngere Urlauber.

Sie können entweder Schutz für einzelne Reisen abschließen, oder Sie entscheiden sich für einen Jahresvertrag. Das kann sich zum Beispiel lohnen, wenn Sie mehrmals im Jahr kleinere Touren machen wollen.

Versicherte Risiken

Der Rücktrittsversicherer springt ein, wenn wie im Fall der Schusters eine versicherte Person krank wird. Weitere Anlässe, die zur Versicherungsleistung führen, sind zum Beispiel Unfall, Tod oder Elementarschäden am Eigentum. Diese Ereignisse müssen nicht unbedingt der versicherten Person selbst zugestoßen sein. Die Versicherung kann auch bei Ereignissen, die Mitreisende, den Ehepart-

CHECKLISTE: Versicherungspakete buchen?

Die Reiserücktrittsversicherung gibt es als Einzelvertrag, es gibt sie aber auch in einem gesamten Versicherungspaket rund um den Urlaub – zum Beispiel in Kombination mit einer Reiseunfall- und einer Reisegepäckversicherung. Diese Pakete lohnen sich häufig nicht. Wenn Sie ein solches Versicherungspaket abschließen möchten, sollten Sie Folgendes prüfen:

☐ **Benötigen Sie tatsächlich alle Verträge, die in dem Paket angeboten werden?** Wer eine normale private Unfallversicherung hat, braucht keine spezielle Reise-Unfallversicherung zusätzlich. Eine Reisegepäckversicherung zählt sowieso zu den überflüssigen Verträgen (siehe Seite 16).

☐ **Welche Leistungen bieten die einzelnen Verträge im Paket?** Es ist gut möglich, dass die Tarife im geschnürten Paket weniger Leistungen beinhalten als etwa eine sehr gute Reiserücktrittsversicherung, die es separat vielleicht sogar zu noch günstigerem Beitrag gibt.

ner, Kinder oder Enkel daheim treffen, in Anspruch genommen werden, wenn der Urlaub nicht angetreten werden kann.

Je nachdem, was in den Vertragsbedingungen vereinbart wurde, hätte der Versicherer von Familie Schuster zum Beispiel auch gezahlt, wenn kurz vor Abflug die Mutter von Frau Schuster schwer gestürzt und auf die Hilfe ihrer Tochter angewiesen gewesen wäre.

Der Blick ins Kleingedruckte

Je nach Versicherungsvertrag springt der Rücktrittsversicherer auch noch ein, wenn während einer Reise etwas passiert und eine begonnene Reise abgebrochen werden muss. Wenn also Lasse Schuster erst während des Spanienurlaubs krank geworden wäre, und zwar so schwer, dass die gesamte Familie den Rückflug vorzeitig hätte antreten müssen, hätte die Familie je nach Tarifgestaltung einen Ersatz für den Restaufenthalt bekommen können.

Das ist aber nicht bei jedem Versicherer so. Es kann auch sein, dass die Urlauber für so einen Fall eine separate Reise-Abbruchversicherung benötigen, um einen Teil des Geldes erstattet zu bekommen. Diese können sie dann gemeinsam mit der Reiserücktrittsversicherung abschließen, wenn ihnen das wichtig ist. Zwingend notwendig ist das aber nicht.

 IN DEN BEDINGUNGEN AUF DIE EXTRAS ACHTEN

Je nach Angebot akzeptieren die Versicherer weitere Ursachen für die Absage der Reise: zum Beispiel eine nicht erwartete Nachprüfung an der Uni, den Verlust des Arbeitsplatzes oder für ältere Reisende den Bruch einer Prothese. Wer bestimmte Risiken wie den Jobverlust fürchtet, sollte sich die Bedingungen im Versicherungsvertrag vorher genau durchlesen und entsprechende Angebote auswählen. Einen Überblick zu den Klauseln der aktuellen Tarife finden Sie im Internet unter www.test.de mit dem Suchwort „Reiserücktrittsversicherung".

Diese möglichen Leistungsunterschiede zeigen, wie wichtig es ist, nicht gleich das erstbeste Angebot, das beispielsweise im Reisebüro präsentiert wird, abzuschließen, sondern vor der Unterschrift nach Alternativen zu suchen. Die Rücktrittsversicherung muss nicht gemeinsam mit der Reise gebucht werden, sondern kann auch noch etwas später abgeschlossen werden, je nach Versicherer zum Beispiel innerhalb von 14 Tagen nach Reisebuchung, oder aber meistens bis zu 30 Tage vor Reisebeginn. Zu lange sollten Sie allerdings nicht warten, da sonst die Gefahr besteht, dass Sie den Termin verpassen.

FÜR SPÄTER VORSORGEN

An privater Altersvorsorge kommt niemand vorbei. Die privaten Versicherungsunternehmen halten eine Vielzahl an Angeboten parat – zum Teil mit verlockenden Versprechungen. Aber: Versicherungsverträge sind bei Weitem nicht die einzige Möglichkeit, um finanziell für das Alter vorzusorgen. Und sie sind auch nicht immer die beste Wahl. Wir sagen, welche Verträge infrage kommen und worauf Sie achten sollten.

WARUM PRIVATE VORSORGE SO WICHTIG IST

Das Geld, das die ehemaligen Erwerbstätigen im Alter aus der gesetzlichen Rentenversicherung erwarten können, reicht in der Regel nicht aus, um damit den Lebensstandard von heute in etwa zu halten. Zusätzliche Vorsorge tut not, um sich auf Dauer sicher regelmäßige Ausgaben wie etwa für Miete, Lebensmittel, Telefon und den Bedarf des alltäglichen Lebens leisten zu können. Je früher Sie mit der Vorsorge beginnen, desto besser ist es.

Die deutsche Rentenversicherung weist selbst darauf hin, dass das Sicherungsniveau der gesetzlichen Rente in Deutschland in den kommenden Jahrzehnten gesenkt werden muss: aufgrund der rückläufigen Geburtenrate und der steigenden Lebenserwartung. Damit steigt der Bedarf der eigenen Vorsorge.

Diesen Schutz bietet die gesetzliche Sozialversicherung

Tatsächlich steht die gesetzliche Rentenversicherung vor Problemen: Die Versicherung funktioniert nach dem Umlageverfahren. Umlageverfahren bedeutet, dass die Erwerbstätigen heute in die Rentenkasse einzahlen und von diesen Einzahlungen die Renten der derzeitigen Ruheständler bezahlt werden.

Wenn die Menschen immer älter werden, müssen immer weniger Erwerbstätige für die Leistungen von immer mehr Rentnern aufkommen. Finanzierten 1955 noch fünf Erwerbstätige die Zahlungen an einen Rentenempfänger, werden es 2030 nur noch zwei Erwerbstätige sein. Nach Schätzungen des Bundesgesundheitsministeriums werden im Jahr 2050 rund

32 Prozent der Bevölkerung über 65 Jahre alt sein. Nach dieser Rechnung wird es in dem Jahr 23,4 Millionen Menschen über 65 Jahre geben. Eine Folge dieser demografischen Entwicklung war, dass vor einigen Jahren die „Rente mit 67" beschlossen wurde: Seit Anfang 2012 wird das Renteneintrittsalter stufenweise von 65 auf 67 Jahre angehoben.

Jeder, der mindestens fünf Jahre in die gesetzliche Rentenversicherung eingezahlt hat, erwirbt den Anspruch auf eine Altersrente. Deren Höhe richtet sich insbesondere danach, wie lange und wie viel der Versicherte in die Rentenkasse eingezahlt hat. Arbeitnehmer zahlen gemeinsam mit ihrem Arbeitgeber jeden Monat einen Beitragssatz von derzeit 19,6 Prozent ihres Bruttoeinkommens an die Rentenversicherung. Beispielsweise kommen 65-Jährige, die 45 Jahre lang durchschnittlich verdient und entsprechend Beiträge gezahlt haben, derzeit umgerechnet auf etwa 1263 Euro Rente in den alten und 1121 Euro Rente in den neuen Bundesländern.

Für die Rente zählen nicht nur die Zeiten mit, in denen der Versicherte selbst eingezahlt hat, sondern zum Beispiel auch Ersatzzeiten, Wehr- und Zivildienst sowie Kindererziehungszeiten. Entscheidend ist auch noch, wann jemand in Rente geht: Wer nicht bis zum gesetzlich vorgegebenen Rentenbeginn aus dem Erwerbsleben ausscheidet, muss auf Dauer Abschläge bei seiner Rente hinnehmen. Wer länger arbeitet, erhält Zuschläge.

VERSCHIEDENE ALTERSRENTEN

Neben der Regelaltersrente, die für die Mehrzahl der Bürger infrage kommt, gibt es weitere Altersrenten, zum Beispiel die Altersrente für schwerbehinderte Menschen. Informationen zu den verschiedenen Rentenarten und mehr Hintergrundinformationen finden Sie unter www.deutsche-rentenversicherung-bund.de.

Schutz für fast alle

Die Altersrente bietet für den überwiegenden Teil der Bevölkerung die Sicherheit, zumindest eine feste sichere Einnahme im Alter zu haben. Um den Lebensstandard wie früher zu sichern, reicht dies allein aber nicht aus. Deshalb sollten Sie so frühzeitig wie möglich beginnen, auf eigene Faust zusätzlich für das Alter vorzusorgen. Ganz besonders gilt dies, falls Sie selbstständig sind und gar nicht oder nur für eine geringe Zeit in die gesetzliche Rentenkasse eingezahlt haben. Ein Großteil von Gewerbetreibenden und Freiberuflern ist nicht verpflichtet, in die gesetzliche Rentenversicherung einzuzahlen. Sie müssen umso mehr in eigener Regie vorsorgen.

SELBSTSTÄNDIGE MIT BESONDEREN REGELN

Mehr zu den Vorgaben zur gesetzlichen Rentenversicherung für Selbstständige und ausführliche Informationen, was sie bei der Vorsorge beachten sollten, lesen Sie im Finanztest-Ratgeber „Altersvorsorge für Selbstständige".

Zusätzliche Vorsorge ein Muss

Je früher Sie beginnen, zusätzlich privat für das Alter vorzusorgen, desto vielversprechender sind Ihre Möglichkeiten, nach dem Erwerbsleben auf ein ansehnliches finanzielles Polster zurückgreifen zu können. Sie profitieren umso mehr vom Zinseszinseffekt.

Das zeigt eine einfache Rechnung: Wer 35 Jahre lang jeden Monat 50 Euro spart und das Geld zu einem Zinssatz von 3 Prozent anlegt, hat am Ende knapp 37 000 Euro. Eingezahlt hatte er aber nur 21 000 Euro. Knapp 16 000 Euro sind also nur über die wiederkehrende Verzinsung entstanden. Wer zu diesem Zinssatz hingegen nur 15 Jahre jeden Monat 50 Euro zurücklegt, macht aus eingezahlten 9 000 Euro 11 340 Euro. Der Zinseszinseffekt macht sich in dieser Zeit noch nicht so deutlich bemerkbar.

Auf die Frage, wie die zusätzliche Vorsorge aussehen kann, haben die Versicherer mit Angeboten wie der Riester-Rentenversicherung, der privater Rentenversicherung, der Kapitallebensversicherung und der Rürup-Rente mehrere Antworten parat. Mit ihren Angeboten stoßen sie weiterhin auf großes Interesse bei den Vorsorgesparern: Jährlich fließen über 80 Milliarden Euro an Beiträgen in Lebensversicherungen (darunter zum Beispiel auch Rentenversicherungen).

Bevor wir die einzelnen Produkte vorstellen, die die Versicherer für die Altersvorsorge anbieten, möchten wir allerdings deutlich machen, dass Versicherungsverträge nicht die einzige Möglichkeit für die Vorsorge sind. Es gibt zum Beispiel mit Sparanlagen der Banken und Investmentfonds weitere Angebote, die zumindest für einen Teil des Vermögens und damit als Bestandteil der Altersvorsorgestrategie geeignet sind.

Insgesamt kommt es darauf an, dass Sie die richtige Mischung finden und die verschiedenen Vorsorgemöglichkeiten sinnvoll kombinieren.

TIPP Alles im Blick

Wenn Sie an Vorsorge denken: Schauen Sie nicht nur nach Versicherungen, sondern informieren Sie sich auch über Alternativen, die etwa von den Banken angeboten werden. Wichtig ist, in der Altersvorsorge nicht alles auf eine Karte zu setzen, sondern die Vorsorgeprodukte mit ihren Vor- und Nachteilen geschickt miteinander zu kombinieren, damit Sie zu der für Sie passenden Mischung aus sicherer, flexibler und rentabler Geldanlage kommen. Ausführliche Informationen rund um die eigene Vorsorgestrategie finden Sie im Finanztest-Ratgeber „Private Altersvorsorge", den sie für 16,90 Euro direkt bei der Stiftung Warentest (www.test.de) oder im Buchhandel erhalten.

Am besten mit staatlicher Unterstützung
Grundsätzlich gilt, dass Sie bei Ihrer Vorsorge zunächst die Möglichkeiten nutzen sollten, mit staatlicher Hilfe für später vorzusorgen. Dafür gibt es zumindest für Angestellte drei Möglichkeiten: die Riester-Rente (siehe Seite 131), eine Rente über den Betrieb (siehe Seite 134) und die Rürup-Rente (siehe Seite 133). Für Selbstständige kommt die Betriebsrente hingegen in der Regel nicht infrage. Riestern können sie nur unter bestimmten Voraussetzungen, sodass für sie die Rürup-Rente unter Umständen die einzige Möglichkeit der staatlich geförderten Vorsorge bleibt.

Für alle, die riestern können, sollte an erster Stelle für die Vorsorge ein Riester-Vertrag stehen. Hier kommen Sie in den Genuss einer staatlichen Zulage und unter Umständen zusätzlich von Steuervorteilen. Riester-Vertrag heißt nicht, dass es sich um eine Riester-Rentenversicherung handeln muss. Sie können auch einen Riester-Banksparplan oder einen Riester-Fondssparplan abschließen.

Abseits der geförderten Produkte gibt es zahlreiche Möglichkeiten, Geld für den Ruhestand anzusparen. Einige dieser Geldanlagen sind besonders sicher, versprechen dafür allerdings eher mäßige Renditen. Dazu gehört die klassische private Rentenversicherung, mit der Sie sich eine lebenslange garantierte Rente im Alter sichern (siehe Seite 135). Zudem finden Sie im Angebot der Banken diverse Sparanlagen, mit denen Sie zumindest einen Teil Ihres Geldes für später sicher anlegen können. Sie können Ihr Geld zum Beispiel auf ein Festgeldkonto einzahlen oder in Sparbriefe investieren oder regelmäßig in einen Banksparplan einzahlen.

Höhere Renditechancen haben Sie, wenn Sie sich für Investmentfonds entscheiden. Wählen Sie etwa einen Aktienfonds, zahlen Sie mit vielen anderen Anlegern gemeinsam quasi Geld in einen großen Topf. Das Fondsmanagement kauft mit diesem Geld verschiedene Aktien. Für die Altersvorsorge kommen vor allem breit streuende Fonds wie Aktienfonds Welt infrage, die in Aktien mehrerer Länder und unterschiedlicher Branchen investieren. Sie sind weniger riskant als Fonds, die nur Aktien eines einzigen Landes oder einer bestimmten Branche kaufen.

Dennoch gehen Sie mit der Investition in Fonds ein deutlich höheres Risiko ein als mit einem klassischen Versicherungsvertrag oder den Sparangeboten der Banken. Durch mögliche Kursschwankungen können Sie als Fondssparer nicht sicher sein, dass Sie die eingezahlte Summe komplett zurückbekommen. Es kann sein, dass Ihre Fondsanteile an Wert verlieren.

Daher sollten Sie Einzahlungen in Fonds auf lange Sicht planen und nur Geld investieren, wenn Sie einen möglichen Verlust verkraften können. Sind diese Voraussetzungen erfüllt, spricht vor allem für jüngere Anleger nichts dagegen, für die Altersvorsorge einen Teil ihres Geldes in Fonds zu investieren, um die Chance auf höhere Renditen zu wahren.

RIESTER-VERTRÄGE: UNTERSTÜTZUNG BEI DER VORSORGE

Seit 2002 besteht die Möglichkeit, mithilfe eines Riester-Vertrags für das Alter vorzusorgen. Das kann eine Riester-Rentenversicherung sein. Doch auch andere Riester-Verträge wie Bank- oder Fondssparplan sind möglich. Riester-Banksparpläne sind beispielsweise ebenso sicher wie Riester-Rentenversicherungen und deutlich flexibler. Auch die Finanzierung eines Eigenheims können Sie mithilfe eines Riester-Vertrags angehen.

Anspruch auf die Riester-Förderung haben alle, die ein rentenversicherungspflichtiges Einkommen beziehen oder Beamte sind, die Arbeitslosengeld erhalten oder es bekämen, wenn ihr Partner weniger Geld hätte. Auch Mütter oder Väter in Elternzeit sind förderberechtigt. Alle anderen, zum Beispiel viele Selbstständige, können riestern, wenn ihr förderberechtigter Ehepartner dies auch tut.

Der Staat zahlt einem Riester-Sparer 154 Euro im Jahr als Grundzulage, wenn er mindestens 4 Prozent seines rentenversicherungspflichtigen Bruttoeinkommens aus dem Vorjahr in einen Riester-Vertrag einzahlt. Zusätzlich erhalten die Sparer Kinderzulagen: 300 Euro im Jahr für jedes ab 2008 geborene Kind, 135 Euro im Jahr für ältere Kinder. Die Zulage fließt, solange die Eltern Anspruch auf Kindergeld haben.

Neben diesen staatlichen Zulagen können die Riester-Sparer von Steuervorteilen profitieren. Denn wer in einen Vertrag einzahlt, kann die Beiträge als Sonderausgaben in der Steuererklärung geltend machen. Besonders für Menschen mit hohem Einkommen kann sich das zusätzlich auszahlen.

Seit es möglich ist, Riester-Verträge abzuschließen, haben die Versicherer die meisten Kunden geworben: Bis Ende 2011 wurden knapp 10,9 Millionen Riester-Rentenversicherungen abgeschlossen. Zum Vergleich: Für einen Riester-Banksparplan haben sich Sparer etwa 750 000 Mal entschieden, für einen Fondssparplan knapp 3 Millionen Mal. Die seit 2008 bestehende Möglichkeit, Riester-Vermögen für eine Immobilienfinanzierung zu verwenden, wurde bisher rund 775 000 Mal genutzt.

Leistungen und Kosten

Bei allen Riester-Produkten ist garantiert, dass den Sparern bei Rentenbeginn die eingezahlten Beiträge sowie die staatlichen Zulagen sicher sind. Darüber hinaus sind weitere Erträge möglich. Kunden, die seit Anfang 2012 eine Riester-Rentenversicherung abgeschlossen haben, erhalten allerdings nur noch einen Garantiezins von 1,75 Prozent. Bei Verträgen, die bis Ende 2006 geschlossen wurden, waren es noch 2,75 Prozent.

Je nachdem, wie der Versicherer mit dem Geld der Anleger wirtschaftet, sind aber zusätzlich Überschussbeteiligungen möglich, durch die die Rendite der Verträge steigen kann.

Im Vergleich zu den anderen Riester-Produkten hat eine Riester-Rentenversicherung vor allem den Nachteil hoher Abschlusskosten. Diese sorgen dafür, dass nicht die gesamten Beiträge des Kunden zu mindestens 1,75 Prozent verzinst werden, sondern nur der Betrag, der nach Abzug der Kosten übrig bleibt.

Möglich wäre auch, das Geld in eine fondsgebundene Riester-Rentenversicherung zu investieren. Dann fließt ein Teil der Beiträge für die Versicherung in Investmentfonds. Die Kombination Fonds und Versicherung in einem Riester-Produkt führt aber zu noch höheren Kosten als bei einer klassischen Riester-Rentenversicherung. Hinzu kommt das Risiko, dass mit

---

STECKBRIEF   **Riester-Rentenversicherung**

Schutz: Der Versicherer zahlt eine lebenslange Rente. Ein Teil der Rente ist garantiert. Höhere Einnahmen sind möglich, wenn der Versicherer Überschüsse erwirtschaftet. Der Staat belohnt die Kunden mit Zulagen und Steuervorteilen.

Bedarf: Ein Riester-Vertrag ist für die Altersvorsorge besonders geeignet. Die Riester-Rentenversicherung ist jedoch im Vergleich zu anderen Riester-Verträgen aufgrund der Abschlusskosten häufig nicht die beste Lösung.

Angebote: Wenn Sie eine Riester-Rentenversicherung abschließen wollen, vergleichen Sie die Verträge unbedingt anhand der garantierten Rente. Zahlen Sie mindestens 4 Prozent des Vorjahresbruttoeinkommens ein, um nichts von den staatlichen Zulagen zu verschenken. 60 Euro Beitrag im Jahr sind Pflicht.

Beispiele für den Schutz: Vorsorgesparer zahlen regelmäßig in den Vertrag ein und erhalten dafür im Rentenalter regelmäßige Auszahlungen. Möglich ist auch, zu Rentenbeginn eine größere Summe auf einen Schlag ausbezahlt zu bekommen.

Beispiele für Lücken im Schutz: Einzahlungen über 2 100 Euro im Jahr werden nicht gefördert. Angehörige gehen nach dem Tod eines Riester-Sparers mit Rentenversicherung leer aus, wenn keine Todesfallleistungen vereinbart wurden.

den Fonds je nach Börsenlage auch Verluste möglich sind, sodass der Vertrag womöglich weniger bringt als erhofft.

Was tun mit schlechtem Vertrag?

Falls Sie mit der Rendite Ihres Riester-Vertrages nicht zufrieden sind – beispielsweise weil Sie eine fondsgebundene Rentenversicherung abgeschlossen haben und die Kurse im Keller sind –, können Sie den Vertrag wechseln. Doch auch das kann Kosten verursachen. Kündigen Sie schon nach wenigen Jahren Ihre Rentenversicherung, haben Sie einen Großteil der für den Vertragsabschluss angefallenen Kosten bereits bezahlt. Das Geld bekommen Sie nicht zurück, wenn Sie zu einem anderen Anbieter wechseln. Ein neuer Anbieter verlangt für den Riester-Vertrag häufig noch einmal Abschlusskosten. Besser ist es deshalb in der Regel, den bisherigen Vertrag beitragsfrei zu stellen und anderswo eine andere Riester-Vertragsform abzuschließen, etwa einen Banksparplan. Für diesen neuen Vertrag können Sie dann die staatlichen Zulagen bekommen.

RÜRUP-RENTE: WENIG FLEXIBEL

Als zweite Möglichkeit, mit staatlicher Unterstützung für das Alter vorzusorgen, wurde 2005 die sogenannte Rürup- oder Basisrente ins Leben gerufen. Sie sollte vor allem Selbstständigen, denen häufig die Riester-Förderung versagt bleibt, die Möglichkeit bieten, mit staatlicher Unterstützung für das Alter vorzusorgen. Aber auch Arbeitnehmer und Beamte können diese Form der Vorsorge nutzen.

Auch bei den Rürup-Verträgen sind hauptsächlich Rentenversicherungen verkauft worden. Wer sich für eine Rürup-Rentenversicherung entscheidet, profitiert von einem Steuervorteil in der Ansparphase, der im Laufe der Jahre immer größer wird. Im Jahr 2012 können alleinstehende Sparer 74 Prozent ihrer Vorsorgebeiträge – maximal 14 800 Euro – als Sonderausgaben in der Steuererklärung geltend machen. Für Ehepaare ist der maximal geförderte Beitrag doppelt so hoch. Selbstständige, die keinerlei Beiträge an die gesetzliche Rentenversicherung oder an ein anderes Alterssicherungssystem zahlen, können diese maximale Fördersumme komplett in einen Rürup-Vertrag stecken. Möglich sind aber auch geringere Beiträge. Angestellte erhalten für weniger Rürup-Beiträge die Förderung, weil sie für ihren maximalen Förderbetrag ihre Rentenversicherungsbeiträge und die ihres Arbeitgebers berücksichtigen müssen.

Den Steuervorteil während der Ansparphase bezahlen Rürup-Rentner im Alter: Denn dann müssen sie die Leistungen aus dem Rürup-Vertrag komplett beim Finanzamt abrechnen. Ein Teil dieser Rente ist dann steuerpflichtig: Wie hoch dieser Anteil ist, richtet sich danach, wann die Versicherten das Rentenalter erreichen. Für Neurentner ab dem Jahr 2040 ist die Rente zu 100 Prozent steuerpflichtig.

Fondsgebundene Rentenversicherung nicht vollkommen sicher

Ähnlich wie bei Riester-Verträgen gibt es auch Rürup-Rentenversicherungen als sicheren klassischen Vertrag und als fondsgebundene Variante. Bei den klassischen Produkten bekommt der Kunde eine garantierte Verzinsung (derzeit 1,75 Prozent), je nach Anlageerfolg der Versicherer ist noch eine Überschussbeteiligung möglich. Bei der fondsgebundenen Rürup-Rentenversicherung hängt die Rendite unter anderem davon ab, wie sich die Fonds während der Ansparzeit entwickeln.

Jeder, der in einen Rürup-Vertrag investiert, der in irgendeiner Form auf Fonds aufbaut, muss sich des Risikos der Investition bewusst sein. Denn eine Garantie, dass auf jeden Fall alle eingezahlten Beiträge erhalten bleiben, gibt es bei Rürup-Verträgen anders als bei Riester-Angeboten nicht (siehe Seite 131). Verluste sind möglich.

Wenig Flexibilität

Entscheiden sich Vorsorgesparer für eine klassische Rürup-Rentenversicherung, gehen sie kein Verlustrisiko ein – vorausgesetzt, sie halten an dem Vertrag auf Dauer fest. Aber gerade das ist nicht unbedingt gewährleistet, denn wer sich für einen Rürup-Vertrag entscheidet, geht eine Bindung ein, die womöglich viele Jahre oder sogar einige Jahrzehnte dauert. Wird in dieser Zeit das Geld knapp und will der Kunde aus dem Vertrag aussteigen, drohen Verluste. Umso wichtiger ist es, den Vertrag nicht beim erstbesten Vertreter abzuschließen, sondern Angebote zu vergleichen. Außerdem sollten die Kunden vereinbaren, dass ein Anbieterwechsel möglich ist. Das ist nicht immer der Fall. Wenn er erlaubt ist, ist er aber mit Kosten verbunden.

Erkundigen sollten sich die Kunden zudem, welche Folgen eine Beitragsfreistellung hätte. Bei Verträgen, bei denen die

---

TIPP **Über den Betrieb vorsorgen**

Mit staatlicher Unterstützung für später sparen – diese Möglichkeit bietet auch die betriebliche Altersvorsorge. Denn wenn ein Arbeitnehmer über den Betrieb zum Beispiel in eine Direktversicherung oder eine Pensionskasse einzahlt, profitiert er davon, dass die Beiträge steuer- und sozialabgabenfrei sind. Informieren Sie sich bei Ihrem Arbeitgeber über die Möglichkeiten der betrieblichen Altersvorsorge und nutzen Sie wenn möglich die Chance, mit staatlicher Unterstützung für später vorzusorgen.

Abschluss- und Vertriebskosten auf einen Schlag von den Beiträgen abgezogen werden, reicht das bis zur Freistellung angesparte Geld auf dem Konto dann womöglich nicht für eine Rente aus. Die Beiträge sind entweder komplett verloren, oder der Kunde erhält einen Teil des Geldes zurück. Die Steuervorteile muss er dann aber zurückerstatten.

Trotz dieser Nachteile sind dank des Steuervorteils in der Ansparphase mit einer Rürup-Rentenversicherung immer noch höhere Renditen möglich als etwa mit einer klassischen privaten Rentenversicherung ohne staatliche Förderung Interessant kann ein solches Angebot für Gutverdiener sein sowie für diejenigen, die kurz vor der Rente stehen.

PRIVATE RENTENVERSICHERUNG: BELIEBT – ABER MIT SCHWÄCHEN

Als klassisches Vorsorgeinstrument gilt für viele Erwerbstätige die private Rentenversicherung. Sie bringt den Kunden Sicherheit und die Gewissheit, im Alter regelmäßig auf eine vorab vereinbarte Summe zugreifen zu können. Diese Sicherheit hat allerdings ihren Preis. Die Renditeaussichten eines solchen Vertrags sind niedriger als die Renditechancen, die beispielsweise mit einer Investition in Aktienfonds möglich sind.

Was die Versicherung bietet

Private Rentenversicherungen gibt es in unterschiedlichen Varianten. Möglich ist ein ansparender Vertrag – der Kunde zahlt regelmäßig, zum Beispiel jeden Monat, Geld an den Versicherer. Das kann je nach Vertragsabschluss über mehrere Jahrzehnte der Fall sein. Oder er entscheidet sich für eine Sofortrente. Das bedeutet, kurz nach Einzahlung einer größeren

Summe zahlt der Versicherer direkt eine regelmäßige Rente aus. Diese Variante kann beispielsweise für ältere Sparer infrage kommen, die aus dem Berufsleben ausscheiden und eine größere Geldsumme zur Verfügung haben.

Eine weitere Unterscheidung betrifft auch die Art der Investitionen: Wählt der Kunde einen klassischen Vertrag, fließen seine Beiträge in sichere, aber meist nur mäßig rentable Zinsprodukte. Entscheidet er sich für einen fondsgebundenen Vertrag, investiert der Versicherer einen Teil der Beiträge in Investmentfonds. Diese Einzahlung kann mehr Ertrag bringen als ein klassischer Vertrag, doch es bleibt das Risiko: Brechen die Börsen ein, haben die Kunden mit einer Fondspolice ein Problem, denn ihre Anteile verlieren an Wert.

Während also die Versicherten mit einer Fondspolice ein Risiko eingehen, haben die Versicherten mit klassischem Versicherungsvertrag zumindest eine im Vertrag vereinbarte Garantieleistung sicher. Für ab 2012 abgeschlossene Verträge liegt der Garantiezins allerdings nur noch bei 1,75 Prozent. Und diesen Zinssatz gibt es nicht für sämtliche geleisteten Beiträge, sondern nur für das, was nach Abzug von Abschluss- und Verwaltungskosten übrig bleibt.

Da die Versicherer mit unterschiedlichen Ausgaben für Verwaltung und Abschluss kalkulieren, ergeben sich auch unterschiedliche Garantierenten. Je niedriger sie ausfallen, desto mehr zieht der Versicherer für Kosten ab. Anhand der garantierten Renten sollten Interessenten vor Vertragsabschluss Angebote vergleichen. Männer erhalten wegen ihrer durchschnittlich kürzeren Lebenserwartung mehr Rente. Ende 2012 müssen die Versicherer aber auch hier Unisex-Tarife einführen. Unterschiedliche Tarife für Frauen und Männer sind dann nicht mehr erlaubt.

Bei dieser Garantierente muss es aber nicht bleiben. Interessant wird die Rentenversicherung in erster Linie durch das, was der Kunde darüber hinaus an Überschüssen vom Versicherer bekommen kann: Der Versicherer muss den Kunden an den Überschüssen beteiligen, die er am Kapitalmarkt erzielt. Insgesamt bleibt es trotz der Überschussbeteiligung aber

STECKBRIEF **Private Rentenversicherung**

Schutz: Der Versicherer zahlt eine lebenslange Rente. Ein Teil ist garantiert. Höhere Leistungen sind möglich, wenn der Versicherer Überschüsse erwirtschaftet.

Bedarf: Niemand braucht die private Rentenversicherung unbedingt. Sie ist aber sinnvoll für diejenigen, die sich eine sichere Zusatzeinnahme sichern wollen oder müssen, um die alltäglichen Ausgaben im Alter begleichen zu können.

Angebote: Wie viel Sie in den Vertrag einzahlen, entscheiden Sie selbst. Lassen Sie sich vor der Unterschrift ausrechnen, was Ihnen welche Einzahlungen bringen, und vergleichen Sie mehrere Angebote. Mitte 2011 schnitten in einer Finanztest-Untersuchung die Tarife von Debeka, Huk24 und Interrisk am besten ab. Damals galt noch ein etwas höherer Garantiezins als seit Anfang 2012.

Beispiele für den Schutz: Zu Rentenbeginn zahlt ein älterer Kunde 100 000 Euro auf einmal in einen Vertrag ein und erhält kurz darauf eine lebenslange Rente. Mit Anfang 40 schließt ein Einzelhändler eine Versicherung ab, in die er bis zum 65. Lebensjahr jeden Monat einzahlt, danach zahlt der Versicherer die Rente aus.

Beispiele für Lücken im Schutz: Die Angehörigen des Versicherungsnehmers gehen bei seinem Tod leer aus, wenn er keine Hinterbliebenenversorgung und keine Rentengarantiezeit mit dem Versicherer vereinbart hat.

dabei, dass sich die private Rentenversicherung in erster Linie für diejenigen lohnt, die besonders alt werden. Berechnungen der Stiftung Warentest haben gezeigt, dass es je nach Tarif über 15 Jahre dauern kann, bis Kunden die eingezahlten Beiträge wieder herausbekommen.

Wenig Mühe – aber wenig flexibel

Die private Rentenversicherung kann für diejenigen interessant sein, die sich eine bequeme und sichere Form der Vorsorge wünschen, die sich sicher sind, sehr alt zu werden, und die sich sicher sind, die Beiträge für den Versicherungsvertrag auch auf Dauer aufbringen zu können.

Der große Vorteil der Versicherung ist die Gewissheit, bis ans Lebensende eine feste Summe zur Verfügung zu haben. Der Versicherer muss eine lebenslange Rente zahlen – egal, ob der Kunde 66 Jahre alt wird oder 90 Jahre. Besonders wenn Sie noch jünger sind, sollten Sie sich aber gut überlegen, ob Sie sich auf einen solchen Versicherungsvertrag einlassen. Denn durch die lange Bindung an den Versicherer nehmen Sie sich ein gewisses Maß an Flexibilität.

Was passiert, wenn Sie die Versicherungsbeiträge irgendwann nicht mehr aufbringen können? Was passiert, wenn Sie das Geld, das in den Vertrag fließt, eigentlich besser für den Kindergartenbeitrag des Sohnes gebrauchen könnten? Dann können Sie zwar den Vertrag kündigen, doch so ein Schritt führt in aller Regel zu Verlusten. Die Kosten, die mit dem Ver-

tragsabschluss verbunden sind, fallen mit oder ohne spätere Kündigung an: Sie bekommen sie nicht erstattet.

 DEN RICHTIGEN MOMENT FINDEN

Unabhängig davon, ob die private Rentenversicherung für Sie ein geeignetes Produkt ist: Entscheiden Sie sich erst für eine solche Police, wenn Sie abschätzen können, ob Sie sich die Versicherungsbeiträge auch auf Dauer leisten können.

Sofortrente genau berechnen

Gut kalkulieren sollten Sie auch, wenn Sie überlegen, eine größere Summe als Sofortrente anzulegen. Sie sollten nur so viel in den Versicherungsvertrag investieren, wie Sie als sichere Zusatzeinnahme benötigen, um Ihren Grundbedarf wie etwa für Miete oder den Unterhalt des Hauses, für Lebensmittel oder Krankenversicherung decken zu können. Für das restliche Vermögen ist es besser, flexiblere Geldanlagen zu wählen. Wer vorhandene Ersparnisse beispielsweise auf ein Tages- oder ein Festgeldkonto packt, kann kurzfristiger über die Mittel verfügen und damit besser auf plötzliche Engpässe wie etwa beim Kauf einer neuen Waschmaschine reagieren.

Die Angehörigen absichern

Die private Rentenversicherung schützt in erster Linie denjenigen, der den Vertrag auch abschließt. Will jemand seinen Angehörigen absichern, muss er dafür besondere Leistungen vereinbaren, die zu

INFO   **Verträge kombinieren**

Auf der Suche nach einer Rentenversicherung stoßen Sie vielleicht auf ein Angebot, das mit einer Berufsunfähigkeitsversicherung kombiniert ist. Diese Kombination aus Sparen und Invaliditätsschutz ist in der Regel nicht zu empfehlen. Besser ist es, die Berufsunfähigkeitsversicherung an eine Risikolebensversicherung zu binden und separat Geld für das Alter zurückzulegen.

Lasten der Rente gehen. Eines dieser Extras ist die Beitragsrückgewähr: Sie können für die Ansparphase eine Beitragsrückgewähr vereinbaren. Dieser Zusatz kostet nicht zu viel Rente und bewirkt, dass der Versicherer die eingezahlten Beiträge zurückzahlt, falls Sie vor der ersten Rentenzahlung sterben. Das ist unbedingt sinnvoll, wenn die Angehörigen im Ernstfall nicht leer ausgehen sollen.

Außerdem ist die Beitragsrückgewähr Voraussetzung dafür, dass Sie Geld zurückerhalten, wenn Sie den Vertrag noch während der Sparphase kündigen.

Aber: Eine Beitragsrückgewähr für die Zeit, in der die Rente bereits fließt, sollten Sie vermeiden. Diese Leistung reduziert die garantierte Rente deutlich.

Sinnvoll ist außerdem, im Vertrag eine Rentengarantiezeit zu vereinbaren. Damit ist gewährleistet, dass der Versicherer die Rente zumindest für eine vorgegebene Zeitspanne – zum Beispiel 5, 10 oder 15 Jahre – zahlt, selbst wenn die versicherte Person zum Beispiel schon ein Jahr nach der ersten Rentenzahlung stirbt. Diese Leistung kostet zwar etwas, doch sie schmälert die Rendite nicht zu sehr.

KAPITALLEBENSVERSICHERUNG: NEUVERTRÄGE NICHT ATTRAKTIV

Neben Rentenversicherungen gelten seit jeher Kapitallebensversicherungen als wichtiger Bestandteil der privaten Altersvorsorge. Aber: Dieses Produkt ist für den Versicherungsnehmer mit enormen Kosten verbunden. Eine Kapitallebensversicherung kombiniert den Risikoschutz, den auch eine Risikolebensversicherung (siehe Seite 74) bietet, mit der Geldanlage. Beim Abschluss eines solchen Vertrags fallen Kosten für Vertrieb und Verwaltung an. Das war schon immer so. Verträge, die bis Ende 2004 abgeschlossen wurden, hatten allerdings den Vorteil, dass die Kunden die Erträge unter bestimmten Voraussetzungen steuerfrei kassieren konnten.

Wenn Sie heute einen neuen Vertrag abschließen, ist das anders: Die Erträge aus einer solchen Versicherungspolice sind zunächst komplett steuerpflichtig. Es sei denn, der Versicherungsnehmer hat mindestens zwölf Jahre Beiträge gezahlt und das angesparte Vermögen wird nicht vor dem 62. Lebensjahr ausgezahlt. (Für Verträge, die bis Ende 2011 geschlossen wurden: nicht vor dem 60. Lebensjahr.) Dann sind die Erträge immerhin zur Hälfte steuerfrei. Den Rest muss der Vorsorgesparer aber zu seinem persönlichen Steuersatz beim Finanzamt abrechnen.

Hinzu kommt, dass die Erträge aus einem solchen Vertrag im Vergleich zu früher deutlich gesunken sind. Wer Anfang 2012 einen Vertrag abgeschlossen hat, erhält einen garantierten Zinssatz von 1,75 Prozent. Durch die Überschussbeteiligung kann es noch zusätzliches Geld geben, aber das hängt von der Marktlage ab und davon, wie das Versicherungsunternehmen wirtschaftet. Der Abschluss eines neuen Vertrags ist somit in der Regel nicht mehr attraktiv.

Sind Sie mit einem bestehenden Vertrag unzufrieden, sollten Sie sich jedoch gut überlegen, ob Sie ihn gleich kündigen. In dem Fall müssen Sie in der Regel mit Verlusten rechnen. Die bessere Alternative ist, den Vertrag beitragsfrei zu stellen. Dann wird er quasi auf dem bisherigen Stand eingefroren. Sie zahlen keine weiteren Beiträge ein, werden aber trotzdem weiter an den Überschüssen des Versicherers beteiligt und erhalten im Alter eine Summe ausgezahlt.

INFO **Fondspolicen: Alternative mit mehr Risiko**

Wer auf Erträge hofft, die über denen von klassischen Renten- und Lebensversicherungsverträgen liegen, setzt womöglich auf fondsgebundene Versicherungsverträge: Ein Teil der Beiträge fließt nicht in sichere Zinspapiere mit eher mäßigen Renditen, sondern in Investmentfonds. Zwar haben Sie so Chancen auf höhere Renditen – aber auch das Risiko, bei schlechter Börsenlage Verluste zu machen. Dann sind Sie mit Ihren Erträgen erst einmal im Minus. Eine Kündigung zu diesem Zeitpunkt wäre schlecht, zumal auch die Abschlusskosten auf die ersten Jahre nach Vertragsabschluss verteilt werden, sodass noch weniger übrig bleibt. Dieses Risiko sollten Sie sich vor Vertragsabschluss bewusst machen. Deutlich flexibler bleiben Sie, wenn Sie sich für Investmentfonds ohne einen Versicherungsmantel entscheiden. Bei einem Fondssparplan können Sie die Zahlungen auch mal aussetzen, wenn Ihre finanzielle Situation das erfordert. Sie können schon mit geringen Zahlungen einsteigen, zum Beispiel mit 50 Euro im Monat.

GUT GESCHÜTZT
IM LAUF DES LEBENS

Erst Schule, dann Berufsausbildung oder Studium und irgendwann die gemeinsame Wohnung mit dem Partner oder der Partnerin. Im Lauf des Lebens gibt es zahlreiche Einschnitte, die auch am Versicherungsschutz nicht spurlos vorbeigehen sollten. Wie die Geburt des ersten Kindes sollten Sie zum Beispiel auch den Eintritt in den Ruhestand nutzen, um Ihren Versicherungsschutz an die veränderten Lebensumstände anzupassen.

WAS SICH IM LAUF DER JAHRE ÄNDERT

Benötigt ein Rentner noch eine Unfallversicherung? Benötigt ein Student bereits eine Berufsunfähigkeitsversicherung? Benötigt der Auszubildende eine eigene Privathaftpflichtversicherung? Jeder Lebensabschnitt – von der Kindheit über den Einstieg ins Berufsleben bis hin zum Ruhestand – weist Besonderheiten in Sachen Versicherungsschutz auf.

Solange Kinder noch zur Schule gehen und noch nicht volljährig sind, sind Sohn oder Tochter über viele Verträge der Eltern mit geschützt – zum Beispiel in der Privathaftpflichtversicherung, in der gesetzlichen Krankenversicherung oder auch das Fahrrad des Kindes und die Möbel im Kinderzimmer über die Hausratversicherung der Familie. Nur in wenigen Bereichen müssen Eltern zusätzlich aktiv werden,

wenn sie zum Beispiel den Krankenversicherungsschutz ihrer Kinder mithilfe privater Zusatzversicherungen aufbessern oder sie für den Fall der Invalidität absichern möchten.

Das ändert sich, wenn die Kinder langsam erwachsen werden und zum Beispiel anfangen, selbst mit dem Auto zu fahren. Wenn Ihr Kind „mit 17 begleitet fährt" oder es mit 18 als Fahranfänger das Auto nutzt, sollten Sie unbedingt Ihrem Kfz-Versicherer Bescheid geben. Erkundigen sollten sich Familien auch, wenn sie ein letztes Mal alle gemeinsam Urlaub machen wollen: Reicht die Familienpolice für die Auslandsreise-Krankenversicherung auch noch für den mittlerweile 18-jährigen Sohn? Oder benötigt er bereits einen eigenen Vertrag?

Je mehr die Kinder auf eigenen Füßen stehen, desto mehr Handlungsbedarf entsteht. Neben dem 18. Geburtstag sind die Unterschrift des Ausbildungsvertrags oder die Zuweisung eines Studienplatzes wichtige Einschnitte, auf die Sie auch beim Versicherungsschutz reagieren sollten.

Manchmal noch mehr notwendig

Unabhängig von der aktuellen beruflichen und familiären Situation gilt: Sie sollten darauf achten, dass Ihr Eigenheim, das Auto und andere Werte ausreichend abgesichert sind. Hausbesitzer benötigen eine Wohngebäudeversicherung – egal, ob sie noch in der Ausbildung sind, gerade eine Familie gegründet haben oder Rentner werden. Ähnlich ist es zum Beispiel beim Verkehrsrechtsschutz: Für Autofahrer ist der Schutz sehr sinnvoll, egal, ob sie noch Student sind oder bereits arbeiten.

Die folgenden Checklisten, die wir parallel zu den einzelnen Lebenssituationen vorstellen, geben einen kurzen Einblick: Welcher Schutz ist unbedingt notwendig – zum Teil auch gesetzlich vorgeschrieben –, und welche Verträge sind auf freiwilliger Basis sehr zu empfehlen?

Zusätzlich zu den in den Checklisten genannten Versicherungen gibt es weitere Verträge, die zwar nicht ganz oben auf der Bedarfsliste stehen, die aber trotzdem sinnvoll sind (siehe Tabelle Seite 10). Sinnvoll ist zum Beispiel eine private Unfallversicherung, wenn Sie sich vor den Folgen eines Unfalls zuhause oder in der Freizeit schützen wollen. Oder: Sinnvoll ist auch, wenn Sie sich nicht erst zu Rentenbeginn Gedanken über die Absicherung für den Pflegefall machen, sondern schon früher mithilfe einer privaten Pflegezusatzversicherung vorsorgen.

AZUBI MIT DEM PASSENDEN VERSICHERUNGSSCHUTZ

Entscheiden sich junge Leute nach der Schule für eine Berufsausbildung im Betrieb, müssen sie eine entscheidende Versicherungswahl treffen: In welcher gesetzlichen Krankenkasse wollen sie sich versichern?

Auszubildende sind versicherungspflichtig in der gesetzlichen Krankenversicherung. Waren sie vorher beitragsfrei über ihre Eltern in einer Krankenkasse mitversichert, geht das im Ausbildungs-

verhältnis nicht mehr. Auch eine frühere private Krankenversicherung über die Eltern endet mit Ausbildungsbeginn.

Was wirklich wichtig ist

Welche Krankenkasse ist die richtige? Infrage kommt zum Beispiel die Kasse, bei der Sie vorher über Ihre Eltern versichert waren. Doch dort müssen Sie als Auszubildender nicht bleiben: Versicherungspflichtige können aus über 100 Kranken-

kassen, die bundesweit oder zumindest regional geöffnet sind, eine passende auswählen. Vielleicht hat der Ausbildungsbetrieb auch eine Betriebskrankenkasse, die vor allem die Mitarbeiter des eigenen Unternehmens anspricht? Hat diese Krankenkasse eine Vertretung auf dem Firmengelände, ist der Weg bei Fragen oder Anträgen natürlich besonders kurz.

Die Leistungen der Kassen sind zu einem Großteil gesetzlich vorgeschrieben und daher identisch, doch an bestimmten Stellen unterscheiden sie sich. Wenn Sie zum Beispiel planen, sich nach bestandener Abschlussprüfung einen dreiwöchigen Rucksackurlaub in Asien zu gönnen, sind Sie bei einer Kasse im Vorteil, die die Ausgaben für diverse Reiseimpfungen über-

nimmt. Einige Krankenkassen zahlen zum Beispiel für die Impfungen gegen Hepatitis A und B, Cholera, Typhus und Gelbfieber, obwohl dies nicht gesetzlich vorgeschrieben ist.

Für ihre Krankenversicherung zahlen Auszubildende den Beitragssatz, den auch ausgebildete Arbeitnehmer zahlen: 15,5 Prozent ihres Einkommens. Sie selbst tragen dann 8,2 Prozent, der Ausbildungsbetrieb 7,3 Prozent. Wer also ein Ausbildungsgehalt von 650 Euro im Monat hat, muss aus eigener Tasche 53,30 Euro im Monat für die Krankenversicherung zahlen. Hinzu kommen noch 6,34 Euro für die gesetzliche Pflegeversicherung, die ebenfalls Pflicht ist. Nur wenn Ihr Ausbildungsgehalt maximal 325 Euro im Monat be-

Versicherungsbedarf während der Ausbildung

Welche Versicherungen unbedingt notwendig oder sehr zu empfehlen sind:

- ☐ Privathaftpflichtversicherung
- ☐ Kranken- und Pflegeversicherung
- ☐ Kfz-Haftpflichtversicherung für Autofahrer
- ☐ Auslandsreise-Krankenversicherung

- ☐ Berufsunfähigkeitsversicherung
- ☐ Je nach Lebenssituation können weitere Verträge sehr zu empfehlen sein, zum Beispiel eine Tierhalterhaftpflichtversicherung, wenn Sie einen Hund haben.

trägt, müssen Sie gar nichts für Kranken- und Pflegeversicherung zahlen – dann übernimmt der Arbeitgeber den fälligen Beitrag komplett.

 ### BIS 325 EURO KEINE SOZIALABGABEN

Der Grenzwert 325 Euro im Monat ist auch für die übrigen Zweige der Sozialversicherung entscheidend: Wer als Auszubildender nicht mehr verdient, muss selbst auch keine Beiträge zur gesetzlichen Arbeitslosen- und Rentenversicherung zahlen, sondern der Chef ist hier allein gefordert.

Zusatzbeiträge und Boni

Es kann passieren, dass zu den genannten Beiträgen noch etwas dazukommt: Wenn die Krankenkassen mit den Mitgliedsbeiträgen nicht auskommen, müssen sie Zusatzbeiträge erheben. Mitte 2012 war das allerdings die Ausnahme.

Für die Versicherten gibt es aber auch noch die Möglichkeit, sich wieder ein bisschen Geld zurückzuholen – zum Beispiel über die Bonusprogramme der Krankenkassen. Wenn zum Beispiel eine junge Auszubildende nachweist, dass sie bei ihrer Frauenärztin zur Krebsvorsorge war, den Kontrollbesuch beim Zahnarzt gemacht hat, einen Body-Mass-Index zwischen 18 und 25 hat, Nichtraucherin ist und regelmäßig ins Fitnessstudio geht, kann sie dafür bei mancher Kasse einen Bonus von 100 Euro oder vielleicht mehr in einem Jahr bekommen. Vorsorge lohnt sich also.

Privater Schutz teilweise über die Eltern

Zusätzlich zum Schutz über die gesetzliche Sozialversicherung benötigen Auszubildende außerdem noch bestimmte private Versicherungsverträge.

Privathaftpflicht: An erster Stelle ist hier die Privathaftpflichtversicherung zu nennen. Die gute Nachricht: Haben Ihre Eltern eine solche Versicherung abgeschlossen, sind Sie in der Regel über diesen Vertrag mit abgesichert, solange Sie noch in der ersten Ausbildung sind. Eine mögliche Ausnahme: Sie heiraten vorher. Dann benötigen Sie im Regelfall einen eigenen Vertrag.

Auslandsreise-Krankenversicherung: Die Auslandsreise-Krankenversicherung sollten Sie im Gepäck haben, wenn Sie gesetzlich krankenversichert sind und im Ausland Urlaub machen. Sonst besteht die Gefahr, dass Sie Ausgaben für eine medizinische Behandlung im Reiseland anteilig oder sogar komplett selbst zahlen müssen (siehe Seite 119). Will beispielsweise ein spanischer Arzt im Urlaubsland unbedingt privat abrechnen, kommt die Kasse in Deutschland dafür nicht komplett auf. Für Behandlungen in Urlaubsländern wie Ägypten oder Thailand zahlt sie gar nicht. Außerdem übernimmt sie unabhängig vom Reiseland niemals die Kosten für einen Krankenrücktransport nach Hause, auch wenn dieser notwendig wäre.

Eine private Zusatzversicherung, die für die Behandlungskosten im Ausland aufkommt, ist unbedingt zu empfehlen – ganz egal, ob die Reise nach Mallorca oder in die USA geht. Solche Auslandsreise-Krankenversicherungen gibt es als Familienversicherungen, doch Kinder können häufig nur bis zum 17. oder 18. Lebensjahr, manchmal auch bis zum 20. Geburtstag mitversichert werden.

Allerdings ist die Altersbegrenzung bei diesem Vertrag kein großes Problem: Gute Auslandsreise-Krankenversicherungen für Einzelreisende gibt es schon für einen Beitrag von unter 10 Euro im Jahr. Wer einen solchen Vertrag hat, kann so oft er will im Jahr verreisen. Die Reisen dürfen jeweils meist bis zu sechs oder acht Wochen dauern. Nur für noch längere Reisen ist ein etwas teurerer Vertrag notwendig (siehe Seite 121).

Berufsunfähigkeitsversicherung: Deutlich teurer ist der Schutz einer privaten Berufsunfähigkeitsversicherung. Hier müssen Sie auch in der Ausbildung schon mit Beiträgen von einigen Hundert Euro im Jahr rechnen. Allerdings ist dieser Schutz gerade auch in der Ausbildungszeit sinnvoll, weil Sie noch keinen Anspruch auf eine gesetzliche Rente im Fall von Erwerbsunfähigkeit haben. Und: Je jünger und gesünder Sie beim Vertragsabschluss sind, desto günstiger ist die Versicherung.

Wenn Eltern ihren Kindern während der Ausbildung finanziell unter die Arme greifen wollen, wäre die Berufsunfähigkeitsversicherung eine sinnvolle Möglichkeit dafür. Selbst wenn zu Beginn nur eine niedrige Rente für den Ernstfall vereinbart wird: Handelt es sich um einen Vertrag mit Nachversicherungsgarantie, ist es im Laufe der Jahre möglich, die vereinbarte Berufsunfähigkeitsrente ohne erneute Gesundheitsprüfung aufzustocken.

Hausratversicherung: Haben Sie noch Ihr Zimmer im Haus der Eltern, sind Sie auch weiterhin im Schutz von deren Hausratversicherung eingeschlossen. Selbst wenn Sie ausziehen, kann der Schutz weiterhin bestehen. Zieht zum Beispiel ein angehender Bäcker in der Woche in ein Zimmer oberhalb des Ausbildungsbetriebs, damit der Weg zur Arbeit nachts kurz ist, hat er aber seinen Lebensmittelpunkt ansonsten noch in der Wohnung der Eltern, weiten die Versicherer die Absicherung für die Einrichtung in der Familienwohnung häufig auch auf dieses Zimmer mit aus. Eine eigene Hausratversicherung ist deshalb nur sinnvoll, wenn Sie nicht mehr bei Ihren Eltern mitversichert sind und bereits eine wertvolle Einrichtung besitzen.

Sparpotenziale nutzen

Von einigen Hundert Euro Ausbildungsgehalt sind ohne die Unterstützung der Familie erst mal keine großen Sprünge möglich. Ein eigenes Auto? Das wäre zwar schön, aber die Ausgaben für Benzin, Versicherungen und alle anderen laufenden Kosten sind ohne elterliche Hilfe häufig kaum zu bezahlen. Vor allem auch, weil Fahranfänger als Kunden bei den Autoversicherern nicht so beliebt sind, weil sie bei ihnen von einem höheren Schadensrisiko ausgehen als bei anderen Kunden. Junge Leute müssen deshalb mit sehr hohen Beiträgen rechnen, wenn sie selbst Versicherungsnehmer sind. Als die Stiftung Warentest im Herbst 2011 die Beiträge für einen 19-Jährigen ermittelt hat, fand sie nur wenige Angebote für unter 1000 Euro im Jahr. Was nützt ein günstig erworbenes Auto, wenn der Versicherungsschutz solche Summen verschlingt? Um Beiträge zu sparen, lohnt es sich oft, wenn Sie das Fahrzeug bei der Gesellschaft versichern, bei der die Eltern sind. Profitieren können Sie je nach Anbieter häufig auch, wenn Sie am begleiteten Fahren mit 17 teilgenommen haben oder früher Mofa gefahren sind. Alternativ besteht immer die Möglichkeit, das Auto von den Eltern als Zweitwagen anmelden zu lassen.

PASSEND GESCHÜTZT AN DER UNI

Für den Versicherungsschutz von Studenten gilt einiges, was auch bei den Azubis im Betrieb gilt: Haben Ihre Eltern eine Privathaftpflichtversicherung, sind Sie während des ersten Studiums noch über den Vertrag Ihrer Eltern abgesichert. Machen Sie zuerst den Bachelor-Abschluss und gleich danach den Master, gilt die Absicherung häufig für beide Phasen. Zur Sicherheit sollten Sie aber den Haftpflichtversicherer fragen, wie lange der Schutz der Familienversicherung reicht. Das gilt umso mehr, wenn Sie eine Studienpause einlegen.

Bewohnen Sie nur ein Zimmer im Studentenwohnheim, während Ihr Lebensmittelpunkt noch bei den Eltern ist, können Sie sich meist auch noch über deren Hausratversicherung schützen. Für Auslandsaufenthalte ist hingegen eine eigene Auslandsreise-Krankenversicherung nötig, wenn Sie für die Familienversicherung der Eltern zu alt sind. Das hängt vom Vertrag ab und kann zum Beispiel mit 18 oder erst mit 20 Jahren der Fall sein.

Was wirklich notwendig ist

Haben Ihre Eltern keine Privathaftpflichtversicherung, sollten Sie unbedingt einen eigenen Vertrag abschließen. Für junge Leute haben die Versicherer häufig güns-

TIPP Länger im Ausland?

Wenn Sie ein Auslandssemester planen oder ein mehrmonatiges Praktikum zum Beispiel in den USA, Australien oder Spanien, sollten Sie nicht ohne den passenden Krankenversicherungsschutz reisen. Erkundigen Sie sich, ob ein günstiger Jahresvertrag noch ausreicht oder ob ein Einzelvertrag notwendig ist, weil die Auslandsphase länger dauert.

Versicherungsbedarf Studenten

Welche Versicherungen unbedingt notwendig oder sehr zu empfehlen sind:

☐ Privathaftpflichtversicherung

☐ Kranken- und Pflegeversicherung

☐ Berufsunfähigkeitsversicherung

☐ Auslandsreise-Krankenversicherung

☐ Kfz-Haftpflichtversicherung für Autofahrer

☐ Je nach Lebenssituation ist weiterer Schutz sehr zu empfehlen, zum Beispiel Tierhalterhaftpflichtversicherung für Hundehalter.

tige Tarife im Angebot. Gesetzlich vorgeschrieben ist die Absicherung aber nicht.

Anders ist das bei der Kranken- und Pflegeversicherung. Studenten müssen bei der Einschreibung nachweisen, dass sie entweder gesetzlich oder privat krankenversichert sind.

Waren Sie bisher beitragsfrei gesetzlich über Ihre Eltern mitversichert, kann dies bis zum 25. Geburtstag so bleiben. Für alle, die vor dem Studium Wehr- oder Zivildienst geleistet haben, verlängert sich die kostenlose Mitversicherung um diese Zeit.

Alle, die ein eigenes Einkommen haben, müssen allerdings aufpassen. Das eigene Einkommen darf im Jahr 2012 nicht höher als 375 Euro im Monat sein, wollen Sie beitragsfrei bleiben. Zum Einkommen zählen zum Beispiel Mieteinnahmen, Zinsen oder Einnahmen aus einer selbstständigen Tätigkeit. Wenn Sie einer geringfügigen Beschäftigung im Rahmen eines Minijobs nachgehen, darf der Verdienst bis 400 Euro gehen, wenn keine weiteren Einnahmen dazukommen.

Spätestens wenn die Familienversicherung wegen des Alters endet, müssen sich gesetzlich krankenversicherte Studenten dann in der Regel um eigenen Schutz kümmern. Sie werden Mitglied in der studentischen Pflichtversicherung, die häufig bis zum Abschluss des 14. Fachsemesters, maximal bis zum 30. Geburtstag gilt. Der Schutz kostet derzeit 64,77 Euro im Monat zuzüglich des Beitrags zur Pflegeversicherung. Dieser liegt bei 13,13 Euro für kinderlose Studenten über 23 Jahre und für alle anderen bei 11,64 Euro. Wer in der studentischen Krankenversicherung ist, darf während der Vorlesungszeiten in der Regel bis zu 20 Stunden pro Woche arbeiten.

Sobald die studentische Krankenversicherung endet, wird der gesetzliche Schutz für Sie als freiwillig Versicherten teurer. Sie zahlen nun Beiträge in Abhängigkeit von Ihrem Einkommen. Dabei zahlen Sie aber mindestens so viel, als ob Ihr Einkommen bei 875 Euro im Monat läge. Daraus ergibt sich ein Mindestbeitrag von etwa 130 Euro im Monat allein für die Krankenversicherung.

Wenn Sie sich schon zur abschließenden Prüfung angemeldet haben, wird in einer Übergangsphase von sechs Monaten nur ein reduzierter Beitragssatz fällig.

Waren Sie vor Beginn des Studiums wie Ihre Eltern privat krankenversichert, stehen Sie bereits zu Studienbeginn vor der Wahl: Entweder Sie gehen in die gesetzliche studentische Krankenversicherung. Oder Sie versichern sich weiter privat. Dafür müssen Sie sich aber zu Beginn des Studiums von der gesetzlichen Versicherungspflicht befreien lassen.

Die private Krankenversicherung kann für junge Studenten attraktiv sein, die über ihre Eltern Anspruch auf staatliche Beihilfe haben und sich somit eigene Versicherungsbeiträge zum Teil sparen können. Diese Beihilfe fließt allerdings nur so lange, wie die Eltern auch Anspruch auf Kindergeld für ihre studierenden Kinder haben. Entfällt der Kindergeldanspruch ab dem 25. Geburtstag, können die Beiträge für die private Versicherung von Studenten deutlich über denen der gesetzlichen Krankenkasse liegen, da sie dann eine private Krankenvollversicherung abschließen müssen. In die gesetzliche Kasse können sie in dem Fall als Student nicht wechseln, sie sind bis zum Ende des Studiums an die private Absicherung gebunden.

Früher Berufsunfähigkeitsschutz

Ein Muss wie die Krankenversicherung ist die Berufsunfähigkeitsversicherung nicht. Trotzdem ist ein solcher Vertrag auch schon während des Studiums sinnvoll.

Die Versicherung zahlt eine Rente, falls Sie durch Krankheit oder Unfall nicht in der Lage sind, in Ihrem angestrebten Beruf zu arbeiten.

Die Versicherer bieten Studenten zum Teil nur einen Schutz gegen Erwerbsunfähigkeit an, also Schutz für den Fall, dass Studenten in gar keinem Beruf mehr arbeiten können. Die Versicherungsunternehmen nennen diese Vertragsvariante häufig Berufsunfähigkeitsversicherung mit Erwerbsunfähigkeitsklausel. Erst zum Ende des Studiums wird dann aus dem Erwerbsunfähigkeitsschutz eine Berufsunfähigkeitsversicherung. Es gibt aber immer mehr Anbieter, die von Anfang an auch Studenten vollen Berufsunfähigkeitsschutz gewähren. Wenn Sie sich die Beiträge leisten können – allein oder mit Unterstützung der Eltern –, entscheiden Sie sich dafür.

Sparpotenziale nutzen

Schließen Studenten schon früh eine Berufsunfähigkeitsversicherung ab, haben sie im Vergleich zu älteren Kunden den Vorteil, dass sie den Schutz noch vergleichsweise günstig bekommen können. Sie sollten aber unbedingt darauf achten, dass der Vertrag eine Nachversicherungsgarantie enthält. Diese Klausel macht es möglich, zum Beispiel später bei Heirat oder Familiengründung den Versicherungsschutz zu erhöhen, ohne dafür erneut Gesundheitsfragen beantworten zu müssen. Bei welchen Anlässen dies möglich ist, steht in den Vertragsbedingungen. Bei wenigen Versicherern ist die Nachversicherung ganz ohne Anlass möglich.

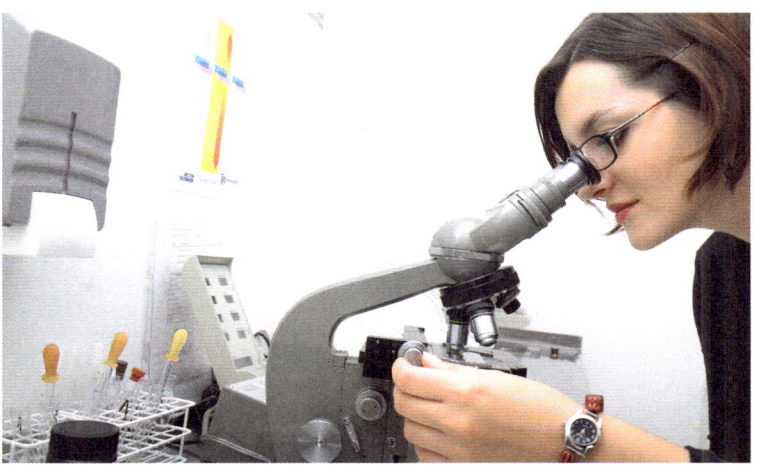

ABGESICHERT IM ERSTEN RICHTIGEN JOB

Das Ausbildungszeugnis, den Bachelor- oder Master-Abschluss in der Tasche: Spätestens wenn Sie Ihren ersten richtigen Job antreten, müssen Sie sich komplett selbst versichern. Denn spätestens sobald die erste Berufsausbildung abgeschlossen ist, endet in der Regel die Mitversicherung über die private Haftpflichtversicherung der Eltern. Die erste Ausbildung kann zum Beispiel eine rein betriebliche Ausbildung sein, ein Studium oder die Kombination aus Ausbildung im Betrieb und anschließendem Studium.

Ergänzende Lernphasen wie das Referendariat für angehende Lehrer oder Anwälte zählen nicht mehr zur über die Eltern versicherten ersten Ausbildung. Für solche Phasen benötigen Sie ebenfalls eigenen Schutz. Aufpassen sollten Sie auch, wenn es längere Zwischenphasen gibt.

Beispiel: Mit Bestehen ihrer Abschlussprüfung im März entscheidet sich eine Industriekauffrau, im Anschluss BWL zu studieren. Das Studium beginnt aber erst zum Wintersemester – ihr Ausbildungsbetrieb bietet ihr bis dahin eine befristete Stelle als Schwangerschaftsvertretung an.

Wenn Sie in einer ähnlichen Situation sind, sollten Sie sich bei der Haftpflichtversicherung erkundigen, ob diese Zwischenphase noch über die Eltern versichert ist.

Versicherungsbedarf Berufseinsteiger

Welche Versicherungen unbedingt notwendig oder sehr zu empfehlen sind:

☐ Privathaftpflichtversicherung

☐ Kranken- und Pflegeversicherung

☐ Berufsunfähigkeitsversicherung

☐ Kfz-Haftpflichtversicherung für Autofahrer

☐ Auslandsreise-Krankenversicherung

☐ Je nach Lebenssituation weiterer Schutz, zum Beispiel Tierhalterhaftpflichtversicherung für einen Hund, Wohngebäudeversicherung für die eigene Immobilie oder eine Risikolebensversicherung, wenn ein Partner oder Kinder zu versorgen sind

Das benötigen Berufseinsteiger unbedingt

Neben der eigenen Privathaftpflichtversicherung sollten sich Berufseinsteiger um weitere Policen kümmern: Die Krankenversicherung ist für sie sowieso Pflicht. Angestellte werden in der Regel aufgrund ihres Einkommens zunächst versicherungspflichtig in der gesetzlichen Krankenversicherung und damit auch in der gesetzlichen Pflegeversicherung.

Je nach Einkommenshöhe stehen sie irgendwann aber eventuell vor der Frage: weiter gesetzlich versichern oder in die private Krankenversicherung wechseln? Diese Frage stellt sich für alle, die ein Jahreseinkommen von über 50 850 Euro brutto (Stand 2012) haben, bereits nach dem ersten Jahr im Berufsleben.

Aufgrund höherer Leistungen kann der Wechsel in die private Versicherung interessant sein, finanziell lohnt er sich auf Dauer meistens nicht (siehe Seite 35). Zwar sind gerade für junge, gutverdienende Kunden die Beiträge für die private Versicherung am Anfang zum Teil sogar deutlich günstiger als der gesetzliche Schutz, doch im Laufe der Zeit steigen die Beiträge stetig an.

Schutz für den Verlust der Arbeitskraft

Spätestens mit Antritt der ersten richtigen Stelle sollten Sie sich auch für den Fall der Berufsunfähigkeit absichern. An diesem Punkt geraten diejenigen, die vielleicht noch in der Probezeit sind und noch nicht viel verdienen, natürlich in den Zwiespalt: Mehrere Hundert Euro im Jahr für diese Versicherung ausgeben, wenn noch nicht mal sicher ist, dass es nach dem ersten Jahr im Job weitergeht?

Diese Sorge ist verständlich, andererseits ist gerade jetzt der Schutz der privaten Versicherung ungeheuer wichtig: Anspruch auf eine gesetzliche Erwerbsminderungsrente haben Sie erst, wenn Sie mindestens fünf Beitragsjahre in der gesetzlichen Rentenversicherung nachweisen. Und selbst wenn Sie diese Vorgabe zum Beispiel aufgrund von dauerhaften Nebenjobs während des Studiums erfüllen, wird die Rente im Ernstfall eher dürftig ausfallen. Zusätzliche private Absicherung tut also not, damit bei Krankheit oder nach einem Unfall zumindest eine sichere Einnahme fließt, und das bis zum Beginn des Rentenalters.

Außerdem gilt: Je jünger und gesünder Sie bei Vertragsabschluss sind, desto

---

TIPP   **Private Versicherung für Beamtenanwärter interessant**

Beamte oder auch Beamtenanwärter sind nicht versicherungspflichtig in der gesetzlichen Krankenversicherung. Sie haben Anspruch auf Beihilfe ihrer Dienstherren. Deshalb sind für sie in der Regel die privaten Beihilfetarife finanziell attraktiver als die gesetzliche Krankenkasse.

günstiger bekommen Sie den Schutz. Auch das spricht dafür, diese Versicherung so bald wie möglich abzuschließen.

Die deutlich günstigere Unfallversicherung ist keine gleichwertige Alternative. Sie kommt nur für eine dauerhafte körperliche Beeinträchtigung infolge eines Unfalls auf. Damit sind alle krankheitsbedingten Invaliditäten wie beispielsweise psychische Erkrankungen oder Allergien außen vor: Kann ein Angestellter bereits nach den ersten zwei Jahren im Job etwa nach einem Burn-out nicht mehr arbeiten, hilft ihm die Unfallversicherung nicht.

Neues Zuhause sichern

Eng verbunden mit dem echten Berufseinstieg ist häufig auch der Umzug in eine neue, größere Wohnung: raus aus dem WG-Zimmer oder aus dem Studentenwohnheim, rein ins neue Zuhause. Je nachdem, wie wertvoll die eigene Einrichtung ist, kann es sich lohnen, diese über eine Hausratversicherung abzusichern. Im Vergleich etwa zur Haftpflicht- und Berufsunfähigkeitsversicherung steht dieser Schutz hinten an. Doch sinnvoll ist er allemal, gerade wenn teure technische Geräte zur Wohnung gehören oder auch ein gutes Fahrrad.

 NEU EINRICHTEN UND DOKUMENTIEREN

Auch wenn mit dem Einzug tausend andere Kleinigkeiten auf Sie zukommen: Halten Sie die Informationen über Ihre Neuanschaffungen, Rechnungen und Belege zusammen und listen Sie Ihren Hausrat

einmal mit dessen Neuwert auf. Der Umzug ist eine gute Gelegenheit, sämtliche Daten auf den neuesten Stand zu bringen. Sollten Sie tatsächlich irgendwann nach einem Einbruch, Brand oder Wasserschaden auf den Versicherer angewiesen sein, wird er nach diesen Unterlagen fragen.

Sparpotenziale nutzen

Umzugskosten, neue Kleidung für das Büro, womöglich das erste eigene Auto oder eine BahnCard für den Arbeitsweg: Mit dem Berufsstart summieren sich die Ausgaben. Einige Sparmöglichkeiten in Sachen Versicherungen bleiben trotzdem noch, zum Beispiel ein „Junge-Leute-Tarif". Etwa in der Privathaftpflicht- oder Hausratversicherung haben junge Leute bis zum Beispiel 30 Jahren oder Singles oftmals die Chance auf Rabatt. Dennoch sind diese Tarife nicht immer preiswerter als Normalangebote besonders günstiger Versicherer.

Eine kleine Finanzspritze können sich Aktive und Gesundheitsbewusste außerdem über ihre Krankenkasse holen. Zahlreiche Krankenkassen bieten ihren Versicherten die Möglichkeit, sich zumindest einen kleinen Teil ihrer Beiträge zurückzuholen. Weisen sie zum Beispiel den Besuch von Vorsorgeuntersuchungen nach, die Mitgliedschaft im Fitnessstudio oder die Teilnahme an einer Sportwoche, sammeln sie bei vielen Kassen Bonuspunkte, die am Jahresende Geld zurückbringen können. Oder die Kassen unterstützen direkt die Teilnahme an diversen Sportkursen. Hier lohnt es sich nachzufragen.

GESCHÜTZT ALS DER EIGENE CHEF

Der Versicherungsbedarf, den wir für Angestellte mit Aufnahme des ersten richtigen Jobs festgestellt haben, gilt in vielerlei Hinsicht auch für Selbstständige: für diejenigen, die etwa als freiberuflicher Journalist tätig sind, ein Übersetzungsbüro aufgebaut haben oder einen kleinen Laden führen. Einige Besonderheiten sollten sie aber doch beachten – was ihre persönliche Absicherung betrifft und auch hinsichtlich des Schutzes für ihren Betrieb.

Was Selbstständige unbedingt haben sollten

Privathaftpflichtversicherung, Krankenversicherung, Risikolebensversicherung zur Absicherung der Familie: Der Bedarf, der für den persönlichen Schutz von Angestellten gilt, ist für Sie auch Pflicht oder dringend zu empfehlen, wenn Sie selbstständig sind. Besonders wichtig ist außerdem die Berufsunfähigkeitsversicherung, insbesondere wenn Sie wie viele Selbstständige keinen Anspruch auf eine Erwerbsminderungsrente aus der gesetzlichen Rentenversicherung haben (siehe Seite 58).

Abseits dieses grundsätzlichen Bedarfs sollten Sie aber auf einige Besonderheiten achten, zum Beispiel bei der Krankenversicherung: Viele Freiberufler und Gewerbetreibende sind nicht mehr versicherungspflichtig in der gesetzlichen Krankenversicherung. Sie können sich also unabhängig vom Einkommen überlegen, ob sie freiwillig dort versichert bleiben oder in die private Krankenversicherung wechseln. Die Entscheidung sollte gut überlegt sein: Als privat Versicherter können Sie mehr Leistungen bekommen, doch Sie gehen auch ein Risiko ein, denn die Beiträge steigen im Lauf der Jahre deutlich an. Das kann gerade bei einem schwankenden Einkommen zu einem Problem werden – spätestens jedoch im Alter.

CHECKLISTE: Versicherungsbedarf für Selbstständige

Welche Versicherungen unbedingt notwendig oder sehr zu empfehlen sind:

- ☐ Privathaftpflichtversicherung
- ☐ Kranken- und Pflegeversicherung
- ☐ private Krankentagegeldversicherung oder Wahltarif Krankengeld der Krankenkasse
- ☐ Berufsunfähigkeitsversicherung
- ☐ Auslandsreise-Krankenversicherung
- ☐ Kfz-Haftpflichtversicherung für Autofahrer
- ☐ Diverse Verträge zum Schutz des Betriebs und der betrieblichen Tätigkeit je nach Beruf, zum Beispiel Berufs- oder Betriebshaftpflichtversicherung
- ☐ Je nach Lebenssituation weiterer Schutz, z. B. Risikolebensversicherung, wenn ein Partner oder Kinder abzusichern sind, oder eine Wohngebäudeversicherung für die eigene Immobilie

Sie sollten sich außerdem fragen: Was ist, wenn ich zum Beispiel nach einem Leistenbruch oder als Folge eines gebrochenen Beins mehrere Wochen nicht arbeiten kann? Anders als Angestellte haben Sie keinen Arbeitgeber, der Ihr Gehalt weiterzahlt, sodass Sie sich anderweitig Ersatz für den Verdienstausfall sichern sollten.

Als Privatkrankenversicherte vereinbaren Sie mit Ihrer Versicherung, ab wann der Versicherer ein Krankentagegeld zahlt – quasi als Ausgleich für den Verdienstausfall. Als gesetzlich Krankenversicherte können Sie vereinbaren, dass Sie komplett auf Krankengeld verzichten. Dann zahlen Sie einen niedrigeren Beitragssatz von 14,9 Prozent. Sie können auch vereinbaren, dass Sie wie Angestellte ab der siebten Woche Krankengeld bekommen. Dann zahlen Sie den üblichen Beitragssatz von 15,5 Prozent.

Gerade viele Einzelunternehmer können aber sechs Wochen ohne jegliches Einkommen nicht verkraften. Wenn sie früher Geld wollen, können sie entweder bei der gesetzlichen Kasse einen Wahltarif abschließen, sodass zum Beispiel mit Beginn der vierten Woche Krankengeld fließt. Oder sie entscheiden sich für eine private Krankentagegeldversicherung als Ergänzung des gesetzlichen Schutzes.

Schutz für den Betrieb

Je nachdem, welchen Beruf Sie ausüben, sind spezielle Versicherungen für Ihre Tätigkeit und Ihre Geschäftsräume unbedingt sinnvoll. Manche sind sogar Pflicht. Ein Handwerker sollte auf jeden Fall Angebote für eine Betriebshaftpflichtversicherung einholen, da er für sämtliche Schäden, die er selbst oder einer seiner Mitarbeiter im Zuge seiner Tätigkeit anrichtet, geradestehen muss. Für manche Berufe sind Haftpflichtversicherungen sogar ohnehin obligatorisch. Das Versicherungsunternehmen springt ein für Schäden, für die der Unternehmer haftet.

Sparen Sie nicht an der falschen Stelle, sondern kümmern Sie sich auch um den nötigen Schutz für Ihre Ware, Ihre Fahrzeuge und alles, was Sie sonst für Ihr Unternehmen benötigen.

 BEI KAMMERN UND VERBÄNDEN INFORMIEREN

Rat und Informationen können Sie bei Ihren Berufsverbänden sowie bei der für Sie zuständigen Kammer bekommen. Mehr zum Versicherungsschutz und zu anderen Finanzfragen finden Sie im Finanztest-Spezial Selbstständige. In diesem Heft stellt die Stiftung Warentest zahlreiche Finanzthemen für Selbstständige vor – von der Suche nach dem passenden Förderkredit über Steuerfragen bis hin zur geeigneten privaten Altersvorsorge. Sie können das Heft für 7,80 Euro unter www.test.de direkt bei der Stiftung Warentest bestellen oder im Handel erwerben.

Sparpotenziale nutzen

Freiberufler und Kleinunternehmer müssen aber nicht für jedes Risiko separate Verträge abschließen. So ist zum Beispiel häufig über die Hausratversicherung auch das Inventar eines beruflichen Arbeitszimmers geschützt. Auch bei vielen anderen Verträgen für den Schutz des Privatlebens macht es keinen Unterschied, ob jemand selbstständig oder angestellt tätig ist. Die Berufsunfähigkeitsversicherung zahlt auch für Selbstständige. Entscheidend für den Preis ist vor allem der Beruf, nicht der berufliche Status.

Sparen beziehungsweise staatliche Zuschüsse nutzen können viele Selbstständige auch bei der Altersvorsorge. Denn auch viele Freiberufler und Gewerbetrei-

bende haben Anspruch auf die staatliche Unterstützung für einen Riester-Vertrag. Direkten Anspruch auf die Zulagen (siehe Seite 131) etwa für eine Riester-Rentenversicherung oder einen Riester-Banksparplan haben alle, die auch als Selbstständige in der gesetzlichen Rentenversicherung Pflichtmitglieder sind. Alle anderen haben noch eine Chance auf die Förderung, wenn sie verheiratet sind und ihr Ehepartner einen Riester-Vertrag abschließt. Dann können sie sich über den Vertrag des Partners die staatlichen Zulagen für ihre Altersvorsorge sichern.

MIT DEM PARTNER GEMEINSAM GESCHÜTZT

Verliebt, verlobt, verheiratet? Wenn Sie mit einem Partner zusammenleben, egal ob mit oder ohne Trauschein, lohnt es sich, den Versicherungsschutz zu prüfen. Denn dann benötigen Sie zum Beispiel nur noch eine Hausratversicherung. Sie können sich über eine gemeinsame Haftpflichtversicherung schützen, Ihren Partner mit in eine bestehende Rechtsschutzversicherung aufnehmen oder auch als berechtigten Fahrer in die Kfz-Versicherung integrieren. Daraus können sich Beitragsersparnisse ergeben.

Das benötigen Paare unbedingt

Ziehen Sie in eine gemeinsame Wohnung, gilt für die Haftpflichtversicherung Folgendes: Ein Partner kann in den Vertrag des anderen aufgenommen werden. Er muss

dort namentlich mit genannt werden. Die zweite, dann überflüssige Police können Sie zum nächstmöglichen Termin ordentlich kündigen. Viele Versicherer lassen aus Kulanz auch eine sofortige Kündigung zu.

Geben Sie sich offiziell das Jawort, wird es noch einfacher: Nach einer Hochzeit können Sie den jüngeren Vertrag direkt kündigen.

Gegenseitig absichern

Wie kommt Ihr Partner zurecht, falls Ihnen etwas zustößt? Über Fragen wie diese denkt gerade in einer jungen Beziehung niemand gerne nach, doch aus den Augen verlieren sollten auch jüngere Paare dieses Thema nicht. Besonders wenn Partner nicht miteinander verheiratet sind, sollten

Versicherungsbedarf Paare

Welche Versicherungen unbedingt notwendig oder sehr zu empfehlen sind:

☐ Privathaftpflichtversicherung

☐ Kranken- und Pflegeversicherung

☐ Berufsunfähigkeitsversicherung

☐ Risikolebensversicherung

☐ Kfz-Versicherung für Autofahrer

☐ Auslandsreise-Krankenversicherung

☐ Je nach Lebenssituation weiterer Schutz, z. B. Wohngebäudeversicherung für eigenes Haus

sie sich Gedanken darüber machen, denn ihnen fehlt die gegenseitige Absicherung, die Verheiratete zumindest über die gesetzliche Rentenversicherung haben.

Ehepartner haben die Sicherheit, dass sie im Ernstfall eine Hinterbliebenenrente bekommen können, die zwar in der Regel nicht zum Leben reicht, aber hilft, wenigstens einen Teil der Ausgaben zu decken. Außerdem haben sie einen automatischen Erbanspruch. Beides gilt für Partner ohne Trauschein nicht:

Beispiel: Die 40-jährige Christina Bauser hat eine 18-jährige Tochter und besitzt eine 100 Quadratmeter große Wohnung, die sie von ihrer Mutter geerbt hat. In diese Wohnung zieht ihr neuer Partner Carsten Trautmann mit ein. Er ist geschieden, und da der Unterhalt für seine drei Kinder sein Konto strapaziert, ist er froh, sich zumindest Ausgaben für die Miete sparen zu können. Die beiden genießen die Zeit und machen sich keine Gedanken über die Zukunft. Doch plötzlich stirbt Christina Bauser bei einem Autounfall.

Da sie nichts anderes veranlasst hat – etwa in Form eines Testaments –, geht Trautmann leer aus. Christina Bausers

INFO Kein gegenseitiger Schutz

Der gemeinsame Versicherungsvertrag hilft Partnern, die zusammenziehen, Beiträge zu sparen. Doch unter einer Voraussetzung kann diese Konstellation auch Nachteile haben: wenn einer der über den gemeinsamen Vertrag geschützten Partner den anderen schädigt. Sie stürzen mit dem Rad gegen das Auto Ihres Partners – Schaden: 500 Euro. Wenn Sie beide über denselben Vertrag versichert sind, zahlt der Privathaftpflichtversicherer nicht. Ansprüche von zwei in einem Vertrag gemeinsam Versicherten gegeneinander sind vom Schutz ausgeschlossen. Wenn Sie und Ihr Freund jedoch noch jeweils Ihre eigenen Verträge hätten, würde Ihre Versicherung einspringen.

Tochter kann als Erbin entscheiden, was aus der Wohnung werden soll. Auch aus der gesetzlichen Rentenversicherung hat Trautmann keinerlei Ansprüche auf eine Witwerrente, da er nicht mit Christina Bauser verheiratet war.

Für einen solchen Ernstfall können nichtverheiratete Lebenspartner mit einer Risikolebensversicherung vorsorgen. Stirbt einer von ihnen, erhält der Partner eine vorher vereinbarte Summe. Wenn neu zusammengekommene Partner bereits eine solche Versicherung abgeschlossen haben, sollten sie darauf achten, wer als bezugsberechtige Person im Versicherungsschein eingetragen ist. Wollen sie diese Person ändern, müssen sie dies der Versicherungsgesellschaft schriftlich mitteilen.

Sparpotenziale nutzen

Entscheiden Sie sich für ein gemeinsames Zuhause, sollten Sie den Schutz Ihres Hausrats an die neue Lebenssituation anpassen. Hatten Sie beide vorher einzelne

---

Und wenn es auseinandergeht?

Trennen Sie sich von Ihrem Partner oder lassen Sie sich scheiden, sollten Sie Ihren Versicherungsschutz an die neue Situation anpassen. Auswirkungen sind vor allem bei folgenden Versicherungen möglich:

☐ **Krankenversicherung:** Die Familienversicherung in der gesetzlichen Krankenversicherung endet, sobald das Urteil über die Scheidung rechtskräftig wird. Ein beitragsfrei mitversicherter Ehepartner muss sich dann selbst um eine Krankenversicherung kümmern. Innerhalb von drei Monaten kann er sich freiwillig gesetzlich versichern. Nimmt er einen Job an, wird er in der Regel versicherungspflichtig in der gesetzlichen Krankenversicherung.

☐ **Risikolebensversicherung:** Wer ist bezugsberechtigt? Darüber sollten Sie sich nach der Trennung Gedanken machen.

☐ **Privathaftpflichtversicherung:** Hatten Sie eine gemeinsame Police, muss dieser Schutz wieder getrennt werden. Beide Partner benötigen eine eigene Haftpflichtversicherung.

☐ **Hausratversicherung:** Nach der Trennung kann ein Partner die bisherige Police behalten, der andere schließt einen neuen Vertrag ab, wenn ihm die Absicherung wichtig ist. Beide Partner sollten darauf achten, dass die Versicherungssumme zur neuen beziehungsweise verbliebenen Einrichtung passt. Zieht der Ehepartner aus, der Versicherungsnehmer der bisher gemeinsamen Police ist, gilt der Schutz in der Regel für drei Monate für beide Wohnungen.

☐ **Kfz-Versicherung:** Auf wen war der Wagen zugelassen und wer war als Fahrer eingetragen? Waren Sie nicht der Versicherungsnehmer und wollen Sie einen neuen Vertrag abschließen, kann es sein, dass Sie deutlich mehr für den Schutz zahlen müssen, da Ihr Schadenfreiheitsrabatt noch nicht so hoch ist.

Verträge, akzeptieren viele Versicherer auch hier aus Kulanz die Kündigung des jüngeren Vertrags. Stellen die Versicherer sich aber stur, sollte einer von Ihnen zum nächstmöglichen Zeitpunkt seinen Vertrag kündigen.

Der Schutz im verbleibenden Vertrag sollte dann so aufgestockt werden, dass er für den gemeinsamen Hausstand (entscheidend ist der Neuwert) reicht. Dafür lohnt es sich, eine Bestandsaufnahme über die Einrichtung zu machen.

SICHERHEIT FÜR KIND UND ELTERN

Ein Kind stellt das gesamte bisherige Leben auf den Kopf – und auch beim Versicherungsschutz sollte die Geburt von Sohn oder Tochter nicht ohne Folgen bleiben. Denn die neue Verantwortung bedeutet, dass Sie sich zum Beispiel Gedanken darüber machen sollten, was passiert, falls Ihnen etwas zustößt.

Eine Risikolebensversicherung sollte deshalb in keiner Familie fehlen, in der Kinder und Ehe- oder Lebenspartner abzusichern sind. Die gesetzliche Rentenversicherung zahlt zwar eine Hinterbliebenenrente, aber auf Dauer dürfte dieses Geld allein nicht ausreichen.

Wichtig ist die private Risikoabsicherung vor allem für den Hauptverdiener der Familie. Aber auch eine Mutter, die nach der Geburt ihrer Tochter beruflich kürzer tritt, sollte ausreichend abgesichert sein: Stößt ihr etwas zu, kann der Vater seinen Beruf womöglich nicht mehr so ausüben wie vorher, damit die Tochter nicht zu kurz kommt. Oder: Er arbeitet weiter wie bisher, muss aber dauerhaft jemanden beschäftigen, der die Betreuung des Kindes übernimmt. Auch das kostet Geld, sodass die Auszahlung aus der Risikolebensversicherung eine große Erleichterung bedeutet. Die Versicherungssumme sollte etwa

Versicherungsbedarf für Eltern und Kinder

Welche Versicherungen unbedingt notwendig oder sehr zu empfehlen sind:

- ☐ Privathaftpflichtversicherung
- ☐ Kranken- und Pflegeversicherung
- ☐ Risikolebensversicherung
- ☐ Berufsunfähigkeitsversicherung
- ☐ Kfz-Haftpflichtversicherung für Autofahrer
- ☐ Auslandsreise-Krankenversicherung

- ☐ Kinderinvaliditätsversicherung
- ☐ Je nach Lebenssituation weiterer Schutz, zum Beispiel Wohngebäudeversicherung für die eigene Immobilie sowie zusätzliche Haftpflichtverträge, etwa für die Absicherung eines Öltanks oder von Bauvorhaben

das Vierfache des Jahreseinkommens betragen (siehe Seite 74).

Besonders wichtig ist eine Versicherung für den Todesfall vor allem dann, wenn noch Kredite zurückzuzahlen sind – zum Beispiel für das Eigenheim. Ein Darlehen in dieser Größenordnung sollten Familien mithilfe einer sogenannten Restschuldversicherung absichern. Hierbei handelt es sich um eine Sonderform der Risikolebensversicherung: Die Versicherungssumme bleibt nicht konstant, sondern fällt parallel zur Restschuld.

Das benötigen Eltern unbedingt

Auch mit Kind gelten bestimmte Vorgaben zum Versicherungsbedarf weiter, die bereits in vorherigen Lebenssituationen wichtig waren. Die Berufsunfähigkeitsversicherung ist sehr wichtig – umso mehr, da die gesetzliche Erwerbsminderungsrente wahrscheinlich nicht reichen wird, um davon den Erwerbsunfähigen selbst, seinen Partner und ein oder mehrere Kinder zu ernähren.

 **SCHUTZ BEI VERÄNDERUNGEN AUFSTOCKEN**

Mit besonderen Ereignissen wie Hochzeit oder Geburt eines Kindes können Sie bei vielen Versicherern Ihre Berufsunfähigkeitsrente um eine bestimmte Summe aufstocken, ohne dafür erneut Gesundheitsfragen beantworten zu müssen. Der Vorteil: Wenn Sie in der Zeit seit dem ersten Vertragsabschluss eine neue Krankheit bekommen haben, kann der Versicherer dafür keinen Risikozuschlag verlangen oder die Leistungserhöhung ablehnen. Erkundigen Sie sich nach den Bedingungen für die Nachversicherung und erhöhen Sie die Rente in dem Umfang, den Ihre neue Familiensituation erforderlich macht.

Krankenversicherung – für gesetzlich Versicherte kostenlos

In der Krankenversicherung gilt: Kinder können über ihre Eltern beitragsfrei mitversichert werden, wenn diese gesetzlich krankenversichert sind. Sie sind dann zum Beispiel kostenlos Mitversicherte über die Krankenkasse ihrer Mutter. Sind beide Elternteile privat krankenversichert, kann das Kind entweder allein freiwillig in einer gesetzlichen Krankenkasse oder auch privat krankenversichert werden – allerdings ist das dann nicht kostenlos. Die Höhe der Beiträge für den privaten Schutz richtet sich unter anderem danach, ob die Eltern Anspruch auf Beihilfe ihres Dienstherren haben oder ob sie die Kinder komplett privat absichern müssen.

Etwas komplizierter sind die Regeln, wenn ein Elternteil privat, der andere Elternteil gesetzlich krankenversichert ist.

Beispiel: Katrin Henschel hat ein Einkommen von 35 000 Euro im Jahr und ist gesetzlich krankenversichert. Ihr Mann Thomas verdient 55 000 Euro im Jahr und ist privat versichert. Da Thomas Henschel mehr verdient als seine Frau und sein Einkommen zudem oberhalb der Versicherungspflichtgrenze (derzeit 50 850 Euro) liegt, können die Eltern ihren Sohn Fabian

nicht mehr beitragsfrei in der Krankenkasse von Frau Henschel versichern. Entweder sie versichern Fabian als freiwilliges Mitglied in der gesetzlichen Krankenkasse. Dann kostet der Schutz den Mindestbeitrag von etwa 130 Euro im Monat. Oder sie schließen auch für ihn privaten Versicherungsschutz ab.

Anders ist wiederum die Situation, wenn Eltern nicht verheiratet sind: Wäre die unverheiratete Katrin Henschel wiederum als Mutter gesetzlich krankenversichert, könnte sie Fabian kostenlos mitversichern. Ohne Trauschein von Mutter Katrin und Vater Thomas spielt es keine Rolle, dass der Vater privat versichert ist und mehr verdient als die Mutter.

Zusatzversicherungen extra

Um den gesetzlichen Schutz zu ergänzen, können Eltern für sich, aber auch für die Kinder jeweils separate private Krankenzusatzversicherungen abschließen, zum Beispiel eine Zusatzversicherung, die Heilpraktikerleistungen übernimmt, oder einen Vertrag für kieferorthopädische Behandlungen. Je früher sie diese Verträge abschließen, desto günstiger ist der Schutz.

Der frühe Vertragsabschluss lohnt sich auch, wenn Sie als Erwachsener für den Ernstfall „Pflege" mit einer privaten Zusatzversicherung vorsorgen wollen. Das Risiko der Pflegebedürftigkeit erscheint mit Anfang 40 noch weit weg, doch aus den Augen verlieren sollten Sie das Problem nicht. Denn wenn Sie erst mit Anfang oder Mitte 60 beginnen, beispielsweise in eine private Pflegetagegeldversicherung einzuzahlen, müssen Sie mit viel höheren Beiträgen rechnen als bei einem Vertragsabschluss mit 45 (siehe Seite 52).

Zum finanziellen Schutz vor schwerwiegenden Erkrankungen und vor schweren Unfallfolgen bei Ihren Kindern kommen eine Kinderinvaliditäts- oder gegebenenfalls noch eine Kinderunfallversicherung infrage (siehe Seite 78).

Haftpflichtpolice für die ganze Familie

Auch die Privathaftpflichtversicherung bleibt Pflichtprogramm. Kinder sind automatisch über die Versicherung ihrer Eltern geschützt, sicherheitshalber sollten Sie aber den Versicherer informieren, wenn es ein neues Familienmitglied gibt. Allerdings sollten Sie sich bewusst machen, dass Sie gerade in den ersten Jahren nach der Geburt womöglich kein Geld vom Versicherer bekommen, wenn Ihr Kind dann etwas anstellt: Da Kinder unter sieben Jahren deliktunfähig sind (im Straßenverkehr unter zehn Jahren), haften sie nicht für Schäden, und auch die Eltern haften nicht, wenn sie ihren Aufsichtspflichten nachgekommen sind. Die Haftpflichtversicherung der Familie kommt deshalb nur dann bis zu einer bestimmten Grenze für Schäden auf, wenn deliktunfähige Kinder ausdrücklich in den Versicherungsschutz eingeschlossen sind.

Die Haftpflichtversicherung gilt in der Regel so lange auch für die Kinder, bis diese ihre erste Ausbildung abschließen.

Sparpotenziale nutzen

Sparen können Sie bei der finanziellen Vorsorge für Ihre Kinder, wenn Sie auf weitere Versicherungsverträge wie etwa eine Ausbildungsversicherung verzichten. Ein solcher Vertrag kombiniert wie Kapitallebensversicherungen Sparen und Risikoschutz (siehe Seite 78). Sterben Sie, zahlt der Versicherer die vertraglich vereinbarten Beiträge weiter ein, sodass dem Kind zum Ablauf des Vertrags, zum Beispiel

zum 18. Geburtstag, die vereinbarte Versicherungssumme zur Verfügung steht.

Günstig sind solche Verträge nicht. Bevor Eltern oder gar Großeltern einen solchen Vertrag unterschreiben, sollten sie nach Alternativen schauen, um auf andere Weise ein Polster für die spätere Ausbildung oder das Studium aufzubauen. Besser ist es in der Regel, Sparen und Risikoschutz zu trennen.

Eine Risikolebensversicherung, die im Fall Ihres Todes Geld auszahlt, ist für wenige Hundert Euro im Jahr zu haben und sollte sowieso in keiner Familie fehlen. Wenn Sie zusätzlich Geld in einen Sparplan einer Bank einzahlen, ergibt sich nach 18 Jahren auch eine stattliche Summe, mit der Sohn oder Tochter zu Ausbildungsbeginn einiges anfangen kann.

Beispiel: Udo Schneider zahlt für Sohn Luca monatlich 100 Euro in einen Sparplan ein. Selbst wenn er nur 2 Prozent Zinsen erhält, ergibt sich nach 18 Jahren eine Summe von knapp 26 000 Euro.

Legt Schneider das Geld gleich auf den Namen von Luca an, ist außerdem die Chance groß, dass für die Kapitalerträge keine Steuern anfallen. Denn auch Kinder haben Anspruch auf mehrere Steuerfreibeträge, sodass die Zinsen aus dem Sparvertrag allein noch keine Zahlungen ans Finanzamt auslösen.

Genauso gilt: Schließen Sie keine Unfallversicherung mit Beitragsrückgewähr ab. Der Risikoschutz bei solchen Verträgen ist in der Regel zu gering, die Beiträge sind im Verhältnis zu hoch.

GUT GESCHÜTZT IM RENTENALTER

Spätestens wenn Ihr Ruhestand kurz bevorsteht, ist der nächste Zeitpunkt erreicht, den Versicherungsschutz erneut auf Vordermann zu bringen. Denn für die Zeit nach dem Erwerbsleben ändert sich einiges am Versicherungsbedarf.

Die gute Nachricht: Mit den Beiträgen für die Berufsunfähigkeitsversicherung fällt ein großer Posten weg, der das Haushaltsbudget belastet. Den Schutz, der den Verlust der Arbeitskraft absichert, benötigen Rentner nicht mehr. Auch eine Krankentagegeldversicherung können Sie kündigen, wenn Sie das Risiko Verdienstausfall vorher privat versichert hatten.

Das benötigen Rentner unbedingt

Im Rentenalter bleibt es aber dabei: Ohne den Schutz der Privathaftpflichtversicherung sollte kein Haushalt sein.

Auch die Krankenversicherung bleibt Begleiter im Ruhestand. Die Entscheidung, ob gesetzlicher oder privater Versicherungsschutz, ist schon während des Berufslebens gefallen. Ab dem 55. Lebensjahr kommen privat Versicherte in der Regel nicht mehr in das System der gesetzlichen Krankenkasse zurück. Steigen die Beiträge für Ihre private Versicherung, bleibt Ihnen dann nur noch die Möglichkeit, bei Ihrem aktuellen Versicherer etwas zu ändern, um Beiträge zu sparen. Sie können zum Beispiel Leistungen abspecken, den Selbstbehalt erhöhen oder in den Basistarif oder den Standardtarif für Rentner wechseln. Dann rutschen Sie allerdings vom Leistungsniveau eines Privatversicherten in etwa hinab auf das Niveau eines gesetzlich Krankenversicherten. Denn die Leistungen in diesen Tarifen entsprechen ungefähr denen der gesetzlichen Krankenkassen.

Auch ein Wechsel zu einem anderen privaten Versicherer kommt in der Regel nicht mehr infrage – wenn Sie überhaupt einen Vertrag bekommen würden: Je länger Sie vorher bei Ihrem Versicherer waren, desto mehr Alterungsrückstellungen

Versicherungsbedarf für Rentner

Welche Versicherungen unbedingt notwendig oder sehr zu empfehlen sind:

☐ Privathaftpflichtversicherung

☐ Kranken- und Pflegeversicherung

☐ Auslandsreise-Krankenversicherung für gesetzlich Krankenversicherte

☐ Kfz-Haftpflichtversicherung für Fahrzeughalter

☐ Je nach Lebenssituation weiterer Schutz, zum Beispiel Wohngebäudeversicherung für Immobilienbesitzer sowie weitere Haftpflichtverträge für Öltank oder Tierhalterhaftpflicht für Hundehalter haben Sie dort angesammelt. Da Kunden, die ihren Vertrag vor 2009 geschlossen haben, dieses Finanzpolster nicht einmal anteilig zu einem neuen Versicherer mitnehmen dürfen, wäre der Verlust zu groß.

Absicherung für den Pflegefall

Neben der Krankenversicherung gewinnt mit zunehmendem Alter auch die Frage nach der Absicherung für den Pflegefall an Bedeutung: Wie geht es weiter, wenn allein nichts mehr geht? Wer zahlt für Pflegedienst oder Heimaufenthalt?

Besser ist es natürlich, wenn diese Fragen nicht erst mit Ruhestandsbeginn in den Familien besprochen werden. Denn je später Sie sich um den passenden Versicherungsschutz für diesen Fall kümmern, desto teurer wird er. Zwar können viele Verträge über private Zusatzversicherungen zumindest noch im Alter von 65 oder 70 Jahren abgeschlossen werden, günstig

sind sie aber nicht mehr. Will eine heute 65-jährige Frau eine Pflegetagegeldversicherung abschließen, muss sie meist doppelt so viel dafür zahlen wie beispielsweise eine 55-Jährige. Deutlich günstiger wäre der Vertragsabschluss für eine 45-jährige Neukundin.

Ähnlich sieht es aus, wenn Ältere private Krankenzusatzversicherungen abschließen wollen. Beispiel Auslandsreise-Krankenversicherung: Je nach Tarif muss eine 66-jährige Frau für einen Jahresvertrag bis zu 30 Euro im Jahr zahlen, eine Frau Mitte 40 bekommt den Schutz problemlos für unter 10 Euro im Jahr.

 AUF DIE ALTERSGRENZEN ACHTEN

Die Versicherer kalkulieren die Beiträge zur Auslandsreise-Krankenversicherung für ältere Kunden unterschiedlich: Mal ziehen sie eine Beitragsstufe für 60-Jährige

---

INFO Länger im Ausland?

Ergreifen Sie im Ruhestand die Gelegenheit, länger zu verreisen, womöglich im Ausland zu überwintern oder Ihren Wohnsitz auf Dauer zu verlegen? Sprechen Sie vorher mit Ihren Versicherern: Reicht zum Beispiel der bestehende Jahresvertrag für eine Auslandsreise-Krankenversicherung aus, um die Kinder und Enkel für zwei Monate in Kanada zu besuchen oder ist eine spezielle Absicherung für die

Einzelreise notwendig? Wie können Sie Ihre Wohnung in der Toskana absichern, in der Sie den Herbst verbringen wollen, und was wird aus dem Schutz der gesetzlichen Krankenversicherung, wenn Sie an die dänische Küste ziehen? Planen Sie diese längeren Aufenthalte gut und sprechen Sie früh genug mit Krankenkasse und privaten Versicherern, um spätere Probleme zu vermeiden.

ein, mal erst für 65- oder 69-Jährige, und mal verzichten sie komplett darauf. Achten Sie darauf, denn so können Sie eventuell weiter sparen.

Besondere Angebote für das Alter

Dass die Generation 55- oder 60plus für die Versicherungsunternehmen eine interessante Zielgruppe ist, bestätigt sich dadurch, dass sich die Versicherer besondere Produkte für sie haben einfallen lassen. So bieten sie spezielle Unfallpolicen für Ältere an, die nach einem Unfall für diverse Hilfeleistungen aufkommen. Ein solches Angebot kann interessant sein, besonders wenn keine Angehörigen in der Nähe wohnen, die beispielsweise nach einem folgenschweren Sturz den Einkauf oder diverse Aufgaben im Haushalt übernehmen können. Vor Vertragsabschluss sollten Sie aber unbedingt auf die Leistungen achten, denn sonst ärgern Sie sich womöglich, wenn der Versicherer nicht wie erhofft zahlt (siehe Seite 70).

Eine Sterbegeldversicherung, die die Versicherer Rentnern gern verkaufen, ist hingegen nicht zu empfehlen (siehe Seite 15). Es gibt günstigere Methoden als diesen Vertrag, um das finanzielle Polster für die eigene Beerdigung anzusparen. Beiträge für eine solche Versicherung sollten Sie sich sparen.

Sparpotenziale nutzen

Prüfen Sie auch, ob Sie mit Veränderungen an bestehenden Versicherungsverträgen sparen können.

Beispiel Autoversicherung: Fällt der tägliche Weg zum Arbeitsplatz weg, sinkt häufig die Zahl der im Jahr mit dem eigenen Wagen zu fahrenden Kilometer. Und wenn der Autoversicherer von dieser niedrigeren Kilometersumme erfährt, besteht die Chance, dass Ihr Beitrag für die Autoversicherung sinkt.

Beispiel Hausratversicherung: Falls Sie nach dem Auszug der Kinder in eine kleinere Wohnung ziehen und Ihren Hausrat verkleinern, reicht auch eine niedrigere Versicherungssumme für die Hausratversicherung aus.

Spezielle Seniorentarife nutzen?

Einsparpotenzial besteht womöglich auch allein aufgrund des Lebensalters: Manche Versicherer werben mit speziellen Seniorentarifen, die günstiger sind als ihre Normaltarife. Solche Angebote gibt es zum Beispiel in der Privathaftpflicht- oder der Rechtsschutzversicherung. Vor Abschluss eines solchen Tarifs sollten Sie allerdings prüfen, welche Leistungen dort enthalten sind. Bietet der Tarif immer noch den Schutz, den Sie sich wünschen, oder verstecken sich hinter dem niedrigeren Beitrag auch Einschnitte bei den Leistungen?

Nachfragen beim Versicherungsvermittler empfiehlt sich hier allemal. Auch der Preisvergleich mit den Angeboten anderer Versicherungsgesellschaften lohnt sich: Selbst wenn Ihr Versicherer einen Altersrabatt bietet, kann es bei anderen Versicherern günstigere Angebote geben – auch ohne Rabatt.

RUND UM DEN VERTRAG

Aus den vorherigen Kapiteln wissen Sie, welche Absicherung Sie je nach Lebenssituation benötigen und wie Sie sie verbessern können. Doch damit ist es noch nicht getan: Um richtig gut geschützt zu sein, sollten Sie auch wissen, was Sie vom Versicherungsvermittler erwarten dürfen und was Sie beachten sollten, damit der Versicherer im Schadensfall tatsächlich zahlt. Und nicht zuletzt: wann Sie einen Vertrag auch wieder kündigen können.

IHRE POSITION ALS KUNDE

Die Situation als Versicherungskunde ist meist nicht einfach: Das Angebot an unterschiedlichen Produkten und Tarifen ist groß, die Vertragsbedingungen sind häufig nicht leicht zu verstehen, sodass es schwerfallen kann, den passenden Schutz zu bekommen.

Etwas leichter ist es für die Verbraucher im Umgang mit Versicherungen aber vor einigen Jahren geworden: Durch eine Reform des Versicherungsvertragsgesetzes und der Informationspflichtenverordnung haben seit 2009 alle Kunden mehr Rechte als früher. Seither gilt unter anderem, dass Sie vor der Unterschrift des Vertrags mehr Informationen erhalten, die Kunden früher in der Regel erst nach dem Abschluss bekamen. Es gelten neue Regeln, um den Ablauf des Vermittlungsgesprächs zu dokumentieren. Außerdem können Sie früher aus langlaufenden Versicherungsverträgen aussteigen oder verlieren bestimmten Versicherungsschutz nicht komplett, wenn Sie einen Schaden grob fahrlässig verursachen.

Trotz der Verbesserungen gibt es im Umgang mit dem Versicherungsunternehmen und auch mit dem Versicherungsvermittler weiterhin einige wichtige Punkte, die Sie vor dem Vertragsabschluss und auch während der Vertragslaufzeit unbedingt beachten sollten. Deshalb stellen wir auf den nächsten Seiten auch vor, welche Pflichten Sie als Kunde selbst zu erfüllen haben, wie Sie sich gegen eine Entscheidung Ihres Versicherers wehren können und mit welchen Fristen Sie einen ungeliebten Vertrag loswerden können.

WER IST DER PASSENDE ANSPRECHPARTNER?

Ein neues Auto soll versichert werden, für den kleinen Sohn wollen Sie vielleicht eine stationäre Zusatzversicherung abschließen, und der Privathaftpflichtschutz der Familie könnte eine Auffrischung vertragen. An wen wenden sich Verbraucher, die etwas an ihrem Versicherungsschutz ändern wollen?

Am unkompliziertesten ist es für Sie, wenn Sie „Ihren" Versicherungsvertreter vor Ort haben, dem Sie vertrauen und der sich als hilfsbereiter und zuverlässiger Ansprechpartner erwiesen hat.

„Ihr" Ansprechpartner in Versicherungsfragen kann zum Beispiel der örtliche Vertreter einer bestimmten Versicherungsgesellschaft sein. Es kann aber auch ein Versicherungsmakler sein, der die Angebote verschiedener Unternehmen vertreibt und langjährigen Kunden auch nach Vertragsabschluss hilfreich zur Seite steht. Direkte Ansprechpartner, um zum passenden Versicherungsschutz zu kommen, sind unter anderem die folgenden Personen:

- **Einfirmenvertreter/Ausschließlichkeitsvertreter:** Sie arbeiten für einen einzelnen Versicherer, der dem Vermittler eine Provision für den Verkauf der hauseigenen Produkte zahlt. Der Versicherer haftet uneingeschränkt für Fehler des Vermittlers.
- **Mehrfachvertreter:** Ein Mehrfachvertreter arbeitet für mehrere Versicherungsunternehmen. So wie der Einfirmenvertreter erhält er Provisionen der Unternehmen, wenn er deren Produkte verkauft. Auch

hier haftet der jeweilige Versicherer für Fehler.
- **Nebenberufliche Vermittler:** Das kann zum Beispiel ein Fahrradhändler sein, der seinen Kunden passend zum neuen Rad eine Fahrradversicherung verkauft.
- **Versicherungsmakler:** Sie arbeiten stets mit vielen Gesellschaften zusammen und halten daher eine große Auswahl an Angeboten bereit. Sie ermitteln im Auftrag des Kunden eine günstige Police, vermitteln sie dann und haften auch persönlich, wenn sie bei der Beratung einen Fehler machen. Für die Vermittlung kassieren aber auch sie Provisionen der Versicherer. In der Regel verwalten sie im Rahmen eines Maklervertrages mehrere Versicherungen eines Kunden.
- **Versicherungsberater:** Eine von Provisionen der Versicherungsgesellschaften unabhängige Beratung erhalten Sie bei einem Versicherungsberater. Diesen müssen Sie dann allerdings für seine Beratungstätigkeit bezahlen.

Wer einmal seinen Ansprechpartner gefunden hat und einem Versicherer treu bleibt, geht einen bequemen Weg. Er nimmt allerdings auch in Kauf, dass er günstigere und womöglich auch bessere Angebote verpasst.

Die Tests der Stiftung Warentest bestätigen, dass es keinen Versicherer gibt, der in allen Versicherungssparten gleichermaßen eine Spitzenplatzierung einnimmt. Wer eine empfehlenswerte Hausratversicherung im Angebot hat, muss bei der Autoversicherung nicht zu den besten oder günstigsten Anbietern gehören.

Deshalb gilt: Auch wenn Sie sich möglichst wenig um Versicherungen kümmern wollen, kann es sich für Sie lohnen, vor Vertragsabschluss Angebote zu vergleichen, sich verschiedene Preise einzuholen und darauf zu achten, welche Leistungen der jeweilige Versicherer bietet.

REGELMÄSSIGE TESTERGEBNISSE

Die Stiftung Warentest untersucht regelmäßig die wichtigsten Versicherungsprodukte. Die Tests zu Auto-, Privathaftpflicht-, Krankenzusatz- oder Rentenversicherungen finden Sie in den monatlich erscheinenden Finanztest-Heften oder im Internet unter www.test.de.

Abschluss im Internet

Eine zunehmend wichtige Rolle haben bei den Vergleichen der einzelnen Produkte in den vergangenen Jahren die Angebote aus dem Internet bekommen. Direktversicherer, die kein Geschäftsstellennetz betreiben und dadurch weniger Ausgaben für Vertrieb und Verwaltung haben als Versicherer vor Ort, glänzen zum Beispiel mit günstigen Tarifen für die Autoversicherung, und auch der Vertragsabschluss online klappt häufig reibungslos. Nachteil für die Kunden ist jedoch, dass Rückfragen oft nur online oder am Telefon möglich sind, nicht aber in einem direkten Gespräch mit einem Ansprechpartner vor Ort.

Trotzdem spricht zunächst zumindest aus Datenschutzgründen nichts dagegen, bestimmte Verträge wie die Kfz-Versicherung online abzuschließen. Probleme beim Datenschutz und bei der Sicherheit hat Finanztest nicht festgestellt, als untersucht wurde, wie der Online-Abschluss von Kfz-Versicherungen funktioniert.

Der Online-Abschluss eignet sich allerdings längst nicht für alle Produkte. Besonders für beratungsintensive Verträge wie zum Beispiel eine private Krankenversicherung oder Berufsunfähigkeitsschutz kommt er nicht infrage. Solche Verträge sollten Sie nicht unterschreiben, ehe Sie sich nicht ausführlich über die einzelnen Aspekte und Leistungen des Vertrags beraten lassen haben.

Keine kostenlose Beratung

Über eines sollten Sie sich aber im Klaren sein, wenn Ihnen bestimmte Angebote präsentiert werden: Der Vermittler oder Makler, der Ihnen ein Angebot macht, tut dies nicht kostenlos. Er erhält von der Versicherungsgesellschaft Provisionszahlungen, wenn er Ihnen Versicherungsschutz verkauft, zum Beispiel eine private Rentenversicherung oder Krankenversicherung. Davon lebt er.

Vertrauen in den Ansprechpartner ist zwar gut, doch besser ist es, sich zusätzlich selbst ein Bild zu machen und nicht gleich zu unterschreiben, wenn der Vermittler in einem freundlichen Gespräch die dringende Notwendigkeit eines Vertrags anpreist.

Hilfreich ist, dass sich die Position der Kunden gegenüber den Versicherungsvermittlern verbessert hat und Sie Anspruch auf mehr und vor allem frühere Informationen haben. Die Regeln für Versicherungsvermittler sind vor einigen Jahren insgesamt strenger geworden. Eine entscheidende Änderung: Seit einigen Jahren benötigen Versicherungsvermittler in Deutschland eine offizielle Erlaubnis, ihren Beruf auszuüben. Die Genehmigung für die gewerbsmäßige Versicherungsvermittlung muss bei der zuständigen Industrie- und Handelskammer beantragt werden.

Die Vermittler müssen seither unter anderem nachweisen, dass sie nicht verschuldet sind, dass sie eine Berufshaftpflichtversicherung abgeschlossen haben und eine Sachkundeprüfung bei der Industrie- und Handelskammer bestanden haben oder eine anerkannte Berufsqualifikation besitzen. Notwendig ist außerdem ein polizeiliches Führungszeugnis, aus dem hervorgeht, dass der Vermittler in den vergangenen fünf Jahren nicht wegen eines Verbrechens rechtskräftig verurteilt wurde.

Eine etwas andere Regelung gilt für die Einfirmenvertreter, die ausschließlich für ein Unternehmen, und für Mehrfachvertreter, die für mehrere Versicherer eines Konzerns tätig sind. Hier ist das Unternehmen, für das sie Versicherungen vermitteln, verpflichtet, die Voraussetzungen für eine persönliche Berufserlaubnis wie Qualifikation oder Vermögensverhältnisse zu gewährleisten. Es haftet uneingeschränkt für die Vermittlertätigkeit. Für alle Vermittler gilt außerdem eine Registrierungspflicht. Diese gilt auch für Versicherungsberater.

 ### SELBST INS REGISTER SCHAUEN

Sie können selbst überprüfen, ob der Vermittler die notwendigen Voraussetzungen erfüllt und ob es sich zum Beispiel um einen Makler, Mehrfachvertreter oder Ausschließlichkeitsvertreter handelt. Seit 2009 müssen sie sich von Beginn ihrer Tätigkeit an in ein Register beim Deutschen Industrie- und Handelskammertag eintragen lassen. In dieser frei zugänglichen Datenbank können auch die Verbraucher nachsehen unter www.vermittlerregister.info. Hier finden Sie auch weitere Informationen zu den verschiedenen Arten von Vermittlern und zu Versicherungsberatern.

Ganz gleich, ob Sie eine Hausratversicherung abschließen wollen oder eine wichtige Berufsunfähigkeitsversicherung – wenn Sie einen Termin beim Versicherungsvermittler haben, sollten Sie die folgenden Fehler vermeiden:

☐ **Blind vertrauen:** Verlassen Sie sich nicht blind auf die Informationen des Vermittlers – auch wenn das Gespräch in freundlicher Atmosphäre verläuft. Fragen Sie nach Nachteilen und Risiken eines Vertrags. Beispiele für mögliche Lücken im Schutz finden Sie in den vorherigen Kapiteln passend zu jeder Versicherungsart.

☐ **Zu zurückhaltend sein:** Haken Sie nach, wenn Sie etwas nicht verstehen oder nicht sicher sind, ob der gewünschte Schutz wirklich zu den Leistungen des Vertrags gehört.

☐ **Alleine gehen:** Sinnvoll ist außerdem, wenn Sie nicht allein entscheiden. Nehmen Sie zum Beispiel Ihren Partner oder einen Bekannten mit zu dem Gespräch. Vier Ohren hören mehr als zwei, und Sie haben einen Zeugen, falls doch etwas schiefläuft.

☐ **Sofort unterschreiben:** Nehmen Sie sich Zeit, ein Versicherungsvertrag muss nicht von jetzt auf gleich geschlossen werden. Lesen Sie sich die Vertragsbedingungen und das Produktinformationsblatt (siehe Seite 171) durch und fragen Sie konkret nach den Leistungen, die Ihnen wichtig sind. Lassen Sie sich die entsprechenden Stellen im Angebot zeigen.

☐ **Das Kleingedruckte übersehen:** Schauen Sie sich auch das Kleingedruckte in den Unterlagen an und verlassen Sie sich nicht einfach auf das Produktinformationsblatt, das die wichtigsten Leistungen des Angebots zusammenfasst. Es kommt vor, dass die Versicherer hier nur darauf hinweisen, wo in den Versicherungsbedingungen zum Beispiel die Kriterien stehen, die vom Versicherungsschutz ausgeschlossen sind, und nicht genau angeben, welche Kriterien das sind.

☐ **Nur ein Angebot ansehen:** Holen Sie mehrere Angebote ein und vergleichen Sie diese. Fragen Sie auch bei einem Anbieter nach unterschiedlichen Tarifvarianten. Nutzen Sie Beratungsangebote, zum Beispiel bei der Verbraucherzentrale. Die Adressen der Beratungsstellen finden Sie unter www.verbraucherzentrale.de. Sie können sich auch an den Testergebnissen der Stiftung Warentest orientieren, die Sie unter www.test.de gegen eine geringe Gebühr nachlesen können.

☐ **Auf Beratung und Protokoll verzichten:** Sie haben Anspruch auf ein Beratungsprotokoll. Nehmen Sie die Möglichkeit wahr, dass Ihnen schriftlich bestätigt wird, wie die Beratung abgelaufen ist. Geben Sie dieses Recht auf ein Schriftstück, das bei Schadenersatzforderungen aufgrund von Falschberatung noch sehr wichtig sein kann, nicht einfach aus der Hand.

☐ **Das Protokoll ungeprüft akzeptieren.** Prüfen Sie das Beratungsprotokoll sorgfältig, bevor der Vermittler unterschreibt. Es sollte nur enthalten, worüber auch tatsächlich gesprochen wurde. Im Idealfall soll es Ihre Wünsche, die Empfehlung des Vermittlers und auch die Gründe für seine Empfehlung dokumentieren. In vielen Formularen kann der Kunde jedoch nur durch ein Kreuz zwischen bereits vorformulierten Wünschen oder Gesprächsanlässen wählen. Auch die Vermittlerempfehlungen sind teilweise schon angegeben. Passen sie nicht, streichen Sie die vorgestellten Alternativen durch und ergänzen Sie Ihre tatsächlichen Wünsche per Hand.

☐ **Das Protokoll unterschreiben.** Es kann sein, dass der Versicherungsvermittler auch Sie auffordert, das Protokoll zu unterschreiben. Das müssen Sie nicht tun. Unterschreiben Sie nur, wenn Sie damit in allen Punkten einverstanden sind. Sonst kann es bei einer späteren Auseinandersetzung über Beratungsfehler schwierig werden, Ihre Ansprüche durchzusetzen.

WIE KOMMT DER VERTRAG ZUSTANDE?

Wie geht es weiter, nachdem Sie sich für ein bestimmtes Angebot entschieden haben? In den meisten Fällen ist es so, dass Sie zunächst das Antragsformular unterschreiben müssen. Geht es beispielsweise um eine Hausratversicherung, geben Sie in diesem Antrag an, wo sich die Wohnung befindet, welchen Wert Ihre Einrichtung hat und in welcher Höhe Sie Ihr wertvolles Trekkingrad mitversichern möchten. Gibt die Versicherungsgesellschaft das O. K. zu diesem Antrag, ist der Vertrag geschlossen. Das Versicherungsunternehmen ist Versicherungsgeber, Sie sind Versicherungsnehmer.

Als Versicherungsnehmer sind Sie Vertragspartner des Versicherers. Kurze Zeit später erhalten Sie Ihren Versicherungsschein, der auch Police genannt wird, zugeschickt. Dieser dient als Nachweis, dass Sie Versicherungsschutz haben.

Es gibt noch eine zweite Form des Vertragsabschlusses, die jedoch seltener vorkommt. In dem Fall füllen Sie zwar auch ein Formular aus mit den Daten zum gewünschten Versicherungsschutz. Dabei handelt es sich aber nicht um ein Antragsformular, sondern um eine Anfrage mit der Bitte an den Versicherer, Ihnen ein Versicherungsangebot zu machen. Der Versicherer schickt daraufhin ein verbindliches Angebot mit sämtlichen Vertragsunterlagen. Der Vertrag kommt erst zustande, wenn Sie mit Ihrer Unterschrift bestätigen, dass Sie das Angebot annehmen.

Versicherer müssen informieren

Vor der Unterschrift des Versicherungsvertrags müssen Sie vom Versicherer sämtliche Unterlagen erhalten, mit deren Hilfe Sie sich ein umfassendes Bild von dem Angebot machen können. Diese Informa-

INFO   **Versicherungsnehmer oder Versicherter?**

Im alltäglichen Sprachgebrauch werden die Begriffe „Versicherungsnehmer" und „Versicherter" häufig in gleicher Bedeutung verwendet. Wenn ein Alleinstehender beispielsweise eine private Krankenvollversicherung für sich abschließt, ist es auch tatsächlich so: Der Mann ist Versicherungsnehmer – also Vertragspartner des Unternehmens – und gleichzeitig auch die versi-

cherte Person – kurz: der Versicherte. Bei den Personenversicherungen kann es aber auch sein, dass Versicherungsnehmer und Versicherter ganz unterschiedliche Personen sind. Beispiel Kinderunfallversicherung: Felix Struckmann schließt für seinen Sohn Konstantin einen Vertrag ab. Dann ist der Vater der Versicherungsnehmer, sein Sohn die versicherte Person.

tionspflicht ist ein Vorteil, der sich im Zuge der Gesetzesreformen in den Jahren 2008/ 2009 ergeben hat.

Beispiel: Christian Schmitt hat sich sein erstes Auto gekauft. Der Versicherungs- vermittler hat ihm gesagt, was er zahlen muss, wenn er sich für Haftpflicht- und Voll- kaskoschutz entscheidet. Bevor Christian Schmitt den Versicherungsantrag unter- schreibt, sollte er sich die Vertragsbedin- gungen genau ansehen oder den Vermitt- ler konkret danach fragen. Was bietet die Kaskoversicherung: Gibt es zum Beispiel einen Rabattretter, sodass ein einmaliger Fahrfehler noch nicht zum Verlust des Schadenfreiheitsrabatts führt? Und: Wann zahlt der Versicherer für Kollisionen mit Tieren – nur für Unfälle mit Haarwild oder auch für Unfälle mit anderen Tieren?

All diese Informationen muss ein Versiche- rungsvermittler seinem Kunden vor der Unterschrift liefern. Er muss ihm nicht nur die vollständigen Vertragsbestimmungen einschließlich der Versicherungsbedingun- gen vorlegen, sondern auch ein Produkt- informationsblatt, in dem das Angebot

kurz erläutert ist, sowie weitere in der In- formationspflichtenverordnung genannte Daten, die sich je nach Versicherungsart unterscheiden können.

Vor der Gesetzesreform war es anders: Damals war es erlaubt und auch üblich, dass der Kunde Vertrags- und Versiche- rungsbedingungen komplett erst nach der Unterschrift des Antrags zusammen mit dem Versicherungsschein erhielt. Heute geht das nur, wenn der Kunde durch eine schriftliche Erklärung ausdrücklich darauf verzichtet.

Beratung und ein Protokoll darüber

Die Vermittler müssen den Kunden zudem in einem Umfang beraten, der dem jewei- ligen Versicherungsprodukt angemessen ist: Für eine private Kranken- oder Berufs- unfähigkeitsversicherung ist auf jeden Fall eine ausgiebigere Beratung notwendig als beispielsweise für eine Hausratversiche- rung. Der Vermittler muss Sie nach Ihrem Bedarf und Ihren Wünschen fragen und diese dann auch in einem Beratungspro- tokoll angeben. In dieses Protokoll, das es vor der Gesetzesreform ebenfalls noch

Was Sie wann bekommen

In der Regel vor Vertragsabschluss

☐ Allgemeine Vertragsbedingungen

☐ Genaue Versicherungsbedingungen

☐ Das Produktinformationsblatt

☐ Das Beratungsprotokoll

Nach Vertragsabschluss

☐ Den Versicherungsschein (Police)

☐ Die Widerrufsbelehrung

nicht gab, muss der Vermittler auch noch eintragen, welchen Rat er Ihnen gegeben hat inklusive einer Begründung.

Das Protokoll müssen Sie ebenfalls vor Vertragsabschluss erhalten. Ausnahme: Erteilt der Versicherer eine vorläufige Deckungszusage – zum Beispiel, wenn der Kunde sein neues Auto bereits nutzen will, bevor der Versicherungsschein da ist –, reicht es, wenn das Protokoll gemeinsam mit der Police verschickt wird.

Zu den grundlegenden Informationen in einem Beratungsgespräch gehört außerdem, dass der Vermittler Sie über sich und seinen Status informiert: zum Beispiel seinen Namen bekannt gibt, die Anschrift des Betriebs sowie die Nummer, unter der er im Vermittlerregister zu finden ist. Diese Information kann er auf einer Visitenkarte zusammenfassen oder aber per Infoblatt oder Datenträger vermitteln – sie muss aber in Textform vorgelegt werden. Die Vermittler müssen ihre Kunden außerdem frühzeitig darüber informieren, für welche Gesellschaft(en) sie Versicherungsprodukte vermitteln.

Was Sie noch bekommen

Erst wenn Sie den Antrag unterschrieben haben, erhalten Sie den Versicherungsschein und die Widerrufsbelehrung: Denn nach der Unterschrift bleiben Ihnen einige Tage Zeit, wieder vom Vertrag zurückzutreten.

CHECKLISTE: So können Sie widerrufen

☐ **Frist einhalten:** Die meisten Versicherungsverträge können Sie innerhalb einer Frist von 14 Tagen widerrufen, bei einer Renten- oder Lebensversicherung gilt eine Frist von 30 Tagen. Die Frist beginnt am Tag, nachdem Ihnen sämtliche Unterlagen für den Vertrag vorliegen: Dazu zählen neben den Vertragsbedingungen und dem Produktinformationsblatt auch der Versicherungsschein und eine Widerrufsbelehrung.

☐ **Prüfen:** Rechnen Sie nach, ob die Widerrufsfrist in Ihrem Fall noch gilt. Ist sie bereits abgelaufen, prüfen Sie, ob Sie vom Versicherer eine ausreichende Widerrufsbelehrung erhalten haben. Meistens ist das der Fall. Die Belehrung muss zum Beispiel einen Hinweis auf den Beginn der Frist sowie die Adresse, an die der Widerruf zu senden ist, enthalten. Fehlt die Widerrufsbelehrung oder ist sie nicht komplett, beginnt die Frist nicht. Sie können den Vertrag dann auch nach Ablauf der 14 beziehungsweise 30 Tage noch widerrufen.

☐ **Schreiben:** Formulieren Sie den Widerruf schriftlich und senden Sie ihn per Post oder Fax. (Ein Musterschreiben finden Sie auf Seite 182.) Entscheidend ist, dass Sie das Schreiben innerhalb der Widerrufsfrist abschicken, nicht, wann es beim Versicherungsunternehmen eingeht. Sie müssen den Widerruf nicht begründen. Zu viel gezahlte Beiträge erhalten Sie zurück.

IHRE PFLICHTEN ALS KUNDE

Versicherungsunternehmen und Versicherungsvermittler sind vor Vertragsabschluss in der Pflicht. Doch auch für die Kunden gelten besondere Pflichten, die sogenannten Obliegenheiten, die sie erfüllen müssen.

Pflichten bei Vertragsabschluss

Eine entscheidende Pflicht des Kunden ist, im Versicherungsantrag wahre Angaben zu machen: Ganz egal, ob Sie gefragt werden, wie viele Kilometer Sie mit Ihrem Wagen im Jahr fahren oder welche Vorerkrankungen Sie in den vergangenen fünf Jahren hatten – Sie sollten unbedingt korrekte Angaben machen und nicht versuchen, durch Schummelei günstigeren Versicherungsschutz zu bekommen. Der Versicherungsvermittler fragt verschiedene Kriterien ab, damit das Versicherungsunternehmen einordnen kann, ob es bereit ist, die Absicherung eines bestimmten Risikos zu übernehmen. Vor der Unterschrift unter den Antrag sollten Sie diese Angaben noch einmal überprüfen. Versicherungsvermittler neigen manchmal dazu, Angaben zu Erkrankungen zu „schönen", damit der Vertrag zustande kommt. Den Schaden hat später der Versicherte.

Vor allem bei den Gesundheitsfragen, die zum Beispiel für eine Kranken- oder Berufsunfähigkeitsversicherung entscheidend sind, sollten Sie besonders sorgfältig vorgehen und sich genügend Zeit nehmen. Es empfiehlt sich außerdem, gegebenenfalls Rücksprache mit dem Arzt zu halten, um alle Fragen richtig zu beantworten. Denn wenn Sie falsche Angaben machen oder bestimmte Vorerkrankungen oder Beschwerden verschweigen, riskieren Sie, doch kein Geld vom Versicherer zu erhalten, wenn Sie zum Beispiel bei Berufsunfähigkeit eigentlich eine Rente bekommen sollten. Im schlimmsten Fall müssen Sie sogar Geld für bereits erhaltene Leistungen zurückerstatten – wenn zum Beispiel der Krankenversicherer vom Vertrag zurücktritt oder diesen wegen arglistiger Täuschung anficht.

Das korrekte Beantworten der Gesundheitsfragen gehört zu den vorvertraglichen Anzeigepflichten. Der Versicherer ist verpflichtet, den Kunden darauf hinzuweisen, welche Folgen falsche Angaben für ihn haben können.

Pflichten nach Vertragsabschluss

Ist der Vertrag zustande gekommen, bleiben der Versicherungsnehmer und gegebenenfalls mitversicherte Personen weiter in der Pflicht. Sie dürfen sich zum Beispiel nicht ausgesprochen fahrlässig verhalten. Bricht ein Feuer aus, weil Sie eine brennende Kerze unbeaufsichtigt stehen lassen, kann der Hausrat- oder Wohngebäudeversicherer Ihnen grobe Fahrlässigkeit vorwerfen. Dann muss er den Schaden nur zum Teil übernehmen.

Dank der Änderungen im Versicherungsvertragsgesetz ist es aber nicht mehr möglich, dass der Versicherer die Kostenübernahme komplett verweigert: Er muss zumindest anteilig zahlen. Früher war das anders. Damals galt das „Alles-oder-nichts-Prinzip". Danach ging der Versicherte leer aus, wenn ihm zum Beispiel der Hausratversicherer grobe Fahrlässigkeit nachweisen konnte. Eine Ausnahme bildeten nur sämtliche Haftpflichtversicherungen: Hier haben und hatten Kunden immer schon Schutz, auch wenn sie einen Schaden grob fahrlässig verursachen.

Die Vorteile des geänderten Versicherungsvertragsgesetzes gelten seit 2009 auch für sämtliche Altverträge – ganz egal, wann sie geschlossen wurden.

Pflichten im Schadensfall

Schäden lassen sich nicht immer vermeiden, aber wenn etwas passiert ist, sind Versicherte verpflichtet, die Schäden so gering wie möglich zu halten. Ihre weiteren Pflichten hängen auch davon ab, um welche Art von Versicherung es sich handelt. Eine Pflicht bei sämtlichen Versicherungen ist, das Versicherungsunternehmen innerhalb einer bestimmten Frist zu informieren. Häufig steht in den Vertragsbedingungen, dass der Kunde einen Schaden

---

CHECKLISTE: So gehen Sie im Schadensfall vor

☐ **Keine Zeit verlieren:** Schieben Sie die Meldung beim Versicherer nicht unnötig hinaus. Je schneller Sie ihn informieren, desto besser. Nutzen Sie zum Beispiel die Schaden-Rufnummern der Versicherungsunternehmen. Oder wenden Sie sich an den Ansprechpartner Ihrer Versicherung in der Geschäftsstelle vor Ort. Je nach Anbieter und Schadensfall kann es außerdem möglich sein, einen Schaden online zu melden.

☐ **Anweisungen befolgen:** Erhalten Sie von der Versicherung Anweisungen für das weitere Vorgehen, sollten Sie diese befolgen. Sie gibt Ihnen zum Beispiel vor, wie Sie nach einem Sturmschaden vorgehen sollen und wann die Handwerker mit den Reparaturarbeiten beginnen können. Halten Sie sich daran, dann sind Sie auf der sicheren Seite.

☐ **Formular korrekt ausfüllen:** Wenn Sie dem Versicherer zum Beispiel mitgeteilt haben, dass Ihre elfjährige Tochter auf Rollschuhen gegen ein parkendes Auto gestürzt ist und den Spiegel des Fahrzeugs abgebrochen hat, wird dieser Ihnen ein Formular zukommen lassen, in dem Sie den Schadenshergang schildern müssen. Seien Sie dabei genau und machen Sie korrekte Angaben. Unterschreiben Sie die Schadenanzeige und senden Sie sie an den Versicherer zurück.

☐ **Alle informieren:** Je nach Schadensfall kann es sein, dass mehrere Versicherungsverträge betroffen sind, zum Beispiel Hausrat- und Wohngebäudeversicherung nach einem Sturm. Wenn Sie sich nicht sicher sind, wer beispielsweise für die zerstörte Markise aufkommen muss, wenden Sie sich sicherheitshalber an beide Versicherer.

„unverzüglich" melden muss, sobald er davon Kenntnis hat. Unverzüglich bedeutet so bald wie möglich. Als grober Richtwert für unverzüglich gilt, dass der Versicherer spätestens nach einer Woche über den Schaden Bescheid wissen sollte.

Doch je eher Sie handeln, desto besser auch für Sie: zum einen, weil der Versicherer vielleicht noch Hinweise hat, wie der Schaden weiter zu mindern ist. Und zum anderen, weil dann der Prozess der Schadensregulierung direkt in Gang kommt und Sie schneller die Chance haben, an Ihr Geld zu kommen.

Bei anderen Versicherungsfällen ist schon laut Vertragsbedingungen deutlich mehr Eile geboten: Stirbt etwa eine versicherte Person infolge eines Unfalls, haben die Angehörigen maximal 48 Stunden Zeit, den privaten Unfallversicherer über den Tod zu informieren.

Pflichten, wenn der Versicherungsnehmer stirbt

Eine besondere Situation ergibt sich immer, wenn der Versicherungsnehmer oder die versicherte Person stirbt. Auch für diesen Fall haben die Versicherungsunternehmen genau geregelt, welche Pflichten die Angehörigen zu erfüllen haben.

In den Musterbedingungen des Gesamtverbandes der Deutschen Versicherungswirtschaft für die private Rentenversicherung heißt es zum Beispiel, der

TIPP **Für den Todesfall: Planen und Material zusammenhalten**

Zeigen Sie Ihren Angehörigen frühzeitig, wo sie im Fall Ihres Todes sämtliche Informationen und Unterlagen zum Versicherungsschutz finden. Wenn Sie die Unterlagen in einem Bankschließfach haben, sorgen Sie dafür, dass eine vertrauenswürdige Person darauf zugreifen kann, wenn es nötig ist.

Als Angehörige sollten Sie im Ernstfall keine Zeit verlieren und den Versicherer informieren – auch wenn Sie verständlicherweise nicht gleich einen Kopf dafür haben. Das erspart Ihnen anschließenden Ärger, denn der Versicherer kann sich beispielsweise weigern zu zahlen, weil die Information zu spät kam.

Versicherer muss „unverzüglich" über den Tod der versicherten Person informiert werden, also ohne schuldhafte Verzögerung. Die Angehörigen müssen dem Versicherer eine amtliche Sterbeurkunde zusenden oder zumindest eine Kopie davon.

Hatte der Versicherte eine Hinterbliebenenversorgung oder eine Rentengarantiezeit vereinbart, verlangt der Versicherer in der Regel außerdem ein ärztliches Gutachten zur Todesursache und zu einem möglichen vorherigen Krankheitsverlauf.

SICH WEHREN, WENN DER VERSICHERER NICHT ZAHLT

Es kann alles ganz glatt laufen: Der Sturm hat das Haus abgedeckt, der Kunde meldet den Schaden der Versicherung, und das Versicherungsunternehmen erstattet die anfallenden Kosten komplett. Ganz so reibungslos läuft es im Umgang mit einem privaten Versicherungsunternehmen aber längst nicht immer.

Kommt es zu Problemen, etwa weil der Versicherer Ihnen Leistungen verweigert, sollten Sie zunächst versuchen, im direkten Gespräch zu klären, warum er dies tut, und ihn von Ihrer Sicht der Dinge zu überzeugen. Bleibt der Versicherer bei seiner Entscheidung, sollten Sie Rat bei einem neutralen Versicherungsexperten suchen. Ansprechpartner sind zum Beispiel die Verbraucherzentralen. Die Adressen der Beratungsstellen finden Sie unter www.verbraucherzentrale.de.

Kommen Sie so nicht weiter, können Sie sich an den Ombudsmann wenden. Die Ombudsmänner sind neutrale Schlichter, an die sich Versicherungskunden wenden können, um einen Streit mit dem Versicherungsunternehmen außergerichtlich

klären zu lassen. Dieses Verfahren ist für die Versicherten kostenlos.

Für die meisten Fragen, die private Versicherungen und Versicherungsvermittler betreffen, ist der Versicherungsombudsmann Günter Hirsch zuständig. Er ist ehemaliger Präsident des Bundesgerichtshofs. Nur bei Problemen rund um die private Kranken- und Pflegeversicherung ist er außen vor: Dann müssen sich die Versicherten an Ombudsmann Helmut Müller wenden.

Bei Ombudsmann Günter Hirsch gingen im Jahr 2011 rund 17 700 Beschwerden ein, die sich zum Großteil gegen Versicherungsunternehmen und zu einem kleineren Teil gegen Vermittler richteten. Deutlich angestiegen sind in den vergangenen Jahren die Beschwerden zur privaten Kranken- und Pflegeversicherung: Allein 2010 verzeichnete der Ombudsmann hier knapp 6 000 Beschwerden, 2005 waren es noch knapp 3 000 Beschwerden.

In den vorgetragenen Fällen hatten die Ombudsmänner darüber zu entscheiden, ob das Verhalten des Versicherungsunternehmens gegenüber dem Kunden angemessen war, ob der Versicherer beispielsweise zu Recht einem Kunden die Kostenübernahme bestimmter Behandlungskosten verweigert hat.

Voraussetzungen erfüllen

Damit die Ombudsmänner eine Entscheidung in der Auseinandersetzung mit einer Versicherungsgesellschaft treffen, müssen allerdings einige Vorgaben erfüllt sein: So darf unter anderem zu der kritischen

Frage noch kein Verfahren vor Gericht anhängig sein.

Handelt es sich um Streitfälle im Wert von bis zu 10 000 Euro, ist die Entscheidung von Ombudsmann Günter Hirsch verbindlich. Die Höhe, bis zu der Kunden ihr Anliegen prüfen lassen können, liegt bei 100 000 Euro. Der Ombudsmann für die private Krankenversicherung kann dagegen keine verbindlicher Entscheidungen treffen, sondern nur Empfehlungen aussprechen, denen die Unternehmen

---

So wenden Sie sich an den Ombudsmann

Die Schritte zu Ihrem Recht

☐ **Unterlagen zukommen lassen:** Wenn Sie beim Versicherer keinen Erfolg hatten, schicken Sie eine Kopie Ihres Schriftverkehrs mit dem Versicherer sowie eine Kopie Ihres Versicherungsscheins an den Ombudsmann.

☐ **Entscheidung abwarten:** Warten Sie auf die Entscheidung des Ombudsmannes. Das Verfahren kann durchaus mehrere Monate dauern.

☐ **Gericht einschalten:** Sind Sie mit der Entscheidung nicht einverstanden, bleibt Ihnen immer noch die Möglichkeit, vor Gericht zu ziehen und zu klagen. Die Fristen für die Verjährung eines möglichen Leistungsanspruchs werden durch das Ombudsverfahren unterbrochen, sodass Sie durch den vorherigen Versuch der außergerichtlichen Klärung keine Ansprüche verlieren.

Ansprechpartner und Informationen

Ombudsmänner: Den Versicherungsombudsmann erreichen Sie unter: www.versicherungsombudsmann.de (Versicherungsombudsmann e. V., Postfach 08 06 32, 10006 Berlin; Tel. 0 180 4/22 44 24). Den Ombudsmann für die private Kranken- und Pflegeversicherung erreichen Sie unter www.pkv-ombudsmann.de (Ombudsmann Private Kranken- und Pflegeversicherung, Postfach 06 02 22, 10052 Berlin; Tel. 0 180 2/55 04 44).

Bafin: Beschwerden zu Versicherungen sind auch bei der Bundesanstalt für Finanzdienstleistungsaufsicht (Bafin) kostenlos möglich. Nach der schriftlichen Beschwerde holt die Bafin die Stellungnahme des Versicherungsunternehmens ein, um zu prüfen, ob das Unternehmen verbindliche gesetzliche Vorgaben und maßgebliche Urteile einhält. Mehr Informationen zur Beschwerde bei der Bafin finden Sie unter www.bafin.de (Rubrik Verbraucher, Stichwort „Beschwerden und Ansprechpartner").

nach Angaben des Ombudsmannes in der Regel folgen.

ES LOHNT SICH, ZU KÄMPFEN

In der Mehrzahl der Fälle haben die Ombudsmänner zwar entschieden, dass die Versicherer richtig gehandelt haben, aber wehren lohnt sich trotzdem: Die Statistik von Ombudsmann Günter Hirsch zeigt, dass bei Beschwerden gegen Lebens- und Rentenversicherer immerhin 19,8 Prozent der Entscheidungen zugunsten des Versicherungsnehmers ausgingen, in den übrigen Sparten sogar 40 Prozent. Von den Beschwerden gegen Versicherungsvermittler endete etwa jedes dritte Verfahren im Sinne des Kunden.

RAUS AUS DEM VERTRAG: DIE KÜNDIGUNGSRECHTE

Auseinandersetzungen über erhoffte Leistungen, höhere Beiträge, unfreundliche Ansprechpartner: Die Gründe, warum Versicherungsnehmer irgendwann genug haben und einen bestehenden Vertrag kündigen wollen, sind vielfältig. Ist der Kunde unzufrieden, hat er in vielen Situationen die Möglichkeit, über kurz oder lang aus dem laufenden Versicherungsvertrag auszusteigen:

■ Ordentliches Kündigungsrecht: Sie können zahlreiche Verträge zum Ende der Vertragslaufzeit oder auch schon früher ordentlich kündigen.

So gilt beispielsweise der Versicherungsschutz für ein Auto in der Regel für ein Jahr, Sie können ihn mit einer Frist von einem Monat kündigen. Haben Sie eine Versicherung mit einer Laufzeit von zehn Jahren abgeschlossen, zum Beispiel eine Wohngebäudeversicherung, haben Sie nach drei Jahren erstmals die Möglichkeit, den Vertrag zu wechseln, danach jährlich zum Ende jedes weiteren Versicherungs-jahres. Das war früher anders: Vor der Reform des Versicherungsvertragsgesetzes konnten langlaufende Verträge frühestens nach fünf Jahren gekündigt werden.

Im Fall der Wohngebäudeversicherung ist aber eine Besonderheit zu beachten: Ist das Haus noch nicht abbezahlt, brauchen Sie für den Wechsel die Zustimmung der im Grundbuch genannten Kreditgeber. Dafür benötigen Sie in der Regel die Zusage eines neuen Versicherers. (Mehr zur Kündigung siehe Tabelle Seite 180.)

■ Außerordentliches Kündigungsrecht nach Beitragserhöhung: Erhöht der Versicherer die Versicherungsbeiträge, ohne dafür gleichzeitig mehr Leistung zu bieten, müssen Sie nicht bis zum Ende des Versicherungsjahres oder der Vertragslaufzeit warten, um aus dem Vertrag auszusteigen: Sie haben in dem Fall ein außerordentliches Kündigungsrecht. Ihr Kündigungsschreiben muss spätestens einen Monat, nachdem der Versicherer die Beitragserhöhung angekündigt hat, beim Versicherungsunternehmen vorliegen. Die Kündigung wird wirksam zu dem Zeitpunkt, zu dem der höhere Beitrag fällig wäre.

■ **Außerordentliches Kündigungsrecht nach einem Schaden:** Ebenfalls gleich kündigen können Sie nach einem Schadensfall. Dabei ist es unerheblich, ob der Versicherer die erhofften Leistungen gezahlt hat oder ob er weniger geleistet hat als erwartet. Teilt Ihnen der Kaskoversicherer zum Beispiel mit, dass er die Kosten für eine Autoreparatur nicht vollständig übernimmt, haben Sie einen Monat nach dieser Entscheidung Zeit, den Vertrag schriftlich zu kündigen. Nutzen Sie nach einem Schadensfall Ihr außerordentliches Kündigungsrecht, müssen Sie nicht fürchten, eine Leistung, die der Versicherer übernommen hat, zurückerstatten zu müssen.

Anteiligen Jahresbeitrag zurückbekommen

Wenn Sie Versicherungsverträge außerordentlich kündigen, können Sie dies mit sofortiger Wirkung tun oder zum Ablauf des Versicherungsjahres. Dank der Gesetzesreformen ist es einfacher geworden, gleich aus dem Vertrag auszusteigen, ohne bereits gezahlte Beiträge zu verlieren: Heute muss Ihnen der Versicherer anteilig die Beiträge zurückerstatten, die Sie im Voraus für das gesamte Jahr geleistet haben. Früher durfte der Versicherer die vorab gezahlten Beiträge bei außerordentlicher Kündigung im Lauf des Versicherungsjahres komplett behalten.

Das ist bei der Kündigung zu beachten

Wollen Sie den Anbieter wechseln, sollten Sie erst kündigen, wenn Sie sicher sind, bei einem anderen Versicherer unterzukommen. Außerdem sollten Sie bei jeder Kündigung einige Vorgaben beachten:

Schriftlich: Die Kündigung muss immer schriftlich erfolgen. Das Schreiben muss Ihre Unterschrift tragen. (Musterschreiben siehe Seiten 183 bis 185.)

Versicherungsnummer/Versicherungsscheinnummer: Damit der Versicherer weiß, um welchen Vertrag es sich handelt, sollten Sie die Versicherungsscheinnummer in die Betreffzeile schreiben.

Begründung: Das Kündigungsschreiben muss keine Begründung enthalten, wenn Sie den Vertrag ordentlich zum Ablauf der Versicherungslaufzeit oder zum Ende des Versicherungsjahres kündigen. Es reicht, wenn Sie auf die fristgerechte Kündigung zu dem jeweiligen Datum hinweisen. Wenn Sie jedoch außerordentlich kündigen, geben Sie zusätzlich den Hintergrund an – zum Beispiel Kündigung aufgrund von Beitragserhöhung.

Bestätigung: Fordern Sie den Versicherer auf, Ihnen eine Kündigungsbestätigung zu schicken. Dann wissen Sie, dass alles glatt gelaufen ist.

Dokumentation: Schicken Sie Ihre Kündigung per Einschreiben mit Rückschein, damit Sie belegen können, dass Sie tatsächlich pünktlich waren. Wenn Sie für die Kündigung ein Fax senden, sollten Sie darauf achten, dass Sie eine Sendebestätigung vorweisen können.

VERSICHERUNGEN KÜNDIGEN: DIE REGELN FÜR DIE WICHTIGSTEN POLICEN

Art der Kündigung	Kündigungstermin	Kündigungsfrist
Privat-, Gewässerschaden-, Tierhalter-, Haus- und Grundbesitzer-Haftpflicht, Glas- und Hausratversicherung, Rechtsschutzversicherung, Unfall- und Wohngebäudeversicherung[1)]		
Ordentliche Kündigung	Zum Vertragsende, danach jährlich zum Ende des Versicherungsjahres. Bei Verträgen, die eine Laufzeit von über drei Jahren haben, erstmals Kündigung nach drei Jahren möglich, danach jährlich zum Ende jedes weiteren Versicherungsjahres möglich.	Drei Monate. Handelt es sich um einen Vertrag, für den die Sonderbedingungen Ost gelten[2)]: ein Monat.
Kündigung im Schadensfall	Nach jedem versicherten Schaden mit sofortiger Wirkung oder mit Wirkung zum Ende des Versicherungsjahres.	Innerhalb eines Monats ab Leistung oder Ablehnung.[4)]
	Sonderfall Rechtsschutz I: Kündigung der Rechtsschutzversicherung in der Regel nach dem zweiten und jedem weiteren versicherten Rechtsschutzfall innerhalb von zwölf Monaten mit sofortiger Wirkung oder zum Ende des Versicherungsjahres.	**Sonderfall I:** Innerhalb eines Monats ab Deckungszusage.
	Sonderfall Rechtsschutz II: Kündigung der Rechtsschutzversicherung mit sofortiger Wirkung oder zum Ende des Versicherungsjahres nach Ablehnung der Leistung durch den Versicherer, obwohl Leistungspflicht bestand.	**Sonderfall II:** Innerhalb eines Monats ab Ablehnung.
Kündigung wegen Beitragserhöhung[3)]	Kündigung bei jeder Beitragserhöhung zu dem Termin möglich, an dem die Erhöhung wirksam wird.	Innerhalb eines Monats ab Erhalt der Mitteilung über die Beitragserhöhung.
Kfz-Haftpflichtversicherung, Kfz-Kaskoversicherung (Teil- und Vollkasko)		
Ordentliche Kündigung	Zum Ende des Versicherungsjahres, in der Regel identisch mit dem Kalenderjahr.	Ein Monat, bei älteren Kaskoverträgen drei Monate.
Kündigung im Schadensfall	Nach jedem versicherten Schadensfall mit sofortiger Wirkung oder mit Wirkung zum Ende des Versicherungsjahres.	Innerhalb eines Monats ab Leistung oder Ablehnung.[5)]
Kündigung wegen Beitragserhöhung[3)]	Nach jeder Beitragserhöhung zu dem Termin, an dem die Erhöhung wirksam wird.	Innerhalb eines Monats ab Erhalt der Mitteilung.
Lebensversicherung (Risikolebens-, Kapitallebensversicherung)		
Ordentliche Kündigung oder Beitragsfreistellung	Zum Ende des Versicherungsjahres, bei Ratenzahlung auch zum Ende jedes Zahlungsabschnitts, aber frühestens zum Ende des ersten Versicherungsjahres.	Ein Monat.
Berufsunfähigkeitsversicherung		
Ordentliche Kündigung oder Beitragsfreistellung	Zum Ende des Versicherungsjahres, bei Ratenzahlung auch zum Ende jedes Zahlungsabschnitts, aber frühestens zum Ende des ersten Versicherungsjahres.[6)]	Ein Monat.

Art der Kündigung	Kündigungstermin	Kündigungsfrist
Private Krankenzusatzversicherungen (zum Beispiel Krankenhauszusatz-, Zahnzusatz- oder Auslandsreise-Krankenversicherung)		
Ordentliche Kündigung	Zum Vertragsende, danach jährlich zum Ende des Versicherungsjahres.	Auslandsreise-Krankenversicherung häufig nur ein Monat, ansonsten drei Monate.
Kündigung wegen Beitragserhöhung[3]	Nach jeder Beitragserhöhung oder Erhöhung der Selbstbeteiligung des Versicherten zu dem Termin, an dem die Erhöhung wirksam wird.	Innerhalb eines Monats ab Erhalt der Mitteilung.
Private Krankenvollversicherung		
Ordentliche Kündigung	Zum Ende jedes Versicherungsjahres, frühestens aber zum Ablauf einer vereinbarten Vertragsdauer von zum Beispiel zwei Jahren.[7]	Drei Monate.
Kündigung wegen Beitragserhöhung[3]	Nach einer Beitragserhöhung oder Verminderung der Leistungen durch den Versicherer zu dem Termin, an dem die Änderung wirksam wird.	Innerhalb eines Monats ab Erhalt der Mitteilung.
Gesetzliche Krankenversicherung		
Ordentliche Kündigung	Kündigung und Wechsel zu einer anderen Krankenkasse jederzeit möglich – vorausgesetzt, der Kunde ist schon seit mindestens 18 Monaten Mitglied bei seiner Kasse.	Wechsel nach einer Frist von zwei vollen Monaten ab Erklärung der Kündigung. Beispiel: Kündigung am 28. Januar, Wechsel zum 1. April.
Kündigung wegen Beitragserhöhung	Seit Januar 2009 gibt es in der gesetzlichen Krankenversicherung einen einheitlichen Beitragssatz. Versicherte haben ein Sonderkündigungsrecht (also auch, wenn sie noch keine 18 Monate Mitglied sind), wenn die Krankenkasse einen Zusatzbeitrag erhebt oder ihren Zusatzbeitrag erhöht. Das Sonderkündigungsrecht gilt auch, wenn die Krankenkassen zuvor gezahlte Prämien streichen oder kürzen.	Kündigung zu dem Zeitpunkt, zu dem der Zusatzbeitrag erstmals fällig wird, zu dem er erhöht wird oder zu dem die Prämienzahlung gekürzt wird. Es gilt die Wechselfrist von zwei vollen Monaten. Die Kasse muss Versicherte bis einen Monat vor der Fälligkeit auf das Kündigungsrecht hinweisen, sonst verlängert sich die Kündigungsfrist entsprechend.

1) In der Wohngebäudeversicherung keine Kündigung wegen Beitragserhöhung möglich, da gleitende Neuwertversicherung. Ordentliche Kündigung in der Gebäudeversicherung nur wirksam, wenn der Versicherungsnehmer die Einwilligung der Gläubiger beibringt oder durch beglaubigten Grundbuchauszug nachweist, dass das Haus schuldenfrei ist.

2) Verträge, die vor 1993 in den neuen Bundesländern abgeschlossen wurden.

3) Ohne Verbesserung der Leistung.

4) Unfallversicherung: Statt zum Zeitpunkt der Ablehnung gilt der Zeitpunkt, zu dem ein Rechtsstreit des Versicherungsnehmers gegen seinen Versicherer beendet ist, der die abgelehnte Leistung zum Gegenstand hatte (zum Beispiel durch Urteil oder Vergleich); Haftpflichtversicherung: Statt dem Zeitpunkt der Ablehnung gilt der Zeitpunkt, zu dem einem Versicherungsnehmer eine Klage des Geschädigten zugestellt wird, weil der Versicherer die Schadenersatzleistung verweigert hat.

5) Besteht der Kfz-Haftpflichtversicherer auf einem Rechtsstreit mit dem Geschädigten, gilt der Zeitpunkt, zu dem das Urteil rechtskräftig wird.

6) Ist der Schutz an eine andere Versicherung wie etwa an eine Risikolebensversicherung gekoppelt, ist eine separate Kündigung der Berufsunfähigkeitsversicherung zwar grundsätzlich möglich, in der Regel aber nicht mehr in den letzten fünf Jahren vor Vertragsablauf.

7) Wird die versicherte Person versicherungspflichtig in der gesetzlichen Krankenversicherung, ist die Kündigung innerhalb von drei Monaten nach Eintritt der Versicherungspflicht rückwirkend möglich.

(Absender)
(Adresse)

(Versicherungsunternehmen)
(Adresse)

(Wohnort), (Datum)

Versicherungsschein-Nummer (Nummer)

Widerruf des Vertrags

Sehr geehrte Damen und Herren,

mit diesem Schreiben widerrufe ich fristgerecht den oben genannten Versicherungsvertrag. Bitte bestätigen Sie mir den Widerruf schriftlich.

(Optional:) Ebenso widerrufe ich die auf dem Antragsformular erteilte Einzugsermächtigung für mein Konto (Kontodaten).

Ich bitte sehr darum, von der Übersendung weiterer Unterlagen abzusehen.

Mit freundlichen Grüßen
(Unterschrift)

MUSTERBRIEF

Verträge innerhalb der Frist widerrufen

Sie können einen Versicherungsvertrag 14 Tage lang widerrufen. Haben Sie eine Lebens- oder Rentenversicherung abgeschlossen, beträgt die Widerrufsfrist 30 Tage. Bei allen Versicherungsverträgen beginnt die Frist zu laufen, sobald Sie sämtliche Vertragsunterlagen erhalten haben. Dazu gehören die Police (Versicherungsschein), die Vertragsbedingungen, das Produktinformationsblatt und die Widerrufsbelehrung. Fehlt eine ausführliche Widerrufsbelehrung, ist der Widerruf auch nach Ablauf der Fristen noch möglich. Das Widerrufsrecht besteht nicht bei Verträgen mit einer Laufzeit von unter einem Monat.

```
(Absender)
(Adresse)


(Versicherungsunternehmen)
(Adresse)

                                        (Wohnort), (Datum)

Versicherungsschein-Nummer (Nummer)

Kündigung des Vertrags

Sehr geehrte Damen und Herren,

mit diesem Schreiben kündige ich den oben genannten Vertrag
fristgerecht zum (Datum). Bitte senden Sie mir eine Schluss-
abrechnung. Mögliche Rückerstattungsansprüche überweisen Sie
bitte bis zum (Datum) auf das Konto mit folgenden Daten:
(Kontodaten).

Bitte bestätigen Sie mir die Kündigung schriftlich.

Mit freundlichen Grüßen
(Unterschrift)
```

MUSTERBRIEF

Ordentliche Kündigung von Versicherungsverträgen

Versicherungsnehmer können sich von ihren vorhandenen Verträgen trennen. Sie haben ein ordentliches Kündigungsrecht. Wann und wie sie dieses in Anspruch nehmen können, hängt von der Laufzeit des Vertrags ab und von der vereinbarten Kündigungsfrist (siehe Tabelle Seite 180).

Beispiel: Haben Sie eine Auslandsreise-Krankenversicherung am 1. Mai abgeschlossen, können Sie sie in der Regel zum 30. April des Folgejahres kündigen.

```
(Absender)
(Adresse)


(Versicherungsunternehmen)
(Adresse)

                              (Wohnort), (Datum)

Versicherungsschein-Nummer (Nummer)

Kündigung des Vertrags

Sehr geehrte Damen und Herren,

mit diesem Schreiben kündige ich den oben genannten Versi-
cherungsvertrag außerordentlich mit sofortiger Wirkung/zum
Ende des laufenden Versicherungsjahres, also zum (Datum).
Anlass ist der Schaden vom (Datum) (Schadensnummer).

Bitte bestätigen Sie mir die Kündigung schriftlich.

Mit freundlichen Grüßen
(Unterschrift)
```

MUSTERBRIEF

Außerordentliche Kündigung nach einem Schadensfall

Sie müssen nicht immer bis zum nächsten ordentlichen Kündigungstermin warten: Sie haben ein außerordentliches Kündigungsrecht, zum Beispiel, wenn Sie im Schadensfall die Leistungen des Versicherers in Anspruch genommen haben oder wenn der Versicherer nach einem versicherten Schaden nicht im erhofften Umfang aufkommen wollte. Dann können Sie kurz darauf aus dem Vertrag ausscheiden.

```
(Absender)
(Adresse)


(Versicherungsunternehmen)
(Adresse)

                              (Wohnort), (Datum)


Versicherungsschein-Nummer (Nummer)

Kündigung des Vertrags

Sehr geehrte Damen und Herren,

mit diesem Schreiben kündige ich den oben genannten Versi-
cherungsvertrag außerordentlich und fristgerecht zum
(Datum). Zu diesem Termin wird Ihre mit dem Schreiben vom
(Datum) angekündigte Beitragserhöhung wirksam.

Bitte bestätigen Sie mir die Kündigung schriftlich.

Mit freundlichen Grüßen
(Unterschrift)
```

MUSTERBRIEF

Außerordentliche Kündigung wegen Beitragserhöhung

Sie können einen Versicherungsvertrag auch außerordentlich kündigen, wenn der Versicherer die Beiträge erhöht, ohne gleichzeitig die Leistungen zu steigern. Oder wenn er bei gleichbleibendem Beitrag Leistungen reduziert. Die Kündigung ist möglich zu dem Termin, zu dem die Beitragssteigerung/Leistungsreduzierung wirksam wird.

Beispiel: Wird die Beitragssteigerung am 1. Juli wirksam, kündigen Sie zum 30. Juni. Das außerordentliche Kündigungsrecht gilt aber nicht, wenn im Vertrag ausdrücklich eine Dynamisierung von Beiträgen und Leistungen vereinbart wurde.

VERSICHERUNGSCHINESISCH ERKLÄRT

Abstrakte Verweisung: Bei der Berufsunfähigkeitsversicherung kann sich der Versicherer das Recht vorbehalten, den Kunden bei Berufsunfähigkeit auf einen anderen Beruf zu verweisen: vom Installateur von Solaranlagen zum Beispiel zu verlangen, als Verkäufer von Solaranlagen tätig zu werden. Achten Sie darauf, dass der Versicherer in seinen Bedingungen ausdrücklich auf dieses Recht der abstrakten Verweisung verzichtet.

Alterungsrückstellung: Für Kunden in der privaten Krankenversicherung bilden die Versicherungsunternehmen Alterungsrückstellungen. Ein Teil der Beiträge von jüngeren Versicherten wird quasi für später angespart, damit ihre Beiträge nicht so stark steigen, wie sie es aufgrund der im Alter zunehmenden Gesundheitskosten eigentlich müssten. Wollen privat Versicherte ihren Versicherungsvertrag bei einem Anbieter kündigen und zu einem anderen Versicherer wechseln, haben sie das Problem, dass sie ihre Alterungsrückstellungen entweder gar nicht oder nur zum Teil mitnehmen können.

Anwartschaftsversicherung: Besondere Leistung in der privaten Krankenversicherung. Benötigt ein Versicherer vorübergehend die Leistungen aus dem Versicherungsvertrag nicht, sichert er sich mit der Anwartschaftsversicherung die Möglichkeit, zu einem späteren Zeitpunkt ohne erneute Gesundheitsprüfung wieder in den Vertrag einsteigen zu können.

Beitragsfreistellung: Kann ein Versicherungsnehmer etwa den Beitrag für eine private Rentenversicherung nicht mehr aufbringen, kann er den Vertrag beitragsfrei stellen lassen. Dann wird der Vertrag quasi auf dem aktuellen Stand eingefroren.

Beitragsrückgewähr: Vereinbarung zum Beispiel in der privaten Rentenversicherung. Stirbt die versicherte Person, können die Angehörigen zumindest einen Teil der eingezahlten Beiträge zurückbekommen.

Bezugsberechtigter: Die Person, die beispielsweise bei einer Risikolebensversicherung bestimmt wurde, die Todesfallleistung zu beziehen.

Eintrittsalter: Das Alter, das der Versicherungsnehmer zu Beginn des Versicherungsschutzes hat. Je jünger er ist, desto größer ist zum Beispiel bei der privaten Krankenversicherung oder in der Berufsunfähigkeitsversicherung die Chance, günstigeren Schutz zu bekommen.

Endalter: Alter, bis zu dem der Schutz etwa einer Berufsunfähigkeitsversicherung läuft. Ist dieses Alter erreicht, läuft der Vertrag automatisch aus, ohne dass Sie ihn kündigen müssen.

Ertragsanteil: Viele Renten aus privaten Versicherungen sind mit dem sogenannten Ertragsanteil steuerpflichtig. Die Höhe dieses Anteils richtet sich danach, in welchem Alter die Rente erstmals gezahlt und für welche Laufzeit sie gezahlt wird. Eine lebenslange Rente aus einer privaten Rentenversicherung ist beispielsweise zu 18

Prozent steuerpflichtig, wenn die Rente erstmals im Alter von 65 Jahren ausgezahlt wird. Für zeitlich befristete Renten wird anders gerechnet: Wenn beispielsweise die private Berufsunfähigkeitsversicherung nur für sechs Jahre eine Rente zahlt, liegt der steuerpflichtige Ertragsanteil bei 7 Prozent.

Gefahrerhöhung: Sie liegt aus Sicht der Versicherungsunternehmen vor, wenn sich die Umstände für den Versicherungsschutz so verändern, dass es wahrscheinlicher wird, dass ein Versicherungsfall eintritt oder dass ein Schaden größer ausfällt. Über eine solche Gefahrerhöhung muss der Versicherungsnehmer den Versicherer informieren, auch wenn er selbst keinen Einfluss darauf hat. Beispiel: Wenn um das Mietshaus ein Baugerüst aufgestellt wird, muss der Hausratversicherer das erfahren, da das Risiko eines Einbruchs steigt.

GOÄ/GOZ: Ist jemand privat krankenversichert, rechnen die Ärzte nach der „Gebührenordnung für Ärzte", kurz GOÄ, ab. Diese Gebührenordnung sieht für jede Leistung eine Gebühr vor und erlaubt dem Arzt, sein Honorar je nach Schwierigkeit der Behandlung – ohne besondere Begründung – bis zum 2,3-Fachen des Einfachsatzes zu steigern. In den Vertragsbedingungen für eine private Krankenversicherung ist festgelegt, bis zu welchem Satz der Versicherer die Honorare erstattet. Finanztest empfiehlt, nur Tarife zu wählen, die Arzthonorare mindestens bis zum GOÄ-Höchstsatz (3,5-fach) erstatten. Zahnärzte

rechnen nach der GOZ – der Gebührenordnung für Zahnärzte – ab.

Nachversicherungsgarantie: Der Kunde hat zum Beispiel in der Berufsunfähigkeitsversicherung die Möglichkeit, die vereinbarte Rente zu bestimmten Anlässen wie etwa Geburt eines Kindes ohne erneute Gesundheitsprüfung aufzustocken.

Obliegenheiten: Ein Versicherungsnehmer muss bestimmte Pflichten, die sich aus dem Versicherungsvertrag ergeben, erfüllen, damit der Versicherer im Schadensfall tatsächlich einspringt. Zu diesen sogenannten Obliegenheiten zählt zum Beispiel, den Schadensfall innerhalb einer bestimmten Frist zu melden oder auch schon bei Vertragsabschluss den Versicherer über bestimmte Risiken wie Vorerkrankungen zu informieren.

Rentenfaktor: Faktor, mit dessen Hilfe die Höhe einer Rente aus einem privaten Versicherungsvertrag errechnet wird. Der Rentenfaktor, den das Versicherungsunternehmen zu Rentenbeginn ermittelt, gilt für die gesamte Zeit, in der die Rente gezahlt wird. Der Faktor ist dem Kunden garantiert und wird im Versicherungsschein angegeben.

Rentengarantiezeit: Vereinbart ein Versicherungsnehmer in der privaten Rentenversicherung eine Rentengarantiezeit von zum Beispiel 5, 10 oder 15 Jahren, ist gewährleistet, dass die vereinbarte Rente auch tatsächlich so lange fließt, selbst wenn der Versicherungsnehmer vor Ablauf dieser Frist stirbt. In dem Fall fließt die Rente an seine Angehörigen weiter.

Risikoprüfung: Das Versicherungsunternehmen will vor Vertragsabschluss wissen, wie hoch das Risiko ist, dass tatsächlich ein Versicherungsfall eintritt. Deshalb fragt es zum Beispiel vor Abschluss einer Risikolebensversicherung, ob der Kunde raucht. Den Antragstellern ist unbedingt zu empfehlen, diese Fragen möglichst genau und richtig zu beantworten. Stellt sich im Schadensfall heraus, dass sie falsche Angaben gemacht haben, zahlt der Versicherer womöglich nicht. Bei absichtlichen Falschangaben kann der Versicherer vom Vertrag zurücktreten, und unter Umständen muss der Kunde die bis dahin erhaltenen Leistungen zurückzahlen.

Rückkaufswert: Kündigt ein Versicherungsnehmer zum Beispiel eine private Rentenversicherung oder eine Kapitallebensversicherung, ist der Rückkaufswert der Wert, den der Versicherer ihm dann auszahlt. Dieser Rückkaufswert liegt unter der Summe der bis dahin eingezahlten Versicherungsbeiträge, da der Versicherer unter anderem seine Ausgaben für Verwaltung und Vermittlerprovisionen abzieht.

Überschussbeteiligung: Der Versicherer ist verpflichtet, Kunden, die eine Lebens- oder Rentenversicherung abgeschlossen haben, finanziell an seinen Erfolgen am Kapitalmarkt zu beteiligen. Diese Überschussbeteiligung ist aber nicht garantiert.

Unterversicherung: In bestimmten Versicherungspolicen, zum Beispiel in der Hausratversicherung, besteht die Gefahr, dass der Kunde eine zu niedrige Versicherungssumme vereinbart. Das kann zur Folge haben, dass das Versicherungsunternehmen im Schadensfall nicht den kompletten Schaden erstattet.

Versicherungsnehmer: Er ist Vertragspartner des Versicherungsunternehmens, der den Schutz einer Versicherung in Anspruch nimmt. Der Versicherungsnehmer ist verpflichtet, die Beiträge für diesen Schutz zu leisten. Es ist aber nicht zwingend so, dass der Versicherungsnehmer etwa bei einer Krankenversicherung oder einer Unfallversicherung auch die zu versichernde Person ist. Zum Beispiel können Eltern solche Verträge für ihr Kind abschließen.

Vorvertragliche Anzeigepflicht: Ein Versicherungsnehmer ist verpflichtet, vor Unterschrift eines Vertrags dem Versicherungsunternehmen sämtliche ihm bekannten Umstände zu nennen, die Einfluss auf das Eintreten eines Versicherungsfalls haben könnten.

Wartezeit: Bei bestimmten Versicherungsverträgen kommt der Versicherer nicht vom ersten Tag nach der Unterschrift für Schäden auf, sondern er zahlt erst nach Ablauf einer vertraglich festgelegten Wartezeit. Sie beträgt zum Beispiel bei Zahnzusatzversicherungen acht Monate.

Widerruf: Nachdem der Kunde einen Versicherungsvertrag unterschrieben hat, hat er bei den meisten Versicherungen 14 Tage Zeit, ihn zu widerrufen. Für Lebensversicherungen gilt eine Widerrufsfrist von 30 Tagen. Die Frist beginnt, sobald der Kunde sämtliche Vertragsunterlagen sowie eine ausreichende Widerrufsbelehrung erhalten hat.

REGISTER

IMPRESSUM

© 2012 Stiftung Warentest, Berlin

Stiftung Warentest
Lützowplatz 11–13
10785 Berlin
Telefon 0 30/26 31–0
Fax 0 30/26 31–25 25
www.test.de

Vorstand: Hubertus Primus
Weiteres Mitglied der Geschäftsleitung:
Dr. Holger Brackemann
(Bereichsleiter Untersuchungen)

Programmleitung: Niclas Dewitz
Autorin: Isabell Pohlmann
Projektleitung: Ursula Rieth
Lektorat: Ursula Rieth, Veronika Schuster
Fachliche Beratung: Beate-Kathrin Bextermöller,
Betina Chill, Dieter Drobkewitz, Karin Kuchelmeister, Susanne Meunier, Michael Nischalke, Dr. Cornelia Nowack, Stephanie Pallasch, Theo Pischke, Ulrike Steckkönig, Simone Weidner
Korrektorat: Christoph Nettersheim
Titelentwurf: Susann Unger, Berlin
Layout: Pauline Schimmelpenninck Büro für Gestaltung, Berlin
Grafik und Satz: Oxana Rödel, Absatz DTP-Service, Teltow
Verlagsherstellung: Rita Brosius (Ltg.), Susanne Beeh
Produktion: Vera Göring
Bildredaktion: Nadine Rennert, Berlin
Bildnachweis – Titel: Getty/Burazin;
Innenteil: Getty/Taxi/R. Mehta, Getty/Stone/ J. Coolidge, Getty/Stone/M. Yates, istock, argus/Frischmuth, Jens Schicke, Maskot/F1 online, Keystone/Jochen Zick, alimdi.net/Christian Ohde, thinkstock
Litho: tiff.any GmbH, Berlin
Druck: AZ Druck und Datentechnik GmbH, Berlin/Kempten

Einzelbestellung
Stiftung Warentest
telefon 0 180 5/00 24 67
Fax 0 180 5/00 24 68
(je 14 Cent pro Minute aus dem Festnetz, maximal 42 Cent pro Minute aus dem Mobilfunknetz)
www.test.de

Redaktionsschluss: Juni 2012

ISBN: 978-3-86851-337-0